Senn / Thier
Rechtsgeschichte III – Textinterpretationen

Rechtsgeschichte III
– Textinterpretationen

von

Marcel Senn
Professor für Rechtsgeschichte,
Juristische Zeitgeschichte und
Rechtsphilosophie
an der Universität Zürich

Andreas Thier
Professor für Rechtsgeschichte,
Kirchenrecht und Rechtstheorie
in Verbindung mit Privatrecht
an der Universität Zürich

Schulthess § 2005

Bibliografische Information ‹Der Deutschen Bibliothek›
Die Deutsche Bibliothek verzeichnet diese Publikation in der Deutschen Nationalbibliografie;
detaillierte bibliografische Daten sind im Internet über ‹http://dnb.ddb.de› abrufbar.

Alle Rechte, auch die des Nachdrucks von Auszügen, vorbehalten. Jede Verwertung ist ohne
Zustimmung des Verlages unzulässig. Dies gilt insbesondere für Vervielfältigungen, Übersetzungen,
Mikroverfilmungen und die Einspeicherung und Verarbeitung in elektronische Systeme.

© Schulthess Juristische Medien AG, Zürich · Basel · Genf 2005
  ISBN 3 7255 4935 4

www.schulthess.com

Vorwort

Mit dem vorliegenden Band ausgewählter rechtsgeschichtlicher Klausurtexte möchten wir den Studierenden, darüber hinaus aber auch allen rechtshistorisch Interessierten eine Hilfestellung zur Interpretation anonymisierter Texte geben.

Unser Ziel ist jedoch nicht die fachwissenschaftliche Interpretation eines Textes. Vielmehr wollen wir methodische Wege zur Annäherung an einen unbekannten, auf den ersten Blick vielleicht sogar unverständlich erscheinenden Text zeigen. Wir stellen daher keine ausgefeilten Musterlösungen vor. Unsere Darstellungen verstehen sich als Interpretationsvorschläge.

Auf diese Weise soll das Argumentieren mit und gegen einen Text erlernt und geübt werden. Denn aus unserer Sicht erschliessen sich komplexe Texte erst dann, wenn sie methodisch angegangen und auf die ihnen zugrundeliegenden Probleme hinterfragt werden. Werden Quellentexte hingegen als bereits eingeordnete Texte vorgelegt, dann werden sie meistens nach schematischen Kriterien abgehandelt. Dabei werden wesentliche Aussagen oft übersehen oder missverstanden. Juristinnen und Juristen zeichnen sich durch ihr selbständiges Vermögen aus, Aussagen und Situationen in ihren Kontexten, Alternativen und Eventualitäten zu analysieren und zu überblicken. Wir sind daher überzeugt, dass dieses methodische Verständnis auch für die juristische Praxis vorteilhaft ist, auch wenn wir in erster Linie auf die Prüfungssituation zielen.

Die von uns vorgegebene Methode ist stets Hilfsmittel, nie Selbstzweck. Die Interpretationsmethode soll zwar konsequent angewendet, zugleich aber auch flexibel an die Form eines Textes angepasst werden. Unsere Interpretationen sind Vorschläge, wie ein Text analysiert und verstanden werden kann. Die unterschiedlichen Perspektiven, die sich auch bei unseren Interpretationen bemerkbar machen, sind also zulässig.

Marcel Senn hat die Interpretationen der Texte mit geraden Ziffern, Andreas Thier die Textinterpretationen mit ungerader Numerierung verfasst. Unsere Literaturhinweise basieren im wesentlichen auf den Literaturempfehlungen für das Fach «Rechtsgeschichte», wie wir es in Zürich vertreten.

Frau Dr. phil. Birgit Christensen hat die Texte durchgesehen und die Druckvorlage besorgt. Beide Autoren wurden durch die beiden Mitarbeiterinnen und Mitarbeiter ihrer Lehrstühle bei den Korrekturarbeiten unterstützt. Herr Werner Stocker und Herr Bénon Eugster vom Verlag Schulthess Juristische Medien AG haben unser Vorhaben von Anfang an unterstützt. Ihnen allen danken wir herzlich.

Zürich, im Januar 2005 *Marcel Senn* und *Andreas Thier*

Inhaltsverzeichnis

Abkürzungsverzeichnis	IX
Quellen- und Literaturverzeichnis	XI
Quellentexte	XI
Literatur	XIII
Eine Einführung in die Textinterpretation	1
1. Zusammenfassung	2
2. Sachliche Aussagen	2
3. Quellenbestimmung	3
4. Historische Verortung	4
5. Historischer Hintergrund	4
6. Wirkungsgeschichte und Gegenwartsbezug	4

1.	Text:	Stammesrechte und Regulierung von Unrecht	7
2.	Text:	Königsrecht und Stadtrecht	19
3.	Text:	Gott und das Recht	31
4.	Text:	Theologische Rechtstheorie und Eigentum	43
5.	Text:	Wucher und Ketzerei	55
6.	Text:	Dorforganisation im späten Mittelalter	67
7.	Text:	Die Kurfürsten und das Reich	81
8.	Text:	Religionsfrieden und Wirtschaftsförderung im Reich der Frühen Neuzeit	93
9.	Text:	Landrecht und Gericht im Territorialstaat der Frühen Neuzeit	103
10.	Text:	Staatsmacht und Souveränität als Problem	115
11.	Text:	Hexenverfolgung	125
12.	Text:	Vernunftgesetz und Staat	137
13.	Text:	Naturrecht und Gesellschaft	149
14.	Text:	Fürstenstaat und Rechtsstaatlichkeit	161
15.	Text:	Herrscher und Kodifikation im aufgeklärten Absolutismus	173
16.	Text:	Verfassung, Politik und Rasse	185
17.	Text:	Sozialversicherung im Kaiserreich	195
18.	Text:	Strafrecht und Sicherungsverwahrung	207
19.	Text:	Rassenlehre und Rechtswissenschaft	217
20.	Text:	Völkisches Privatrecht und subjektives Recht	229

Abkürzungsverzeichnis

A.	Auflage	HZ	Historische Zeitschrift
ABGB	Allgemeines Bürgerliches Gesetzbuch (Österreich 1811)	Inst.	Institutiones Iustiniani (Teil des Corpus Iuris Civilis)
Abs.	Absatz	Kap.	Kapitel
ADHGB	Allgemeines Deutsches Handelsgesetzbuch (1861)	KPD	Kommunistische Partei Deutschlands
		lat.	lateinisch
ALR	Allgemeines Landrecht für die Preußischen Staaten (1794)	LdR	Landrecht
		Lev.	Buch Levitikus (3. Buch Mose)
Art.	Artikel	Lk	Evangelium des Lukas
Bd.	Band	m.w.N.	mit weiteren Nachweisen
Bde.	Bände		
BGB	Bürgerliches Gesetzbuch (1896)	Matth.	Evangelium des Matthäus
BGBB	Bundesgesetz über das bäuerliche Bodenrecht (1991)	MGH LL	Monumenta Germaniae Historica, Reihe: Leges in folio
BV	Bundesverfassung	MGH SS rer. Mer.	Monumenta Germaniae Historica, Reihe: Scriptores rerum Merovingicarum
bzw.	beziehungsweise		
c.	canon/capitulum		
C.	Caput		
ca.	zirka	MGH SS	Monumenta Germaniae Historica Scriptores (in Folio)
Conc. Lat.	Concilium Lateranum/ Laterankonzil		
d.h.	das heisst	n.Chr.	nach Christus
Deut	Deuteronomium	n.F.	neue Folge
Einl.	Einleitung	ND	Neudruck
EMRK	Europäische Menschenrechtskonvention (1950)	Nr.	Nummer
		NSDAP	Nationalsozialistische Deutsche Arbeiterpartei
et al.	et alii (und andere)		
EU	Europäische Union	NSRB	
Extr. comm.	Extravagantes communes	NT	Neues Testament
		pr.	principium
f./ff.	folgende Seite(n)	Ps	Psalm
GG	Grundgesetz	Rdnrn.	Randnummern
Hg.	Herausgeber	RKGO	Reichskammergerichtsordnung (1495)
hg.v.	herausgegeben von		
HRG	Handwörterbuch zur deutschen Rechtsgeschichte	S.	Seite(n)
		s.o.	siehe oben
		s.u.	siehe unten

Sp.	Spalte(n)
Ssp.	Sachsenspiegel
StGB	Schweizerisches Strafgesetzbuch (1937)
U.S.	United States: Supreme Court Reports
U.v.	Urteil vom
UNESCO	United Nations Educational, Scientific and Cultural Organization (Organisation der Vereinten Nationen für Erziehung, Wissenschaft und Kultur)
UNO	United Nations Organization (Organisation der Vereinten Nationen)
usw.	und so weiter
v.a.	vor allem
v.Chr.	vor Christus
vgl.	vergleiche
VI	Liber Sextus (1298)
vs.	versus
X	Liber Extra (1234)
Z.	Zeile
z.B.	zum Beispiel
z.T.	zum Teil
ZGB	Schweizerisches Zivilgesetzbuch (1911)
Ziff.	Ziffer
ZRG GA	Zeitschrift der Savigny-Stiftung für Rechtsgeschichte. Germanische Abteilung

Quellen- und Literaturverzeichnis

Im Text wird auf die Literatur mit dem Namen des Autors, allenfalls mit Bandangabe und mit der Seitenzahl bzw. der Kapitelangabe verwiesen.

Quellentexte

BEYERLE, KONRAD (Hg.): Lex Baiuvariorum. München 1926.

BLUNTSCHLI, JOHANN CASPAR: Lehre vom modernen Stat. Dritter Theil: Politik als Wissenschaft. Stuttgart 1876.

BUSCHMANN, ARNO (Hg.): Kaiser und Reich. Verfassungsgeschichte des Heiligen Römischen Reiches Deutscher Nation vom Beginn des 12. Jahrhunderts bis zum Jahre 1806 in Dokumenten. Teil I: Vom Wormser Konkordat 1122 bis zum Augsburger Reichsabschied von 1555. 2. A. Baden-Baden 1994.

DAHM, GEORG: Deutsches Recht. Hamburg 1944.

ECKHARDT, KARL AUGUST (Hg.): Lex Salica. 100-Titel-Text (Germanenrechte, n.F., Westgermanisches Recht). Weimar 1953.

ECKHARDT, KARL AUGUST: Sachsenspiegelübersetzung. Landrecht in hochdeutscher Übertragung. Germanenrechte, n.F. 5. Hannover 1967.

Edictum Rothari. In: MGH LL IV, hg.v. FRIEDRICH BLUHME. Hannover 1868, S. 1–90.

EIKE VON REPGOW: Der Sachsenspiegel. Hg.v. CLAUSDIETER SCHOTT, übertr. v. RUTH SCHMIDT-WIEGANGD/CLAUSDIETER SCHOTT. Zürich 1991.

Elenchus Fontium Historiae Urbanae I. Leiden 1967.

GREGOR VON TOURS: Historiarum Libri Decem, VII 47, IX 19. In: MGH SS rer. Merov. I/1, hg.v. BRUNO KNUSCH/WILHELM LEVINSON. Hannover 1951.

GREGOR VON TOURS: Historiarum Libri Decem. Als Auszug mit einer Übersetzung wieder abgedruckt bei KARL KROESCHELL: Deutsche Rechtsgeschichte. Bd. 1: Bis 1250, 11. A. Opladen 1999, S. 42–45.

HATTENHAUER, HANS (Hg.): Allgemeines Landrecht für die Preussischen Staaten. 3. A. Neuwied/Krieftel/Berlin 1996.

HOMMEL, KARL FERDINAND: Principis Cura Leges oder Des Fürsten Höchste Sorgfalt: Die Gesetze (1765). Aus dem Lateinischen übersetzt von RAINER POLLEY. Karlsruhe 1975.

HOPPELER, ROBERT (Hg.): Sammlung Schweizerischer Rechtsquellen, Kanton Zürich: Offnungen und Hofrechte. 1915.

HUBER, ERNST RUDOLF (Hg.): Dokumente zur deutschen Verfassungsgeschichte, Bd. 2: Deutsche Verfassungsdokumente 1851–1900. 3. A. Stuttgart/Berlin/Köln/Mainz 1986.

KALLER, PAUL (Hg.): Der Sachsenspiegel, München 2002.

BEYERLE, FRANZ/KUNKEL, WOLFGANG/THIEME, HANS (Hg.): Quellen zur Neueren Privatrechtsgeschichte Deutschlands, Bd. 1–2. Weimar 1936–1969.

PUFENDORF, SAMUEL: Über die Pflicht des Menschen und des Bürgers nach dem Gesetz der Natur [1673]. Übersetzt und hg.v. KLAUS LUIG. Frankfurt a.M./Leipzig 1994.

HOFMANN, HANNS HUBERT (Hg.): Quellen zum Verfassungsorganismus des Heiligen Römischen Reiches Deutscher Nation 1495–1815, Darmstadt 1976 (Ausgewählte Quellen zur deutschen Geschichte der Neuzeit, Bd. 13).

SCHMAUSS, JOHANN JACOB: Neues Systema des Rechts der Natur. Göttingen 1754. Neu hg.v. DIETHELM KIPPEL, mit einer Einleitung von MARCEL SENN: Freiheit aus Instinkt. Zum anthropologisch begründeten Rechtspositivismus von Johann Jacob Schmauss (1690–1757). Goldbach 1999.

SCHMIDT, RICHARD: Gesetzmässige und regelfreie Strafrechtspflege. In: Deutsche Juristenzeitung 30 (1925), Sp. 1294–1297.

SCHMITT, CARL: Die deutsche Rechtswissenschaft im Kampf gegen den jüdischen Geist. Schlußwort auf der Tagung der Reichsgruppe Hochschullehrer des NSRB vom 3. und 4. Oktober 1936. In: Deutsche Juristenzeitung 41 (1936), Sp. 1193–1197.

SPEE, FRIEDRICH: Cautio criminalis seu de processibus contra sagas liber. Das ist/Peinliche Warschawung von Anstell: und Führung des Processes gegen die angegebene Zauberer/Hexen und Unholden, Frankfurt a.M. 1649. Wieder abgedruckt in: FRIEDRICH VON SPEE: Sämtliche Schriften, Bd. 3, hg.v. THEO G.M. VAN OORSCHOT. Tübingen/Basel 1992.

Stenographische Berichte des Deutschen Reichstages, 5. Legislaturperiode, 1. Session, 1881, Verhandlungen, Bd. 1. Berlin 1881.

STRAHM, HANS: Die Berner Handfeste. Bern 1953.

SUÁREZ, FRANCISCO: Verteidigung des katholischen und apostolischen Glaubens gegen die Irrtümer der Anglikaner. In: DERS.: Ausgewählte Texte zum Völkerrecht. Lateinischer Text nebst deutscher Übersetzung, hg.v. JOSEF DE VRIES. Tübingen 1965.

THOMAS VON AQUIN: Summa Theologica. Hg.v. der Albertus-Magnus-Akademie Walerberg bei Köln. Heidelberg/München/Graz/Wien/Salzburg 1953.

WEINRICH, LORENZ (Hg.): Quellen zur deutschen Verfassungs-, Wirtschafts- und Sozialgeschichte bis 1250. Darmstadt 1977 (Ausgewählte Quellen zur deutschen Geschichte des Mittelalters, Bd. 32).

WEINRICH, LORENZ (Hg.): Quellen zur Verfassungsgeschichte des Römisch-Deutschen Reiches im Spätmittelalter (1250–1500). Darmstadt 1983 (Ausgewählte Quellen zur Deutschen Geschichte des Mittelalters, Bd. 33).

WOHLGEMUTH, JOSEF (Hg.): Konzilien des Mittelalters: Vom ersten Laterankonzil (1123) bis zum fünften Laterankonzil (1512–1517). Conciliorum oecumenicorum Decreta, Editio Tertia, Bd. 2. Paderborn 2000. Clementinen, Normen des Papstes Clemens V.

Literatur

BADER, KARL-SIEGFRIED/DILCHER, GERHARD: Deutsche Rechtsgeschichte. Land und Stadt – Bürger und Bauern im alten Europa. Berlin 1999.

BÖCKENFÖRDE, ERNST-WOLFGANG: Der Verfassungstyp der deutschen konstitutionellen Monarchie. In: CONZE, WERNER (Hg.): Beiträge zur deutschen und belgischen Verfassungsgeschichte im 19. Jahrhundert. Stuttgart 1967, S. 70–92; wieder abgedruckt in: BÖCKENFÖRDE, ERNST-WOLFGANG/WAHL, RAINER (Hg.): Moderne deutsche Verfassungsgeschichte 1815–1914, 2. A. Königstein (Taunus) 1981 (Neue Wissenschaftliche Bibliothek, 51), S. 146–170, weiterhin abgedruckt in: BÖCKENFÖRDE, ERNST-WOLFGANG: Recht, Staat, Freiheit. Studien zur Rechtsphilosophie, Staatstheorie und Verfassungsgeschichte. Frankfurt a.M. 1991, S. 273–305.

DILCHER, GERHARD: Bürgerrecht und Stadtverfassung im europäischen Mittelalter, Köln/Weimar/Wien 1996.

EISENHARDT, ULRICH: Deutsche Rechtsgeschichte. 4. A. München 2000.

FINKENAUER, THOMAS: Vom Allgemeinen Gesetzbuch zum Allgemeinen Landrecht – preussische Gesetzgebung in der Krise. In: ZRG GA 113 (1996), S. 40–216.

GRUNERT, FRANK/SEELMANN, KURT (Hg.): Die Ordnung der Praxis. Neue Studien zur Spanischen Spätscholastik. Tübingen 2001.

Handwörterbuch zur Deutschen Rechtsgeschichte in fünf Bänden. Hg.v. ADALBERT ERLER/EKKEHARD KAUFMANN/DIETER WERKMÜLLER. Berlin 1971–1998. Bd. 1: Aachen–Haussuchung, Berlin 1971; Bd. 2: Haustür–Lippe, Berlin 1978; Bd. 3: List–Protonotar, Berlin 1984; Bd. 4: Protonotarius Apostolicus–Strafprozeßordnung, Berlin 1990; Bd. 5: Straftheorie–Zycha, Register. Berlin 1998.

HECKEL, JOHANNES: Die Führerrede und das sogenannte Ermächtigungsgesetz vom 30. Januar 1937. Eine verfassungsrechtliche Studie. In: Deutsche Verwaltungsblätter 85 (1937), S. 61.

HIRSCH, MARTIN/MAJER, DIETMUT/MEINCK, JÜRGEN (Hg.): Recht, Verwaltung und Justiz im Nationalsozialismus. Ausgewählte Schriften, Gesetze und Gerichtsentscheidungen von 1933 bis 1945 mit ausführlichen Erläuterungen und Kommentierungen. 2. A. Baden-Baden 1997.

HOFMANN, HANNS HUBERT (Hg.): Quellen zum Verfassungsorganismus des Heiligen Römischen Reiches Deutscher Nation 1495–1815. Darmstadt 1976 (Ausgewählte Quellen zur deutschen Geschichte der Neuzeit, Bd. 13).

ISENMAN, EBERHARD: Die deutsche Stadt im Spätmittelalter. Stuttgart 1988.

JEROUSCHEK, GÜNTER: Friedrich von Spee als Justizkritiker. Die Cautio Criminalis im Lichte des gemeinen Strafrechts der frühen Neuzeit. In: Zeitschrift für die gesamte Strafrechtswissenschaft 108 (1996), S. 243–265.

KANNOWSKI, BERND: Rechtsbegriffe im Mittelalter. Stand der Diskussion. In: DERS./CORDES, ALBRECHT (Hg.): Rechtsbegriffe im Mittelalter. Frankfurt a.M./Berlin/Bern/Bruxelles/New York/Oxford/Wien 2002 (Rechtshistorische Reihe 262), S. 1–27.

KLEY, ANDREAS: Verfassungsgeschichte der Neuzeit. Grossbritannien, die USA, Frankreich und die Schweiz. Bern 2004.

KÖBLER, GERHARD: Zielwörterbuch europäischer Rechtsgeschichte. 2. A. Giessen-Lahn 2004 (Arbeiten zur Rechts- und Sprachwissenschaft).

KÖLZ, ALFRED: Neuere schweizerische Verfassungsgeschichte. Ihre Grundlinien vom Ende der Alten Eidgenossenschaft bis 1848. Bern 1992.

KOSELLECK, REINHART: Preußen zwischen Reform und Revolution. Allgemeines Landrecht, Verwaltung und soziale Bewegung von 1791 bis 1848. 3. A. Stuttgart 1981, Nd. München 1989 (Industrielle Welt, Bd. 7).

KRAUSE, HERMANN: Johannes Heckel. In: Neue Deutsche Biographie VIII (1953), S. 180.

KROESCHELL, KARL: Deutsche Rechtsgeschichte in drei Bänden. Bd. 1 (bis 1250) 11. A. 1999; Bd. 2 (1250–1650) 8. A. 1992; Bd. 3 (seit 1650) 3. A. Opladen 2001.

LINK, CHRISTOPH: Friedrich Julius Stahl (1802–1861). Christlicher Staat und Partei der Legitimität. In: HEINRICHS, HELMUT/FRANZKI, HARALD/SCHMALZ, KLAUS/STOLLEIS, MICHAEL (Hg.): Deutsche Juristen jüdischer Herkunft. München 1993, S. 59–83.

LÜCK, HEINER: Die landesherrliche Gerichtsorganisation Kursachsens in der Mitte des 16. Jahrhunderts. In: MONHAUPT, HEINZ (Hg.): Rechtsgeschichte in den beiden deutschen Staaten (1988–1990). Beispiele, Parallelen, Positionen. Frankfurt a.M. 1991 (Studien zur europäischen Rechtsgeschichte, 53), S. 287–322.

MITTEIS, HEINRICH: Die deutsche Königswahl und ihre Rechtsgrundlagen bis zur goldenen Bulle. 2. erweiterte A. Brünn/München/Wien 1938.

MITTEIS, HEINRICH: Die Krise des deutschen Königswahlrechts. Sitzungsberichte der Bayerischen Akademie der Wissenschaften, Philosophisch–historische Klasse 8 (1950), S. 7–10.

OESTMANN, PETER: Rechtsvielfalt vor Gericht. Rechtsanwendung und Partikularrecht im Alten Reich (Rechtsprechung, Bd. 18). Frankfurt a.M. 2002.

OGOREK, REGINA: Richterkönig oder Subsumtionsautomat. Zur Justiztheorie im 19. Jahrhundert. Frankfurt a.M. 1986 (Rechtsprechung 1).

PAHLMANN, BERNHARD: Friedrich Julius Stahl. In: KLEINHEYER, GERD/SCHRÖDER, JAN (Hg.): Deutsche und Europäische Juristen aus neun Jahrhunderten. 4. A. Heidelberg 1996.

PRESS, VOLKER: Vom «Ständestaat» zum Absolutismus. 50 Thesen zur Entwicklung des Ständewesens in Deutschland. In: BAUMGART, PETER/SCHMÄDEKE, JÜRGEN (Hg.): Ständetum und Staatsbildung in Brandenburg-Preussen. Ergebnisse einer internationalen Fachtagung. Berlin/New York 1983 (Veröffentlichungen der Historischen Kommission zu Berlin, Bd. 55), S. 319–326.

REPGEN, TILMAN: Die soziale Aufgabe des Privatrechts. Eine Grundfrage in Wissenschaft und Kodifikation am Ende des 19. Jahrhunderts. Tübingen 2000 (Jus Privatum 60).

RÜPING, HINRICH/JEROUSCHEK, GÜNTER: Grundriss der Strafrechtsgeschichte. 4. A. München 2002.

RÜTHERS, BERND: Die unbegrenzte Auslegung. Zum Wandel der Privatrechtsordnung im Nationalsozialismus. 5. A. Heidelberg 1997.

SCHLOSSER, HANS: Grundzüge der Neueren Privatrechtsgeschichte: Rechtsentwicklung im europäischen Kontext. 9. A. Heidelberg 2001.

SCHMOECKEL, MATHIAS: Humanität und Staatsraison. Die Abschaffung der Folter in Europa und die Entwicklung des gemeinen Strafprozess- und Beweisrechts seit dem hohen Mittelalter. Köln/Wien/Graz 2000 (Norm und Struktur, 114).

SELLERT, WOLFGANG/RÜPING, HINRICH: Studien- und Quellenbuch zur Geschichte der deutschen Strafrechtspflege. Bd. 1. Aalen 1989, Bd. 2 Aalen 1994.

SENN, MARCEL/GSCHWEND, LUKAS: Rechtsgeschichte II – Juristische Zeitgeschichte. 2. A. Zürich/Basel/Genf 2004.

SENN, MARCEL: «Gefährlichkeit» – strafrechtshistorisch begriffen. In: ACKERMANN, JÜRG BEAT/DONATSCH, ANDREAS/REHBERG, JÖRG (Hg.): Wirtschaft und Strafrecht. Festschrift für Niklaus Schmid zum 65. Geburtstag. Zürich 2001, S. 27–42.

SENN, MARCEL: Rassistische und antisemitische Elemente im Rechtsdenken von Johann Caspar Bluntschli. In: ZRG GA 110 (1993) 371–405.

SENN, MARCEL: Rechtsgeschichte – ein kulturhistorischer Grundriss mit Bildern, Karten, Schemen, Register, Biographien und Chronologie. 3. A. Zürich/Basel/Genf 2003 [zit. Rechtsgeschichte I].

SIEBER, CHRISTIAN: Die Reichsstadt Zürich zwischen der Herrschaft Österreich und der werdenden Eidgenossenschaft. In: Geschichte des Kantons Zürich. Band 1: Frühzeit bis Spätmittelalter. Zürich 1995.

STOLLEIS, MICHAEL (Hg.): Juristen – ein biographisches Lexikon: Von der Antike bis zum 20. Jahrhundert. München 2001.

STOLLEIS, MICHAEL: Geschichte des öffentlichen Rechts in Deutschland. 3 Bde. München, 1988–1999. Bd. 1: Reichspublizistik und Policeywissenschaft (1600–1800); Bd. 2: Staatsrechtslehre und Verwaltungswissenschaft (1800–1914); Bd. 3: Staats- und Verwaltungsrechtswissenschaft in Republik und Diktatur (1914–1945).

SZEMERÉDY, JULIA: Ludwig Kuhlenbeck – ein Vertreter sozialdarwinistischen und rassistischen Rechtsdenkens um 1900. Zürich 2003 (Zürcher Studien zur Rechtsgeschichte 49).

WEITZEL, JÜRGEN: Strafe und Strafverfahren in der Merowingerzeit. In: ZRG GA 111 (1994), S. 66–147.

WELZEL, HANS: Naturrecht und materiale Gerechtigkeit. 4. A. Göttingen 1990.

WILLOWEIT, DIETMAR: Deutsche Verfassungsgeschichte. 4. A. München 2001.

Eine Einführung in die Textinterpretation

Ein Text ist stets zurückhaltend zu interpretieren. Die alte Klugheitsregel der Vorsicht entdecken wir heute wieder, genauso wie die Grundregel, dass unsere Haltung, wie wir einem Text begegnen, das Interpretationsergebnis massgeblich bestimmt.[1]

Jeder Text enthält eine Botschaft. Diese Botschaft hatte einst eine bestimmte Funktion, die nun zu entschlüsseln ist. Sie wird von verschiedenen Generationen verschieden interpretiert. Die einen lesen darin, was andere nicht erkennen. Wenn also ein Text wieder erschlossen werden soll, dann wird sein Sinngehalt – weil nicht anders möglich – neu, weil aus einem anderen als dem ursprünglich intendierten Kontext erschlossen.

Die Botschaft des Texts kursiert jetzt zwischen drei Personen: Dem Absender und dem Empfänger von gestern sowie dem Leser von heute. Dieser Leser weiss mehr und doch einiges weniger als seine Vorgänger. Weniger weiss er, weil Empfänger und Absender den Text in einem nur ihnen selbstverständlichen Kontext verstehen konnten, der jedoch unwiederbringlich vergangen ist. Sie verfügten über Informationen, die mit diesem Text zusammenhingen, ohne dass der Text ein Zeichen dafür enthält. Über diese Informationen verfügt der heutige Leser nicht mehr. Zugleich aber weiss er doch mehr als seine Vorgänger, möglicherweise kennt er den Ausgang der Geschichte. Er kann den Text aus diesem Wissen erschliessen. Vielleicht auch hat er nur eine ganz bestimmte Frage, die er an den Text richten will. Sein Interesse gegenüber dem Text ist somit alleine durch diese – seine – Perspektive bestimmt. Ohne dieses Interesse käme er möglicherweise auch nie auf die Idee, sich mit dem Text zu befassen. Dieses Interesse lässt ihn aber aus heutiger Sicht erst erkennen: Es leitet ihn, leitet ihn allerdings auch an vielen Facetten der damaligen Wirklichkeit vorbei, in eine neue, von ihm bestimmte Richtung, die mit der Intention des Absenders möglicherweise kaum noch etwas zu tun hat. Dieser Leser sitzt gewissermassen mit seinem Interesse in einem goldenen Käfig. Seine Perspektive auf den Text ist enger, aber auch genauer; sie hat den Horizont, in dem die Botschaft einst erschien, aus den Augen verloren, aber sie hat einen neuen Horizont erblickt, in dem sie den Text erschliessen kann. Dennoch hat der Leser stets wie ein Richter vorzugehen, dem ein Schriftstück vorgelegt wird, und der sich fragen muss: *wer* will *wem* *was* aus *welchem* Grund und mit

---

[1] Vgl. dazu die ausführliche Begründung von: MARCEL SENN: Die Bewegungsfähigkeit des Interpreten. Ein Beitrag zur kulturwissenschaftlichen Pädagogik der Textinterpretation in der Rechtsgeschichte. In: PHILIPP STOELLGER (Hg.): Genese und Grenzen der Lesbarkeit. Würzburg 2005 (im Druck).

welcher Absicht mitteilen. Er hört in dem Sinne auf die dem Text eigene Sprache, hört insbesondere alle Vorbringen, bevor er sein Urteil bildet.

Die Methode, wie wir einen Text interpretieren können, besteht aus sechs Schritten. Es versteht sich von selbst, dass diese Schritte ein Schema bilden. Das Schema erinnert an die erforderlichen Schritte, die wirklich notwendig sind, um einen Text vollständig zu erfassen, aber es muss immer auch den Bedingungen eines Texts angepasst werden.

1. Zusammenfassung

Die Zusammenfassung enthält zwei wichtige Mitteilungen: Wie sieht die Quelle äusserlich aus und was sind ihre substantiellen Botschaften. Man muss sich auf den Standpunkt stellen, man habe jemandem den Text, der ihn nicht kennt, in kürzester Zeit vorzustellen, so dass er in die Lage versetzt ist, sich selbständig ein Bild vom Text zu machen. Er muss daher wissen, wie der Text aussieht, und er muss auch wissen, worum es im Text geht, insbesondere auf wichtige Informationen wie Namen oder Daten aufmerksam gemacht werden. Er muss indes nicht die Meinung des Lesers dazu kennen, die ihm den selbständigen Blick auf den Text nur verstellen würde.

2. Sachliche Aussagen

Wenn keine Quellenangaben vorhanden sind, ist die Analyse der sachlichen Aussagen vorgängig vorzunehmen. Aus der historisch-kritischen Inhaltsanalyse können wie bei einem architektonischen Werk, einem Gemälde oder einer musikalischen Komposition die historischen Strukturelemente erschlossen werden.

Die inhaltlichen Informationen sind in ihrer vorliegenden Struktur also historisch zu analysieren. Dies schliesst eine Paraphrase aus. Die Textaussagen sind in und aus ihrer Geschichtlichkeit heraus zu interpretieren. Dabei hat man sich auf die wesentlichen Aussagen zu konzentrieren; alles lässt sich ohnehin nicht gleichzeitig ins Blickfeld nehmen. Daher sind Themen zu bilden. Es ist ratsam, dafür nicht Teilaspekte oder gar Details zu Beginn der Analyse ins Auge zu fassen. Vielmehr müssen wir durch unsere Interpretation des Texts sinnvolle sowie plausible Aussagen herausarbeiten. Auch wenn unsere historischen Kenntnisse nicht sonderlich gut sind, so können wir doch einiges durch selbständiges und konsequentes Denken sowie durch das aufmerksame Beobachten der Kontexte, in denen die Aussagen stehen, entwickeln.

Wie aber lassen sich diese Themen finden? Denkbar wäre es, sich von Stichworten oder Schlüsselbegriffen leiten zu lassen. Dies setzt aber schon voraus, dass man weiss, welches die wesentlichen Begriffe sind. Doch wenn man den erwarteten Begriff nicht findet, ist man unter Umständen mit dem Text hilflos. Um die sachlichen Themen eines Textes herauszufinden, hilft es, wenn wir der Textstruktur folgen. Denn die meisten Texte sind bereits «strukturiert» und thematisieren das Wesentliche selbst. Aber auch sonst bewegt sich ein interessanter Text immer in Spannungsfeldern, die sich aufspüren lassen. Wesentlich sind in jedem Fall stets die Aussagen, die dem Autor offensichtlich Probleme bereiteten, auch wenn wir heute damit keine Probleme mehr haben (oder dies jedenfalls so glauben). Wesentliche Aussagen ergeben sich somit auch aus den Gegensätzen eines Texts.

3. Quellenbestimmung

Sind die Quellenangaben über Autor, Werk und Entstehungszeit – wie vorliegend bei den Texten im Buch – nicht bekannt, dann ist die Quellenbestimmung erst nach der Analyse der sachlichen Aussagen vorzunehmen, hilft sie doch bei der Textbestimmung. Umgekehrt wäre vorzugehen, wenn Autor und Werktitel bekannt sind, dann helfen diese Elemente bei der Interpretation der sachlichen Aussagen. Auch kann es unter Umständen ratsam sein, wenn sich der Text bestimmt einordnen lässt, die historische Verortung noch vor der Quellenbestimmung vorzunehmen. Die Bestimmung des Quellentexts umfasst alle äusseren Strukturelemente oder – bildhaft gesprochen – sie ist das Kleid der Botschaft.

Textgattung

Hier bestimmen wir die formale Qualität eines Textes. Handelt es sich um ein Gesetz, eine wissenschaftliche Abhandlung oder eine politische Streitschrift? Lässt sich die Textgattung nicht sofort bestimmen, kann die Frage aufgrund der nachfolgenden Analyse der Aussagen noch beantwortet werden.

Sprache

Die Sprache verrät viel. Hier können die Details wie eigentümliche Worte, Orthographie, Personennamen oder zeitliche Hinweise wichtig sein.

Argumentation

Wie geht der Autor auf dem Weg zur Sache vor? Wie begründet er? Lässt sich eine bestimmte Methode feststellen?

Adressaten

Autoren sprechen meist ein bestimmtes Publikum an. Nur der Gesetzgeber wendet sich an alle. Bei der Interpretation des Texts ist unter Umständen die besondere Ansprache des Empfängers zu berücksichtigen.

Autor

Ist die Person des Autors, wie es hier die Regel ist, nicht bekannt, dann ist es ausreichend, den Autor als Menschen, Denker, Rechtspolitiker usw., wie er durch den Text erscheint, zu charakterisieren. Wäre er hingegen genannt, dann kann man in einem Lexikon Informationen abrufen.

4. Historische Verortung

Wenn nun alle Elemente eines Texts erarbeitet sind, kann daraus die Summe gezogen und der Text rechtshistorisch verortet werden. Hilfreich sind dafür Daten, Werktitel oder Ereignisse, von denen im Text meist nur beiläufig die Rede ist, die aber bei genauem Lesen auffallen. Aufgrund der vorgängigen inhaltlichen Problemanalyse, den Quelleninformationen und diesen Details lässt sich ein Text in aller Regel entwicklungsgeschichtlich schlüssig zuordnen.

5. Historischer Hintergrund

Nachdem alles, was *im* Text steht, herausgearbeitet und klargestellt ist, kann nun der weitere Kontext, in dem der Text selbst steht, dargestellt und vertieft werden. Durch Einordnung des Texts in die ihn übergreifende geschichtliche Entwicklung lässt sich die Bedeutung des vorliegenden Texts noch besser verstehen. Wir fügen somit etwas *zum* Text hinzu, in dessen zeitlichem Umfeld er steht, auch wenn er selbst davon nicht berichtet. Es lässt sich zum Beispiel zum Rechtsdenken oder der Rechtswissenschaft, zur Gesellschaft und Politik, zum Stand von Technik und Wirtschaft der Epoche etwas aussagen. Dabei lassen sich Entwicklungen aufzeigen oder die Entwicklung vergleichend zu anderen Ländern darstellen. Auch hier ist eine Vielfalt je nach Kenntnisstand möglich.

6. Wirkungsgeschichte und Gegenwartsbezug

Abschliessend konzentrieren wir uns auf uns selbst und fragen, was uns an diesem Text heute noch interessiert. Wir wollen herausfinden, warum uns dieser Text und was uns in diesem Text noch anspricht oder nicht. Dabei wird sich ein Spannungsfeld zu anderen Interpreten ergeben. Wir werden feststellen, dass und wie andere auf diesen Text reagieren. Dadurch werden wir uns unserer eigenen Voraussetzungen als Interpreten bewusster und lernen, einen Text mit seinen Botschaften zu erfassen.

1. Text: Stammesrechte und Regulierung von Unrecht

I. Quellentext

Text 1

Art. 2 § 1 Si quis porcellum lactantem de cranne furaverit et ei fuerit adprobatum, mallobergo chranne chalti rechalti […] solidus III culpabilis iudicetur. […]

§ 3 Si quis bimum porcum furaverit, mallobergo inzimus suiani, solidus XV culpabilis iudicetur. […]

§ 4 Si quis verrum furaverit mallobergo cristiano solidus XVII semis culpabilis iudicetur. […]

§ 9 Si quis XXV porcus furaverit, mallobergo sunnista, solidus LXII semis cullpabilis iudicetur. […]

Übersetzungsvorschlag

Art. 2 § 1 Wenn einer ein saugendes Ferkel aus dem Gehege – gerichtlich «Gehege-Galt», [«Spanferkel»] – stiehlt und es ihm nachgewiesen wird, werde er 3 Solidi zu schulden verurteilt. […]

§ 3 Wenn einer ein zweijähriges Schwein – gerichtlich «Herden-Jährling» – stiehlt, werde er 15 Solidi zu schulden verurteilt. […]

§ 4 Wenn einer einen Eber – gerichtlich «Keiler» – stiehlt, werde er 17,5 Solidi zu schulden verurteilt. […]

§ 9 Wenn einer 25 Schweine – gerichtlich «Herde» – stiehlt, werde er 62,5 Solidi zu schulden verurteilt. […]

Text 2

1. Si quis liberum per iram percusserit, quod «pulislac» vocant, I sol. donet.
2. Si in eum sanguinem fuderit, quod «plotruns» dicunt, sol. I et seme conponat. […]
4. Si in eum vena percusserit, ut sine igne stangnare non possit, quod «adarcrati» dicunt, vel in capite testa appareat, quod «kepolsceni» vocant, et si ossa fregit et pelle non fregit, quod «palcprust» dicunt, et si talis plaga ei fuerit, quod tumens sit; si aliquis de istis contingerat, cum VI sol. conponat. […]

28. Si quis liberum hominem occiderit, solvat parentibus suis, si habet, si autem non habet, solvat duci vel cui commendatus fuit, bis LXXX sol., hoc sunt CLX. […]

Übersetzungsvorschlag

1. Wenn einer einen Freien im Zorn schlägt, was sie «Beulenschlag» nennen, der soll 1 Solidus geben.
2. Wenn er jenen schlägt, daß das Blut fließt, was sie «Blutrünse» nennen, der soll es mit 1 ½ Solidi büßen. […]
4. Wenn er ihm eine Ader anschlägt, so daß das Blut ohne Brand nicht zu stillen ist, was sie «Aderritzung» nennen, oder wenn am Kopfe die Hirnschale herausschaut, was sie «Schädelschein» nennen, oder wenn er ihm ein Bein bricht, die Haut aber ganz bleibt, was sie «Palcbrust» nennen, oder wenn er ihm eine solche Wunde versetzt, die zur Geschwulst führt; wenn sich eines von diesen ereignet, soll er es mit 6 Solidi büßen. […]
28. Wenn einer einen freien Mann erschlägt, der büße ihn seinen Eltern, wenn er solche hat; hat er aber keine, so zahle er dem Herzog oder demjenigen, dem sich der Getötete unterstellt hatte, zweimal 80, das sind 160 Solidi. […]

II. Interpretation

1. Zusammenfassung

Es handelt sich um zwei Auszüge aus offensichtlich unterschiedlichen Texten, da der erste Auszug durch Artikel und Paragraphen, der zweite Auszug durch einfache Ziffern gegliedert ist. Text 1 ordnet für den Diebstahl im einzeln näher beschriebener Schweinearten an, dass dafür eine je unterschiedliche Summe an Solidi zu zahlen ist. Text 2 enthält Regelungen für die Fälle, in denen ein freier Mann verletzt (Nr. 1, 2 und 4) oder getötet wird (Nr. 28). In allen Fällen ist eine «Busse» in unterschiedlicher Höhe zu zahlen. Empfänger dieser Busse sind im Fall der Tötung in erster Linie die Eltern, ersatzweise «der Herzog» (Z. 40) oder die Person, der sich der Getötete unterstellt hatte.

2. Sachliche Aussagen

Beide Texte geben den Blick auf eine Gesellschaft frei, die stark agrarisch geprägt ist. Das wirft die Frage auf, wie es zur «Verschriftlichung von Normen in der Zeit von Völkerwanderung und früher fränkischer Herrschaft» (2.1) kommen kann. Die vorliegenden Texte enthalten Regelungen für unterschiedliche Unrechtsformen. Damit ist die Frage nach der «Behandlung von Unrecht in den Stammesrechten» (2.2) angesprochen. In den Texten ist durchgängig die Rede von einem gerichtlichen Sprachgebrauch (*mallobergo* bzw. *quod dicunt*). Das lenkt den Blick auf die «Gerichtsbarkeit in der Zeit von Völkerwanderung und früher fränkischer Herrschaft» (2.3).

2.1 Die Verschriftlichung von Normen in der Zeit von Völkerwanderung und früher fränkischer Herrschaft

Ausgelöst durch den Hunnensturm 375 setzten in Mittel- und Südeuropa grossräumige Wanderungsbewegungen ein. Im Verlauf dieses Prozesses, der (zweiten) Völkerwanderung entstand in der Zeit bis 568 (Begründung des Langobardenreichs in Oberitalien) durch fortwährende Landnahme der umherziehenden Völker eine Fülle von Stammesherrschaften. Im Zusammenhang mit diesen Vorgängen werden seit dem 5. Jahrhundert umfangreiche Normtexte geschaffen, die regelmässig als Gesetzgebungsakte gekennzeichnet werden. Diese sogenannten Stammesrechte lassen sich unter verschiedene Gesichtspunkte gruppieren. In der zeitlichen Abfolge lässt sich ein erster Schwerpunkt der Entstehung solcher *Stammesrechte* im fünften und sechsten Jahrhundert ausmachen. Den Auftakt bildet ein gesetzbuchartiger Normkomplex, der lange dem Westgotenkönig *Eurich* (466–484) zugeschrieben und deswegen allgemein als «Codex Euricianus» bezeichnet worden ist; neuere Forschungen schreiben diese Normen allerdings dem Sohn des *Eurich*, König *Alarich II.* (485–507) zu. Auf *Alarich* geht die «Lex Romana Visigothorum» (auch als «Breviarium Alaricianum» bezeichnet) zurück, die sich auf das Jahr 506 datieren lässt. In der Zeit zwischen 507 und 511 entsteht das älteste Stammesrecht der Franken, die «Lex Salica». Vermutlich in den ersten beiden Jahrzehnten des sechsten Jahrhunderts geschaffen werden auch die *leges* des Burgundervolkes, nämlich die «Lex Burgundionum» und die «Lex Romana Burgundionum». In der ersten Hälfte des siebten Jahrhunderts folgt die nächste Welle von Stammesrechten. Die zwischen 613 und 625 entstandene «Lex Ribuaria», die für die um Köln ansässigen Ribuarier gelten sollte, setzt die Reihe der fränkischen Stammesrechte fort. Im Oberitalien der Langobarden entsteht 643 das «Edictum Rothari», das auf den langobardischen König *Rothari* (636–652) zurückgeht. Die von König *Recceswinth* (649–672) erlassene «Lex Visigothorum» folgt 654. Ebenfalls im siebten Jahrhundert ist auch der nur bruchstückhaft überlieferte «Pactus Alamannorum» entstanden. Im achten Jahrhundert nimmt die Dichte der *leges* ab, die «Lex Alamanonrum» lässt sich auf das Jahr 725 datieren, die «Lex Baiuvariorum» wird meist der Zeit um 742/744 zugeschrieben. Der Aachener Reichstag *Karls des Grossen* 802/803 bildet einen neuen Höhepunkt und zugleich den Schlusspunkt dieser Entwicklung, werden doch auf Geheiss des Kaisers insgesamt vier neue Stammesrechte erlassen, nämlich die «Lex Chamavorum», die «Lex Frisionum», die «Lex Saxonum» sowie die «Lex Thuringorum».

Gemeinsam ist allen *leges*, dass ihr Geltungsbereich nicht territorial, sondern personal bestimmt war: Anknüpfungspunkt ihrer Geltung war die Zugehörigkeit zu einer Volksgruppe (sogenanntes Personalitätsprinzip), nicht etwa ein definiertes Gebiet. So wandten sich die «Leges Romanae» an die romanische Bevölkerung in den Gebieten der Westgoten und Burgunder. Nach dem Vorbild der weströmischen Kaisergesetzgebung wurde in den Prologen der *leges* häufig der Herrscher als Gesetzgeber bezeichnet, der bisweilen – wie im Fall der burgundischen und der westgotischen Stammesrechte – auf die Unterstützung römischer Juristen zurückgriff. Doch sind die Inhalte der *leges*, die sich in erster Linie auf den Bereich des, modern gesprochen, Privat- und Strafrechts erstreckten, vor allem als hoheitlich veranlasste Aufzeichnung von Rechtsgewohnheiten der Stämme zu deuten. Hinweise auf eine eigenständige fränkische Rechtskultur sind auch im vorliegenden Text 1 zu erkennen. Denn der Ausdruck *mallobergo* ist der Sprache des römischen Rechtskreises fremd und nur im fränkischen Kulturkreis belegt. Doch verbanden sich solche Regelungstraditionen von Stammesnormen durchgehend in unterschiedlich starkem Umfang mit Elementen der spätantiken römischen Rechtstradition. Zugleich lassen sich in den Stammesrechten immer wieder christliche Einflüsse beobachten, die bis hin zum Schutz kirchlicher Amtsträger reichen. So bezeugen die *leges* insgesamt eine langgestreckte Tendenz zur Verschriftlichung ursprünglich oral überlieferter Normen. Zugleich waren sie Ausdruck für einen fortschreitenden Prozess der Akkulturation, der wechselseitigen Durchdringung der römischen Rechtskultur, christlicher Elemente und der Rechtsgewohnheiten der im ehemaligen Imperium Romanum entstandenen Stammesherrschaften.

2.2 Die Ahndung von Unrecht in den Stammesrechten

Beiden Texten gemeinsam ist die Einführung von Geldbussen für jeweils sehr präzis geschilderte Formen deliktischen Handelns. Diese Art der Geldbusse – *compositio* – ist namensgebend für den Sanktionstyp in den Stammesrechten geworden, der als «Kompositionensystem» bezeichnet wird. Die in beiden Texten sichtbare Abstufung der Busstaxen nach der Bedeutung des jeweils geschützten Rechtsguts ist kennzeichnend für diesen Regelungsansatz. Die Busse war allerdings nur eine der möglichen Sanktionen von Unrecht in der Zeit der Stammesrechte. Die ursprüngliche Form der Unrechtssanktion bildet die *Fehde*. Sie ist Ausdruck für die zentrale Rolle, die Familien und Sippen im Gesellschaftsgefüge der Stämme einnehmen. Die Verletzung oder gar Tötung eines Familienmitgliedes durch den Angehörigen einer anderen Familie bedeutete weniger einen verletzenden Eingriff in die Sphäre des Opfers, denn Körperverletzungen und Tötungen, aber auch der Zugriff auf das Gut einer anderen Familie (vgl. Text 1), verletzten die *Ehre* der betroffenen Familie und stellten in letzter Konsequenz deren Position innerhalb des Stammesverband in Frage. Körperverletzungen und Tötungen eines Familienmitgliedes bedeuteten zugleich eine Einbusse von Arbeitskraft. Aus diesen Gründen setzte sich die betroffene Familie gegen den Täter zur Wehr und übte mit der Fehde öffentliche Rache. Die Wiederherstellung der verletzten Ehre und der Ausgleich der wirtschaftlichen Einbussen konnte aber auch durch die Zahlung einer Busse an die Familie des Opfers bewirkt werden. Denn durch diesen Vorgang wurde die Ehre der Familie durch den Täter öffentlich anerkannt und der Verlust an Arbeitskraft kompensiert. In Ansätzen zeigt sich dieser Regelungszweck der Busszahlung auch im vorliegenden Text 2: Denn die Busszahlung für einen getöteten Freien soll in erster Linie an die *parentes*, die Eltern oder auch Verwandten, des Opfers gehen (vgl. Text 2, Nr. 28). Auch hier hat also der Unrechtsausgleich in erster Linie gegenüber der Familie des Opfers zu erfolgen.

Bussgeldkataloge wie in den vorliegenden Texten sind in den Stammesrechten weitverbreitet. Bussgelder für Tötungsdelikte werden als Wergelder (von lat. *vir,* Mann) bezeichnet und sind teilweise in ganzen Wergeldkatalogen überliefert wie etwa in der «Lex Ribuaria». Die Vielfalt von Bussregelungen in den Stammesrechten lässt die Absicht der Stammesherrscher deutlich werden, die öffentlich ausgetragene Fehde im Interesse des sozialen Friedens zurückzudrängen. Ihr primärer Zweck liegt aus der Sicht des Stammes daher in der Zurückdrängung eskalierender Familienfehden. So ordnete König *Rothari* 643 ausdrücklich an, «Schlägereien [...] unter Freien werden in der Weise gebüsst, wie im folgenden ausgeführt, und die Fehde, d.h. die Feindschaft hört auf.»[1] Allerdings scheinen Fehde und Busse eher mit- und nebeneinander existiert zu haben. So zeigt sich in der berühmten Schilderung von der Fehde des Sichar, wie zwar eine Fehde zunächst in eine Busse überführt wird, im weiteren Fortgang der Ereignisse aber gleichwohl die sühnende Gewalt wiederum die Oberhand gewinnt.[2] Ungeachtet solcher Schilderungen ist allerdings in der neueren

---

[1] «Edictum Rothari», c. 45: De feritas [...] quae inter homines liberos eveniunt, per hoc tinorem, siut subter adnexum est, conponantur, cessantem faida (hoc est inimicitia). Abdruck in: MGH LL IV, Hg.v. FRIEDRICH BLUHME, Hannover 1868, S. 1–90, hier zitiert nach dem Abdruck bei WOLFGANG SELLERT/HINRICH RÜPING: Studien- und Quellenbuch zur Geschichte der deutschen Strafrechtspflege. Bd. 1: Von den Anfängen bis zur Aufklärung. Aalen 1989, Nr. II/7a, S. 68.

[2] Vgl. GREGOR VON TOURS: Libri Historia Decem, VII 47, IX 19. Abdruck in: MGH SS rer. Merov. I/1, hg.v. BRUNO KNUSCH/WILHELM LEVISON. Hannover 1951, als Auszug mit einer Übersetzung wieder abgedruckt bei KARL KROESCHELL: Deutsche Rechtsgeschichte. Bd. 1: Bis 1250, 11. A. Opladen 1999, S. 42–45.

Literatur³ die (noch zu untersuchende) These vorgetragen worden, bereits in merowingischer Zeit liessen sich deutliche Ansätze einer vom König getragenen Strafverfolgung und damit eines hoheitlichen, öffentlichen Strafrechts beobachten.

2.3 Gerichtsbarkeit in der Zeit von Völkerwanderung und früher fränkischer Herrschaft

Der Ausdruck *mallobergo* in Text 1 deutet auf die Urformen der Gerichtsbarkeit im fränkischen Bereich hin: Das Gericht bestand aus einer «Thingversammlung», dem *mallum*. Gegenstand des Gerichtsverfahrens ist die Reinigung vom Verdacht oder aber die Feststellung der Busspflichtigkeit. Den Vorsitz in diesem Gericht hat der Richter, beim Königsgericht der König selbst oder der ihn repräsentierende Graf. Doch die auf diese Weise zustande kommenden Urteile waren nicht vollstreckbar, es bedurfte vielmehr eines entsprechenden Gelöbnisses oder auch eines Sühnevertrages durch die verurteilte Partei. Seit dem achten Jahrhundert entwickelte sich eine Zweiteilung der Gerichtsverfassung: *Causae maiores*, zu denen Delikte an Leib und Leben zählten, wurden vor dem Grafengericht verhandelt. Allerdings setzte der König das Recht der Evokation durch, also die Befugnis, Verfahren vor das Königsgericht zu ziehen und dort nach *aequitas* zu entscheiden, was wohl am ehesten als Entscheidung nach billigem Ermessen zu verstehen ist. *Causae minores*, zu denen insbesondere Klagen um Biss- oder Geldschulden zählten, wurden vor dem *centenarius* verhandelt, einem ursprünglich wohl v.a. militärischen Befehlsinhaber, der jedenfalls seit merowingischer Zeit als Gerichtsvorsitzender bezeugt ist. Seit *Karl dem Grossen* ist das Gericht vollends dualistisch strukturiert, der Richter repräsentiert zwar die Gerichtsgewalt, leitet aber lediglich das Verfahren, während das Urteil durch die *Schöffen* gesprochen wird.

Zentral im Prozess war der *Eid*, der die Klage bekräftigte oder als Reinigungseid vom Tatvorwurf entlastete. Dabei hatte der Eidleistende je nach Bedeutung des Eides Eidhelfer aufzubieten, die allerdings nicht die Richtigkeit des Eides, sondern die persönliche Integrität («Leumund») des Eidleistenden zu bezeugen hatten. Frühzeitig belegt sind aber auch die *Gottesurteile*. Sie lassen sich als liturgisch geordnete Beweisrituale kennzeichnen, deren Ausgang das Urteil Gottes über die im Prozess verhandelte Schuldfrage erkennbar macht: So soll der *Zweikampf* die Schuldfrage zwischen Beschuldigtem und Kläger entscheiden. Beim *Kesselfang* musste der Beschuldigte einen Gegenstand aus einem Kessel mit kochendem Wasser holen und ebenso wie bei der Feuerprobe hing die Schuldfrage davon ab, ob die dadurch entstandene Wunde in der Folgezeit vereiterte. Allerdings scheinen Gottesurteile in der Praxis des fränki-

---

[3] Vgl. JÜRGEN WEITZEL: Strafe und Strafverfahren in der Merowingerzeit. In: ZRG GA 111 (1994), S. 66–147.

schen Prozesses eher die Ausnahme als die Regel gewesen zu sein. Trotzdem setzt bereits im 9. Jahrhundert Kritik von kirchlicher Seite ein, die in *Agobard von Lyon* (769–840) ihren Sprecher findet.

3. Historische Verortung

Die Bussenkataloge sind, wie dargelegt, charakteristisch für die Zeit der Stammesrechte (*leges*).

3.1 Text 1

Mit dem Ausdruck *mallobergo* enthält dieser Text einen Begriff, der nur in der «Lex Salica» erscheint («Mallbergische Glossen»). Folglich ist davon auszugehen, dass es sich um einen Auszug aus der «Lex Salica» handelt.

3.2 Text 2

Text 2 nennt in Ziff. 28 den «Herzog» als möglichen Bussberechtigten. Der Herzog spielt also eine offensichtlich herausgehobene Rolle. Das ist kennzeichnend für die Regelungen der «Lex Baiuvariorum» aus dem achten Jahrhundert.

4. Quellenbestimmung

4.1 Textgattung

Beide Texte sind als gesetzesähnliche Regelungen ausgestaltet.

4.2 Autor

Die Autoren lassen sich dem Text unmittelbar nicht entnehmen. Da es sich aber in beiden Fällen um Auszüge aus Stammesrechten handelt, liegt die Überlegung nahe, dass die Texte jeweils einem monarchischen Herrscher als Urheber zuzurechnen sind.

4.3 Adressaten

Adressaten beider Texte sind, dem Personalitätsprinzip entsprechend, die Angehörigen des Stammes, dessen Herrscher die Normen erlassen hat. Das bedeutet, dass sich Text 1 an die Franken richtet, während Text 2 an die Baiern adressiert ist.

4.4 Argumentation

In beiden Texten wird nicht argumentiert. Kennzeichnend ist vielmehr die strikte konditionale Verknüpfung von Unrechtsbeschreibung und dafür zu zahlender Busse.

5. Historischer Hintergrund

Die Existenz eines «Herzogs» in Text 2 verweist auf ein zentrales Element der verfassungsgeschichtlichen Entwicklung:[4] Es entstehen erste Ansätze einer Herrschaftsordnung, in der sich der König Hilfspersonen bedient und damit die Grundlage für die Entstehung von Strukturen organisierter Herrschaft begründet.

Zwar bleibt die Ausübung königlicher Herrschaft in frühmittelalterlicher Zeit stets an die Person des Königs selbst gebunden. Denn seine Position beruht nicht auf der abstrakten Legitimation eines von ihm ausgeübten Amtes, sondern auf der sakralen Würde seiner Person selbst, dem *Königsheil*. Doch angesichts der physischen Unmöglichkeit, überall präsent zu sein, mussten die Könige die Hilfe anderer Personen nutzen. Das zeigt sich in der Figur des *comes palatini*, des Pfalzgrafen, der, seit merowingischer Zeit belegt, die Verhandlungen des Königsgerichts leitet und später in Streitfällen den König vertritt. Doch eine andere Amtsperson erlangt grössere Bedeutung: Der Verwalter des königlichen Haushaltes und auch der Kanzlei, der *maior domus*, wird zu den *principes Francorum* gezählt. In der «Lex Ribuaria» (I, 91) wird der Hausmeier als dominierende Person der königlichen Gefolgschaft und des königlichen Hofes gekennzeichnet. Dem Hausmeier untergeordnet sind der Schatzmeister, aus dem in karolingischer Zeit der *camerarius* wird, sowie Truchsess (*dapifer*), Marschall (*comes stabuli*) und Mundschenk (*princeps pincernarum*). Im Hochmittelalter werden sich aus diesen Positionen die Erzämter und damit die Grundlage der kurfürstlichen Rechtspositionen bilden.[5] In der hier betrachteten Phase ist das höfische Organisationsgefüge noch nicht so stark verfestigt und wird von der personalen Herrschaftsausübung des Königs überlagert. Das gilt allerdings nicht für den *maior domus*. Im Lauf der Zeit wird der Hausmeier vielmehr zur beherrschenden Figur am königlichen Hof. Im Jahr 751 verdrängt der karolingische Hausmeier *Pippin* schliesslich den merowingischen König und wird selbst zum Herrscher. Das bedeutet auch das Ende des Hausmeier-

---

[4] Die folgende Darstellung hätte auch als Teil der sachlichen Aussagen behandelt werden können. Doch da der Herzog eher am Rande erwähnt wird, ist es sinnvoller, die Frage nach der Entwicklung der Herrschaftsordnung im Zusammenhang mit dem historischen Hintergrund zu thematisieren.

[5] Vgl. dazu unten die Interpretation von Text 5.

amtes, denn am Hof der karolingischen Monarchen ist diese Position nicht mehr vorhanden.

Auch die Ausübung der königlichen Herrschaft in den Regionen der Reiche ist Beauftragten des Herrschers anvertraut. Als Haupt grösserer Stammesverbände ist in merowingischer Zeit der *dux*, der Herzog, bezeugt. Als Vertreter des Königs haben der Herzog und der vor allem an den Reichsgrenzen wirkende Markgraf, *marchio*, weitreichende militärische Befehlsbefugnisse. Mit der fortlaufenden Schwächung der königlichen Gewalt unter den Merowingern verselbständigen sich diese Herrschaftsträger zunehmend. Vor diesem Hintergrund wird es verständlich, dass die karolingischen Könige die Herzogtümer fest in den Herrschaftsverband eingliederten. Allerdings gelingt es seit dem späten 9. Jahrhundert dem Hochadel erneut, gestützt vor allem auf ihre eigene Grundherrschaft und ihre lehnrechtliche Position, regionale Vormachtstellungen aufzubauen. Dadurch entsteht das sogenannte «jüngere Herzogtum». In der Forschung ist allerdings seit langem umstritten, ob diese Vorgänge, die im gesamten kontinentaleuropäischen Bereich zu beobachten sind, nicht auch mit der Verleihung eines entsprechenden Amtes zu erklären sind.

Es ist nicht allein der weltliche Bereich, in dem sich in dieser Zeit die ersten Ansätze von Normbildung und organisierter Herrschaft beobachten lassen. Auch die kirchliche Amtsorganisation gewinnt zunehmend an Dichte und spätestens seit dem sechsten Jahrhundert hat auch die kirchliche Normbildung eine hohe Intensität erreicht. Die spätantike Kirche ist vor allem eine *Bischofskirche,* in der der (aus dem zunächst noch römischen Adel stammende) Bischof als oberste administrative und gerichtliche Instanz seines Bistums wirkt. Die Gesamtkirche wird vor allem gelenkt durch die Versammlung von Bischöfen auf den Konzilien wie dem Konzil von Nicaea (325). Seit dem ausgehenden vierten Jahrhundert beansprucht allerdings der römische Bischof eine herausgehobene Position. Das gilt vor allem für *Innocenz I.* (401–417), der deswegen auch verlangt, dass alle kirchlichen *causae maiores* vor den römischen Bischof zu bringen seien. Vor allem *Leo I.* (440–467) und *Gelasius I.* (492–496) untermauern diesen Primatsanspruch und können damit die Position des römischen Bischofs gegenüber den Kirchen in Gallien, Spanien und Franken festigen. Es kennzeichnet die Ausformung dieser herausgehobenen Stellung des römischen Bischofs, dass er seit dem sechsten Jahrhundert exklusiv den Titel *papa* für sich in Anspruch nehmen kann. Der Aufstieg des römischen Bischofs spiegelt sich auch in der Entstehung einer neuen kirchlichen Rechtsquelle wider: Neben die Konzilsbeschlüsse, die *canones*, tritt – erstmals nachgewiesen seit 385 – die *Dekretale* als Norm des römischen Bischofs. Es ist bezeichnend für die schon jetzt sehr hoch ausgebildete Rechtskultur der Kirche, dass kirchliche Normtexte sorgfältig gesammelt werden. Diese kirchlichen Normsammlungen könnten als «Gedächtnis der kirchlichen Rechtskultur» bezeichnet werden, denn sie speichern und strukturieren die kirchlichen Normen für den späteren Gebrauch.

Besondere Bedeutung erlangt dabei die in Rom um 500 entstandene «Collectio Dionysiana» des *Dionysius Exiguus,* der auch die Zeitrechnung nach dem Geburtsjahr Christi eingeführt hat. Die «Collectio Dionysiana» enthielt Dekretalen und die Beschlüsse der Konzilien, wobei *Dionysius* die griechischen Konzilscanones ins Lateinische übersetzt und damit auch der Anwendung im Westen zugänglich gemacht hatte. In einer vor 774 entstandenen modifizierten Form zirkulierte diese Sammlung in über 90 Handschriften und übertraf damit die Verbreitung etwa der «Lex Salica», für die etwas mehr als 80 Handschriften nachgewiesen sind. Zwar sind diese Zahlen im Vergleich zur Fülle der nach Hunderten zählenden Manuskripten etwa des «Decretum Gratiani» (um 1140) eher bescheiden. Trotzdem wird deutlich, dass die Verschriftlichung von Recht voranschritt.

6. Gegenwartsbezug

Das staatliche Gewaltmonopol der Gegenwart schliesst es prinzipiell aus, strafrechtliches Unrecht durch den Verletzten oder seine Angehörigen ahnden zu lassen. Das Strafrecht der Moderne ist ein öffentliches Strafrecht, die Verwirklichung strafrechtlichen Unrechts damit eine Angelegenheit des Staates. In diesem Punkt unterscheiden sich die vorliegend betrachteten Texte grundsätzlich von der Gegenwart. Allerdings finden sich auch in der Rechtsordnung der Moderne Elemente von Privatstrafrecht: Vertragsstrafe und pauschalierter Schadensersatz sind Instrumente, mit deren Hilfe im Privatrecht pönale Zwecke verfolgt werden können. Ganz abgesehen davon ist auch im modernen Strafrecht die Entschädigung des Opfers ein (wenn auch eher untergeordneter) möglicher Zweck der Strafverfolgung. Freilich ist in der Gegenwart grundsätzlich die Rechtssphäre des geschädigten Individuums massgeblich, während der Bereich seiner Familie eine allenfalls untergeordnete Bedeutung hat.

Die in beiden Texten erkennbare Abstufung des Rechtsgüterschutzes findet sich dagegen auch im modernen Strafrecht wieder. Dabei ist die Unterscheidung zwischen einem Grunddelikt und den möglichen schweren Folgen, wie sie in Text 2 zu sehen ist, dem konzeptionellen Ansatz nach auch im heutigen Recht der erfolgsqualifizierten Delikte zu beobachten. Doch insgesamt ist nicht zu übersehen, dass die hier betrachteten Texte gegenüber dem Heute eher in einem Verhältnis der Distanz zu sehen sind.

III. Quelle und Literatur

Quelle

Text 1: Lateinischer Text und Übersetzung aus: KARL AUGUST ECKHARDT (Hg.): Lex Salica. 100-Titel-Text. Weimar 1953 (Germanenrechte, n.F., Westgermanisches Recht), S. 104–109.

Text 2: Lateinischer Text und Übersetzung aus: KONRAD BEYERLE (Hg.): Lex Baiuvariorum. München 1926, S. 70f., 80.

Literatur

KARL KROESCHELL: Deutsche Rechtsgeschichte I, S. 26–52.
HINRICH RÜPING/GÜNTER JEROUSCHEK: Grundriss der Strafrechtsgeschichte, Rdrn. 4–25.
WOLFGANG SELLERT/HINRICH RÜPING: Geschichte der deutschen Strafrechtspflege, Bd. 1, S. 55–65.
MARCEL SENN: Rechtsgeschichte I, S. 19–44.

Handbuchartikel

HERMANN NEHLSEN: Lex Burgundionum. In: HRG 2, Sp. 1901–1915.
HERMANN NEHLSEN: Lex Visigothorum. In: HRG 2, Sp. 1966–1979.
KARL-OTTO SCHERNER: Kompositionensystem. In: HRG 2, Sp. 995–997.
RUTH SCHMIDT-WIEGAND: Lex Ribuaria. In: HRG 2, Sp. 1923–1927.
RUTH SCHMIDT-WIEGAND: Lex Salica. In: HRG 2, Sp. 1944–1962.
HARALD SIEMS: Lex Baiuvariorum. In: HRG 2, Sp. 1887–1901.
HARALD SIEMS: Lex Romana Visigothorum. In: HRG 2, Sp. 1940–1949.

AT

2. Text: Königsrecht und Stadtrecht

I. Quellentext

Friedrich von Gottes Gnaden Römischer König, Allzeit Mehrer des Reichs und König von Sizilien seinen lieben Getreuen, Schultheiss, Rät und allen Burgern von Bern in Burgund seine Gnade und alles Gute.

1. Dieweil Herzog Berchtold von Zähringen das Burgum Bern errichtet hat mit aller Freiheit, womit Herzog Conrad Freiburg im Breisgau errichtet und diese mit der Freiheit nach dem Rechte von Köln gestiftet hat, unter Bestätigung des Kaisers Heinrich und mit Zustimmung aller anwesenden Fürsten der Krone des römischen Reichs, wollen wir hiermit euch und allen, welche jetzt oder in Zukunft diesen Brief lesen werden, kund tun, dass wir kraft unserer königlichen Machtvollkommenheit dieses Burgum Bern und alle Burger, die gegenwärtig darin wohnen oder später dahin ziehen, in unsere und des römischen Reiches Herrschaft und Schutz genommen haben, indem wir euch und eure Nachkommen für immer frei machen und von allem Dienstzwang lösen, mit welchem ihr bedrückt waret, mit Ausnahme des Zinses von euern Häusern und Hofstätten; nämlich von jeder Hofstatt, die 100 Fuss lang und 60 breit ist, 12 Pfennige üblicher Münze, die jährlich vom Reichsboden zu entrichten sind. Durch Entrichtung dieses Zinses wollen wir, dass ihr und eure Nachkommen von jedem anderen Dienstzwang befreit sein sollet, sowohl gegen uns als gegen alle unsere Nachfolger oder unsere Stellvertreter; und diese Freiheit und Unmittelbarkeit bestätigen wir euch und euern Nachkommen kraft unserer königlichen Gewalt.

2. Wir geloben auch euch und euren Nachkommen festiglich, dieses Burgum von Bern mit allen Ehren und Rechten, welche dazu gehören, in unserer und des Reiches Herrschaft zu behalten, und weder sie noch euch lehenrechtlich, durch Verkauf, Tausch oder auf irgendeine andere Weise zu veräussern oder unserer und des römischen Reiches Gewalt zu entziehen.

3. Vielmehr wollen wir, dass ihr auf des Reiches Grund und Boden frei und ohne Steuer sitzet, und auch des Lehensrechtes euch erfreuet wie andere Getreue und Dienstmannen des Reichs, und eine freie Münze habet, und Jahrmärkte von 15 Tagen, nämlich am Sankt Georgentag und 8 Tage nachher und am Michaelstag und 8 Tage nachher.

4. Und allen Fremden erlasse ich den Zoll in der Zeit des öffentlichen Marktes, und gelobe ihnen mit königlicher Freiheit Frieden und Sicherheit für Leib und Gut, sowohl für die Her- als für die Rückreise, mit Ausnahme desje-

nigen, welcher an einen Burger gewalttätig Hand angelegt hat. Und wenn einer der Kaufleute zur Zeit des Marktes beraubt wird, und er den Räuber nennt, so sorge ich für Rückgabe oder leiste Ersatz.

5. Wir wollen auch, dass zur Zeit des öffentlichen Marktes alle Kaufleute auf den Strassen oder auf Reichsgrund, wo sie wollen, ausser auf dem Eigen der Burger, Hofstätten und Buden aufschlagen dürfen ohne Entgelt und Widerrede. Und wenn irgendein Streit zur Zeit des Marktes zwischen den Burgern und den Kaufleuten entsteht, soll er nicht nach meinem oder meines Richters Urteilsspruch, sondern gemäss dem Gewohnheitsrecht der Kaufleute, und vor allem der Kölner, von den Burgern entschieden werden.

6. Wir verleihen euch auch mit königlicher Freiheit den Wald, genannt Bremgarten, und was rings um die Mauern der Stadt liegt und sich daran lehnt, zur Benutzung, was gewöhnlich Allmend genannt wird; und geben euch noch dazu gemeinschaftliche Nutzung und Niessbrauch, was Ehehafte genannt wird, in dem Forst, für alle eure Bedürfnisse, ohne Schädigung jedoch und Ausrodung.

7. Auch dies geloben wir, dass weder wir, noch einer unserer Nachfolger euch den Schultheissen, Priester, Schulmeister, Kirchendiener, die Räte, den Weibel oder irgendeinen andern Beamten ernennen sollen, vielmehr verpflichten wir uns, diejenigen zu bestätigen, welche ihr in gemeiner Versammlung euch gewählt haben werdet. Ihr könnt auch den Schultheissen und die Räte, ja sogar alle Beamten der Stadt jährlich ändern und andere wählen, mit Ausnahme des Priesters.

8. Ferner geloben wir euch, dass ihr von dem Hause, welches Herzog Berchtold bei euch befestigt hat, weder von uns, noch von unsern Nachfolgern irgendwelchen Schaden oder Bedrängnis erleiden sollet.

9. Niemals sollet ihr auch schuldig sein, mit uns oder mit jemandem, der euer Herr sein wird, kriegshalber weiter zu ziehen, als dass ihr in der folgenden Nacht wieder nach Hause zurückkehren könnet. Wenn aber euer Herr in die Stadt kommt, so sollen Ritter und Gäste in den Häusern derjenigen untergebracht werden, welche Gäste aufzunehmen pflegen. Reichen aber die Häuser derselben nicht hin, so sollen sie auch anderswo untergebracht werden ohne Nachteil für die Burger. [...]

12. Jeder Mensch, welcher an diesen Ort kommt und da bleiben will, soll frei sitzen und bleiben.

13. Ist er aber jemandes Leibeigener und hat seinen Herrn geleugnet, so soll ihn der Herr binnen Jahresfrist mit sieben Blutsverwandten desselben überweisen, dass er sein Leibeigener sei; andernfalls, wenn er nach Verlauf von Jahr und Tag nicht überwiesen worden ist, so soll er frei in der Stadt bleiben und weder ihm noch einem Andern mehr Antwort zu geben schuldig sein. Wenn er aber seines Herrn geständig ist, so soll ihn dieser binnen Jahresfrist

wegführen oder als Freien in der Stadt lassen. Wird er binnen dieser Jahresfrist nicht weggeführt, so soll er nach Verlauf dieses Jahres fortan frei bleiben.

14. Wer immer das Burgerrecht in der Stadt zu erlangen wünscht, der soll, wes Standes er auch sei, alle Rechte der Stadt erfüllen, wenn er nicht mit Zustimmung aller Burger befreit und entbunden worden ist. [...]

II. Interpretation

1. Zusammenfassung

In einer kurzen Einleitung zu vierzehn Bestimmungen, unter denen die Bestimmungen zehn und elf fehlen, bezeichnet sich ein *Friedrich* als König des Reiches und als König von Sizilien, der den Getreuen, dem Schultheiss und den Räten sowie den Burgern von Bern verschiedene Freiheiten und Sicherheiten verleiht, darunter die Niederlassungs-, Heerfolge-, Dienstleistungs- und Steuerfreiheit, freies Beamtenwahlrecht, einschliesslich Nutzungs-, Lehn-, Münz- und Jahrmarktrechte sowie Sonderrechte für die den Markt besuchenden Kaufleute. Insbesondere erklärt er den Verzicht auf jegliche Veräusserung der Stadt aus der Reichsunmittelbarkeit. Zwei Verpflichtungen Berns bleiben gegenüber dem König bestehen, nämlich der Grundzins und sein Gastrecht.

2. Sachliche Aussagen

Aus den vierzehn Bestimmungen lassen sich drei Themen bilden, nämlich eines zur Autonomie der Stadt im Reich (Bestimmungen 2, 8, 14), ein weiteres, das die städtischen Kompetenzen und Nutzungsrechte einschliesslich die Sonderrechte des Marktes von Bern (3 bis 7) behandelt, sowie ein Drittes, das die Rechte der Stadtbürger als Einzelpersonen (1, 9, 12, 13) betrifft.

2.1 Stärkung und Sicherung der Stadtautonomie im Reich

2.1.1 Wie funktioniert das mittelalterliche Reich?

Nach Lehnrecht ist der König der oberste Inhaber aller Herrschaftsrechte im Reich, seien es Land oder Leute oder die Institutionen der Gerichtsherrschaft. Er ist aber kein willkürlicher Herrscher, der über diese Rechte wie ein Eigentümer über Gegenstände jederzeit nach Belieben verfügt. Vielmehr entsprechen seinen Rechten auch Pflichten gegenüber Land, Leuten und Institutionen. Er muss das Land und die Leute verteidigen, die Rechtsprechung und Rechtsdurchsetzung gewährleisten, er ist aber auch für das wirtschaftliche Wachstum des Reiches verantwortlich. Daher ist umgekehrt, wer vom König ein Herrschaftsrecht (ein Regal[1]) erhält, ebenfalls nicht Eigentümer darüber nach seinem Belieben, sondern dem König seinerseits zu Dienstleistungen etwa im Heer oder Gericht oder auch zu Abgaben verpflichtet. Dieses gegenseitige Abhängigkeitsverhältnis, das als Lehnrecht bezeichnet wird, ermöglicht also die Instandhaltung des Reiches, was ein kapitalintensives Unterfangen ist.

2.1.2 Welche Bedeutung haben Städte im Mittelalter?

Städte sind demographische Ballungszentren, die meist an Handelsrouten günstig gelegen sind. Mit zunehmendem Handel über die bedeutenden Messeplätze in West- (Südostengland, Flandern und Champagne) und Mitteleuropa (Rhein- und Donaubereich), insbesondere auch im Mittelmeerraum, mit dem zentral gelegenen Inselreich Sizilien und dem dazugehörigen Süditalien, entstehen seit dem 11. Jahrhundert in kurzer Zeit zahlreiche Handelsplätze, die sich als Städte mit einigen hundert, manchmal tausend Einwohnern etablieren. Die Städte (ver)sammeln nicht nur Kapital, sondern auch Wissen, weshalb die ersten Universitäten auch in den Städten entstehen.

Städte zeichnen sich also durch Wissen, Künste und Kapital aus; sie sind die intellektuellen Zentren und Finanzplätze des Reiches. Um sich noch besser und schneller entwickeln zu können, bedürfen sie aber auch vermehrter Freiräume und Selbstbestimmungsmöglichkeiten im Reich.

2.1.3 Wozu sind Privilegien nützlich?

In der Regel wird ein Herrschaftsrecht (ein Regal) durch einen besonderen Akt – das Privileg – gewährt. Dies führt zu einer Befreiung im konkreten Herrschaftsbereich, nicht jedoch zur Freiheit im Sinn heutiger Unabhängigkeit, so dass nach Belieben verfügt werden kann. Ein Privileg bedeutet vielmehr ein Aufstieg innerhalb der Lehnpyramide;[2] je höher der Privilegiengeber ist, desto höher rückt der Privilegierte auf. Ist es gar ein königliches Privileg – wie hier der Fall –, dann wird diese Stadt nicht einfach gegenüber anderen Städten bevorzugt, sondern sie wird reichsunmittelbar und somit dem König direkt unterstellt.

Der König freilich kann die Rechte des Reichs nicht einfach verschenken, privilegiert er doch die Empfänger der Herrschaftsrechte mit der Abtretung gegenüber denjenigen, die keine erhalten. Er wird dies also nur dann tun (können), wenn auch dem Reich dadurch ein Nutzen zuwächst. Diese Optimierung kann alleine schon in der Sicherung der Loyalität bestehen. Eine wirtschaftlich bedeutende Stadt kann den Frieden im Reich regional oder doch lokal mitga-

---

[1] In der ersten Silbe des Wortes ist der König, der Rex, noch zu erkennen.
[2] Vgl. MARCEL SENN: Rechtsgeschichte I, S. 72–76.

rantieren helfen und umgekehrt wird eine ins Reich besser eingebundene Stadt durch ihr Autonomiestreben selbst nicht neue Konflikte erzeugen. Eine andere Gegenleistung wird regelmässig darin bestehen, dass das Privileg durch Zahlung an die Reichshofkasse erworben wird.

Damit gelangen die Stadt als Kommune und die Bürger als Mitglieder dieser Kommune zu zahlreichen Vorteilen. Aber sie dienen nun auch vermehrt dem Reich und dies heisst, treten im Reich Probleme auf, dann haben sie zu deren Lösung beizutragen.

2.1.4 Was bedeutet das Versprechen, die Stadt nicht zu veräussern?

Die kommunale Beitragspflicht kann sich auch darin erschöpfen, dass der König sie als Pfand benutzt. Er muss sich also Liquidität oder Kredit besorgen und daher ein Reichsgut verpfänden. Freilich wird er kaum je in der Lage sein, die Stadt wieder auszulösen, selbst wenn er wollte. Dadurch kommt die Stadt in die Hand des Pfandhalters. Ist es ein Lehnnehmer des Königs, so gelangt sie unter dessen Regime und Gerichtsbarkeit. Ist der Pfandhalter hingegen kein Adeliger, sondern ein Kaufmann, dann verliert sie ihre Bedeutung und fällt dadurch unter die Herrschaft eines regionalen Stadtherrn. Das Interesse der Stadt, reichsunmittelbar zu bleiben, wird diese daher dazu treiben, die Summe zur Auslösung ihrer Pfandhaft erbringen. Diese Leistung wird sie also nur schon in eigenem Interessen erbringen, um wieder näher zum König zu gelangen.

Dagegen will sich die Stadt absichern. Sie erhält (oder erwirbt) vom König noch zusätzlich das Versprechen der dauerhaften Reichsunmittelbarkeit bzw. seines Verzichts, das lehnrechtliche Reichsgut wieder zu veräussern. Könige geben vergleichbare Zusagen etwa ab, wenn sie darauf verzichten, nicht mehr in die Gerichtsbarkeit einer Stadt oder eines Landesherrn einzuwirken. Mit solchen Regalien bzw. Privilegien wird die Autonomie eines neuen Herrschaftsgebiets wie das der Stadt Bern gestärkt und gesichert, und Bern somit Reichsstadt.

2.1.5 Was bedeutet Absicherung gegen Schäden?

Hinzu kommt die Rechtsgewährleistung gegen Folgen, die der Stadt aus dem Hause der Zähringer, der Stadtgründer und vormaligen Stadtherren von Bern, entstehen könnten. Denn das Lehngut fiel zufolge Aussterbens des Mannesstammes des Zähringer Geschlechts im Jahre 1218 ans Reich zurück, so dass der König die Stadt Bern nicht mehr weiter zu Lehn vergeben musste, sondern die Stadt bei sich behalten und sie privilegieren konnte. Aus diesem Rechtsvorgang sollen der Stadt also weder Schaden noch Bedrängnis drohen und zwar weder vom bisherigen Stammhaus noch vom Reich.

2.1.6 Die Gegenleistungen

Die im Text erwähnten Gegenleistungen, welche die Stadt zu erbringen hat, sind eine Steuer auf Grundbesitz und die Gewährleistung des Gastrechts gegenüber dem König. Die Steuer beträgt 12 Pfennige oder 1 Schilling für die normale Grösse einer Hofstatt von 35 auf 20 Meter. Der Schilling galt zwar noch zu Beginn des 13. Jahrhunderts als Rechnungseinheit; nun ist hier aber von der üblichen Münze die Rede (Ziff. 1), was auf die Einfügung dieser Bestimmung zu einem späteren Zeitpunkt hinweist, denn die Urkunde soll um 1218 (als Folge des Aussterbens der Herzöge von Zähringen) ausgestellt worden sein.[3] Diese Abgabe ist von jedem einzelnen Grundbesitzer jährlich zu leisten. Die Stadt als Korporation wird aber weitaus stärker belastet durch das Gastrecht des Königs und seines jeweils etwa 200 Personen umfassenden Trosses samt Pferden, wenn er in der Nähe wäre. Diese Kosten des Gastrechts dürfen nicht unterschätzt werden, d.h. die Stadt wird für ihre Privilegien also auch dauerhaft in die Pflicht genommen und zahlt dafür.

2.2 Die städtischen Kompetenzen und Nutzungsrechte sowie das Marktrecht im Besonderen

Die städtische Autonomie bzw. Reichsunmittelbarkeit drückt sich auch konkret in mehreren Privilegien aus wie im Lehnrecht, in den Abgabefreiheiten, im Münz- und Marktrecht sowie in Nutzungsrechten.

2.2.1 Lehnrecht

Die Berner sollen sich des Lehnrechts erfreuen wie andere Dienstmannen oder Getreue auch (Ziff. 3). Dieser Teilsatz bedeutet viel. Königliche Dienstmannen waren im Frühmittelalter Unfreie, die aber dem König dienen durften und dadurch zu ihm gehörten. Da vor allem zur Zeit der staufischen Könige zahlreiche belehnte Edle in den Stand der Dienstmannen des Königs eintraten und ihr Lehn behalten durften, konnte der nachgeborenen Generation die Lehnfähigkeit nicht abgesprochen werden. Daraus erwuchs in der Folge auch das Recht der Dienstleute (niedrige) Lehnberechtigte zu sein. Die Berner sollen nun in denselben Stand einbezogen sein, also wie getreue Ministerialen des Reichs und Königs betrachtet werden. Gerade an dieser Bestimmung wird ersichtlich, wie sehr der König darauf aus ist, regional bedeutende Wirtschaftsstandorte durch Privilegierung zu binden.

---

[3] Vgl. dazu den Exkurs zur Echtheit der Urkunde am Schluss.

2.2.2 Freies Wahlrecht der städtischen und kirchlichen Beamten

Die städtische Gemeindeautonomie wird mit den Kompetenzen ausgestattet, die dem Stadtherrn eigen sind. Dazu gehört die Kompetenz, die städtischen und kirchlichen Amtsstellen mit «eigenen» Leuten zu besetzen.

2.2.3 Nutzungsrechte an Wald und Allmende

Die rechtliche Autonomie wird durch wirtschaftliche Autarkie sichergestellt. Dazu gehören zunächst einmal Nutzungsrechte. Die Enge der Stadt innerhalb der «Mauern» ermöglicht nur eine minimale Existenzsicherung. Holz und Heu sind notwendig für Befeuerung, Hausbau, Inneneinrichtung, Werkzeug- und Karrenherstellung und die Mästung der Tiere. Nur schonende Nutzung ist gestattet. Ziff. 6 erwähnt das mittelalterliche Nachhaltigkeitsprinzip, das nicht die Natur als solche, sondern die Interessen alle Berechtigten am Walde schützt.

2.2.4 Steuerfreiheit

Steuern sind notwendig, um eine Stadt als öffentliche Institution zu betreiben, aber sie sind den Bürgern auch eine Last und sie belasten die Wirtschaft. Die Steuerfreiheit, die hier gewährt wird, bedeutet nur eine Entlastung im Verhältnis zur Abgabepflicht gegenüber dem bisherigen Stadtherrn. Denn auch das Reich verlangt Abgaben (vgl. Ziff. 2.1.6 der Interpretation). Doch ebenso gewiss ist, dass die Stadt für alle ihre Unkosten selbständig aufzukommen hat; die Finanzierung erfolgte meist durch eine sogenannte Bede (Bitte) um Beiträge der Bürger an die Kommune. Autonomie bedeutet Eigenverantwortung und Selbstfinanzierung.

2.2.5 Das Münzrecht

Mauer, Münze und Siegel sind Zeichen der städtischen Selbständigkeit. Dem Münzrecht jedoch kommt mit Blick auf das Marktrecht auch eine besondere ökonomische Vermittlungsfunktion zu. Freies Münzrecht bedeutet, dass die Korporation das Recht der Bestimmung der Geldmenge und des Wechselkurses in eigener Hand hat und auch die Münzqualität kontrollieren kann. Das ist deshalb wichtig, weil die Münzen durch den Edelmetallgehalt den Wert selbst repräsentieren und damit die Gefahr der Entwertung gegeben ist.

2.2.6 Das Jahrmarktrecht

Neben einem wöchentlichen Markt, der die Grundversorgung sicherstellt, soll die Bedeutung der Stadt für die gesamte Region noch durch zwei Messen erhöht werden. An den Namenstagen der Heiligen Georg (23. April) und Michael (29. September) sollen eine Frühjahrs- und Herbstmesse während jeweils einer Woche abgehalten werden können.

Die Reisenden stehen zu dieser Zeit unter dem Schutz des Königs, der für ihre Sicherheit und allfälligen Schadenersatz sorgt. Dies ist wichtig, denn die Anreize des Marktes sind auch für Diebe und Räuber gross. Sie müssen jedoch damit rechnen, nicht nur im Bannbezirk der Stadt, sondern nun sogar im gesamten Reichsgebiet verfolgt und geächtet zu werden. Die Garantie der Reichsexekution ist ein wichtiges Beispiel der Bedeutung der Reichsunmittelbarkeit.

Zu dieser Sicherheit sollen im Sinn der Wirtschaftsförderung die Fremden, worunter sowohl Händler als auch Käufer zu verstehen sind, von der Abgabe eines Zolles, die das Reich erhebt, befreit sein. Dadurch soll sowohl die schnellere Abwicklung gewährleistet als auch die Verteuerung der Waren als Folge von Abgabeleistungen unterbunden werden.

Schliesslich sollen die Kaufleute angelockt werden, indem ihnen der Handel auf Reichsgrund in der Stadt unentgeltlich erlaubt werden soll und dass sie in Streitfällen zwar vor einem Gericht der Burger jedoch nach eigenem Gewohnheitsrecht, dem sogenannten Kölner Kaufmannsrecht, beurteilt werden.

2.3 Freiheiten und Freistellungen der Bürger

2.3.1 Abschaffung der Frondienste

Freie Burger verwalten sich selbst. Die bisherigen persönlichen Dienstpflichten zugunsten eines Stadtherrn (wie Mauerbau, Reinigung, Wehr usw.) werden nun zu Bürgerpflichten oder es müssen entlöhnte Dienststellen geschaffen werden.

2.3.2 Abschaffung des Reichsheeresdienstes

Wie an vielen Orten werden auch diesen Bürgern die zeit- und kostenintensiven Heeresdienste für das Reich künftig erlassen. Nur zur Verteidigung der eigenen Provinz müssen sie Heeresdienst leisten.

2.3.3 Niederlassungsfreiheit und Freiwerdung von Leibeigenen

Ebenfalls öfters finden wir in den Quellen der Zeit Bestimmungen zur Niederlassungsfreiheit, die jedoch nicht im Sinne eines modernen Grundrechts verstanden werden kann. So wenig heute die Nationalstaaten alle aufnehmen wollen und können, die von sich aus zuströmen, so wenig sind die relativ kleinräumigen Städte des Mittelalters in der Lage viele Menschen aufzunehmen, wie die Bestimmung 12 aussagt. Dennoch braucht es wie heute Neuzuzug, auch und gerade für niedere Arbeiten zu tiefen Löhnen (siehe die zuvor erwähnten Pflichten, die der Stadt zufallen), die die eingessenen Bürger nicht mehr selbst verrichten wollen. Nur die Rechte der Herren an ihren Leibeigenen werden erst nach einem Jahr verwirkt. Die Geschichtsschreibung des 19. Jahrhunderts – sowohl die bürgerliche als auch die marxistische – haben den Ausdruck der «Leibeigenschaft» oft überzogen interpretiert. Wenn hier von Leibeigenen die

Rede ist, dann sind damit auch nicht Sklaven (das Wort stammt von *Slave*) gemeint, die nach dem rezipierten römischen Recht wie eine Sache behandelt werden, sondern es sind «eigene Leute» gemeint, die zu persönlichen Diensten verpflichtet und schollengebunden, dadurch aber auch sozial abgesichert sind

3. Historische Verortung

Stadtrechtsprivilegien sind fürs 12. bis 14. Jahrhundert typisch. Im Einleitungstext ist *Friedrich,* König des Reiches und König von Sizilien genannt. Da nur *Friedrich II.* auch König von Sizilen war, scheidet sein Grossvater *Friedrich* mit dem roten Bart *(Barbarossa)* aus. *Friedrich* bezeichnet sich selbst als König und nicht als Kaiser des Reiches. Da er 1220 Kaiser wird, muss der Text also zwischen seiner Kür 1212 und 1220 entstanden sein und da die Zähringer 1218 ausstarben, deren Rechtsposition er gegenüber Bern nun einnimmt, muss der Text zwischen 1218 und 1220 verfasst sein.

4. Quellenbestimmung

4.1 Textgattung

Es handelt sich offensichtlich um ein königliches Stadtrechtsprivileg. Eine solche Königsurkunde hat regelmässig denselben Aufbau in drei Teilen, nämlich Protokoll, Haupttext und Eschatokoll. Das Protokoll (Einleitung) beginnt regulär mit der Anrufung Gottes, dann folgen die Bezeichnung des Ausstellers und der Empfänger und eine Absichtserklärung; das Protokoll ist vorliegend auf die Bezeichnung von Autor und Adressat beschränkt. Auch der Haupttext ist verkürzt, es fehlen die Verkündigungsformel sowie Sachverhalts- und Begründungsteil. Nur Verfügung und Rechtsfolgen sind erwähnt, gänzlich auf Tatbestand und Rechtsfolge verkürzt. In dieser Kürze hat der Text bereits die Qualität einer modernen Gesetzesnorm. Das Eschatokoll fehlt mit Siegel, Datierung und allfälliger Unterzeichnung durch Kanzler, selten durch den König selbst.

4.2 Autor

Autor ist der König selbst ohne Reichstag, unterstützt durch seine juristische Kanzlei. *Friedrich II.* hat bis zu seiner Kaiserwahl rund 70 solcher Stadtrechtsprivilegien ausgestellt, um sich die neuen Wirtschaftsmächte im Reich direkt zu unterstellen.

4.3 Adressaten

Genannt werden die Getreuen des Reichs sowie Burger und Beamte der Stadt Bern und indirekt natürlich auch die Fremden, die mit der Wirtschaftspolitik angesprochen werden sollen.

4.4 Sprache und Argumentation

Das Original ist lateinisch verfasst. Stadtrechtstexte werden erst gegen Ende des 13. Jahrhunderts in deutscher Sprache (Mittelhochdeutsch) abgefasst.

5. Historischer Hintergrund

5.1 Städte und Dynastien

Als das römische Reich im 4. Jahrhundert allmählich zerfällt, bleiben bedeutende Organisationsstrukturen wie städtische Zentren erhalten. Die Kirche verordnet, dass Bischöfe in diesen Städten Einsitz nehmen sollen, zumal sie meist aus dem römischen Adel stammen und die Infrastrukturen übernehmen können.

Dies trifft auf dem heutigen Gebiet der Schweiz für Basel, Lausanne, Avenches, Genf, Sion und Chur zu. Zugleich aber werden mit der Intensivierung der Handelsbeziehungen nach der Wiederentdeckung des Morgenlandes und nach den ersten Kreuzzügen Städte als Wirtschaftszentren gegründet. Es gibt Adelsfamilien, die sich diesem Unternehmen widmen wie die Zähringer (Fribourg, Burgdorf, Bern, Thun), die Kyburger (Winterthur, Mellingen, Baden), die Habsburger (Aarau, Brugg, Bremgarten, Lenzburg, Aarburg), die Froburger (Zofingen, Olten), die Savoyer (Moudon, Morges, Nyon) und die Regensberger (Glanzenberg, Kaiserstuhl). Aber auch der König privilegiert oder gründet Städte, so insbesondere *Friedrich II.* Schaffhausen, Solothurn, St. Gallen, Luzern, Locarno und Zürich. Im 14. Jahrhundert durchlaufen die meisten dieser Städte eine Emanzipationsphase gegenüber ihren Stadtoberen. Während Zürich eine Zunftverfassung (1336) einführt, bleiben in Bern die aristokratischen Ministerialen in der Führungsposition.

5.2 Städtebünde

Das Mittelalter zeichnet sich durch Personalhierarchie im Lehnwesen sowie ein System von fortwährend zu erneuernden Bündnissen aus. So hat eine Stadt dutzende, wenn nicht hunderte von Bündnissen mit unterschiedlich bedeutenden Partnern von nah und fern.

Da die Städte aber einen zunehmend bedeutendereren und insbesondere mit der Emanzipationsphase im 14. Jahrhundert auch revolutionäreren Charakter annehmen, stellen sie eine Bedrohung dar, insbesondere wenn sie sich verbünden wie dies im Raume des Bodensees, Schwabens, Württembergs, Bayerns und des Burgunds im 14. Jahrhundert der Fall ist. Dabei erweisen sich die Städte Konstanz, Zürich und Bern als Führungsorte. Daher verbietet die «Goldene Bulle» von 1356 Städtebündnisse.[4]

6. Gegenwartsbezug

Wir haben bereits auf einige Parallelen hingewiesen. In der frühen Neuzeit haben die Städte ihre Bedeutung meist eingebüsst und sie wurden in die Landesherrschaften eingegliedert (Mediatisierung). Mit der Industrialisierung und dem Liberalismus wurden Städte im 19. Jahrhundert zu den demografischen Ballungszentren. Zu erinnern ist, dass Berns Altstadt heute unter dem Kulturschutz der UNESCO steht.

III. Quelle und Literatur

Quelle
HANS STRAHM: Die Berner Handfeste. Bern 1953, S. 151–159, Ausschnitte (leicht modifiziert).

Literatur
GERHARD DILCHER: Bürgerrecht und Stadtverfassung im europäischen Mittelalter. Köln/Weimar/Wien 1996.
EBERHARD ISENMANN: Die deutsche Stadt im Spätmittelalter. Stuttgart 1988.
MARCEL SENN: Rechtsgeschichte I, Kap. 5.
DIETMAR WILLOWEIT: Deutsche Verfassungsgeschichte, 10 I und II, 11 I und II, 24 V, 33 II.

Handbuchartikel
GERHARD DILCHER: Stadtrecht. In: HRG 4, Sp. 1863–1873.
HERMANN KRAUSE: Privileg, mittelalterlich. In: HRG 3, Sp. 1999–2005.

---

[4] Vgl. Text 7.

Exkurs zur Frage der Echtheit der Urkunde

Die frühen «Stadtrechtsprivilegien» sind häufig umstritten. Sie belegen besondere Freiheiten der Bürger gegenüber dem Herrn oder die Autonomie wird als «altes» Herkommen ausgewiesen und dabei handelt es sich um eine Neuerung. Ein solch typischer Fall ist die Berner Handfeste von 1218. Zweifel kamen im Historismus des 19. Jahrhundert auf. Eine vergleichende formelle und materielle Analyse der Verurkundungspraxis unter *Friedrich II.* lässt die Urkunde heute dennoch als echt erscheinen.

Die Frage der Echtheit muss für Urkunden des Mittelalters ohnehin in einem anderen Licht gesehen. Urkunden dienen dem Beweis. So müssen auch königliche oder päpstliche Privilegien bewiesen werden. Daher liegt es öfters nahe, der eigenen Legitimation «nachzuhelfen», sie aufzuwerten. So werden fast alle Texte irgendwann und irgendwo im Sinn des Empfängers etwas aufgebessert. Um die doch leicht feststellbare Fälschung selbst zu umgehen, werden Abschriften erstellt und vor allem werden deshalb auch Texte immer wieder erneuert, d.h. neu beurkundet. Es war die kirchliche Institution, die Fälschungen ahndete, auch wenn sie selbst sich privilegierte (z.B Konstantinische Schenkung). Doch nur selten werden Texte «neu» erfunden, wofür das Privilegium maius für Österreich von 1358, das *Rudolf IV.* von Habsburg zur Sicherstellung seiner erbrechtlichen Position und zur Stärkung des Herzogtums Austria gegenüber dem Reich in Auftrag gab, ein berühmtes Beispiel ist. Auch der Bundesbrief der drei eidgenössischen Orte von 1291 ist – wenn auch auf Pergament der Zeit geschrieben – in seiner Echtheit umstritten. Der Grund dafür liegt darin, dass eine mittelalterliche Urkunde «gebraucht» wurde, und das hiess, sie wurde zitiert oder auf dem Original wurden Ergänzungen (etwa auf der Rückseite) angebracht. Doch der Bundesbrief wurde erst im 15. Jahrhundert erwähnt, was für eine Urkunde von solcher Bedeutung ein Hinweis auf eine spätere Erstellung – etwa des 15. Jahrhunderts – ist. Auch ist die Abfassung des Texts in einem fachkundlichen Latein (mit Abkürzungen) für einen politischen Text dieser Zeit, der alle angeht, mehr als fragwürdig.

MS

3. Text: Gott und das Recht

I. Quellentext

1–16:
Ich baue, wie man so sagt, an der Strasse.
Ich hab bereitet nütze Stege,
die mancher schon zu gehn fängt an.
Ich kann die Leute machen nicht
5 vernünftig allgemeine,
lehr ich sie auch des Rechtes Pflicht,
mir helf denn Gott der Reine.

Wer meine Lehre nicht versteht,
Will schelten er mein Buch alsdann,
10 So tut er, was ihm schlecht ansteht.
Wenn einer, der nicht schwimmen kann,
Die Schuld gibt dem Gewässer,
So ist er doch von Sinnen.
Er lerne lieber lesen besser,
15 Um's doch verstehen noch zu können. […]

33–48:
Wer rechte Lehre verfälschen will,
der führt lang unrechten Streit;
er ruft laut und macht viel Lärm.
Dies Recht haben von alter Zeit
20 unsere Vorfahren hergebracht.
Das kann er nicht einsehen;
denn er hat sich selbst sein Recht ausgedacht
und will Euch damit beschränken.

Nun prüfe man den Mann daher,
25 der neues Recht aufbringen will,
wie recht er selber sei.
So kann er schaden mir nicht viel.
Denn es ist uns ja von den Bösen kund,
ein Wort, das gesprochen ist lange:

30 Der Vogel singt, wie ihm der Schnabel
gewachsen ist zum Sange. […]

125–140:
Wer im Recht weiss Bescheid,
wem ein Liebes, wem ein Leid,
wem ein Schaden oder Frommen
35 immer dadurch möge kommen,
recht spreche er und verfahre,
an Recht er gegen niemand spare,
dieweil er sprechen will,
oder er schweige still.

40 Wer abweicht von meiner Lehre,
spricht leicht zu seiner Unehre
und tut Sünde gegen Gott;
denn er bricht das Gebot,
wer das Recht verkehret.
45 Gott uns selber lehret,
dass wir Recht sind alle
und Unrecht uns missfalle. […]

151–158:
Dies Recht hab ich nicht selbst erdacht,
es haben's von alters auf uns gebracht
50 unsere guten Vorfahren.
Kann ich's, will ich mich bewahren,
dass mein Schatz unter der Erde
mit mir nicht vergehen werde.
Die gottgegebene Gnade mein
55 soll aller Welt Gemeingut sein. […]

175–183:
Wem Lieb, wem Leid,
Frommen und auch Seligkeit,
ist hieran erwachsen:
«Spiegel der Sachsen»
60 sei dies Buch genannt,
denn Sachsenrecht wird drin erkannt,
wie in einem Spiegel die Frauen
ihr Antlitz beschauen. […]

261–280:

Nun danket allgemein
65 dem von Falkenstein,
der Graf Hoyer ist genannt,
dass ins Deutsche ist gewandt
dies Buch auf seine Bitte:[1]
Eike von Reppichau (*van Repchowe*) es tat.
70 Ungern er es übernahm;
als er aber dann vernahm,
wie gross darnach des Herrn Begehren,
da konnte er sich nicht mehr wehren.
Des Herren Gunst ihn doch gewann,
75 so dass er dieses Buch begann,
woran er nicht gedacht hatte,
als er es in Latein gebracht.
Ohne Hilfe und ohne Lehre,
da dünkte ihn das noch zu schwer,
80 dass er es in Deutsch abfasse.
Doch hat er's nicht gelassen,
die Arbeit er dann tat
auf Graf Hoyers Bitte.[2] […]

Prolog

Des Heiligen Geistes Minne, die stärke meine Sinne, dass ich den Sachsen
85 Recht und Unrecht scheide nach Gottes Huld und nach der Welt Frommen. Das kann ich nicht alleine tun, darum bitte ich um Hilfe alle rechtschaffenen Leute, denen es auch um das Recht geht: wenn ihnen eine Rechtssache begegnet, die mein dummer Sinn übersehen habe und wovon dies Büchlein nicht spricht, dass sie es nach ihrem Sinn scheiden mögen, wenn sie es ganz richtig wissen.
90 Vom Recht soll niemanden abbringen Liebe noch Leid, noch Zorn noch Gabe.

Gott ist selber Recht, darum ist ihm Recht lieb. Daher haben sich alle vorzusehen, denen von Gottes wegen ein Gericht anvertraut ist, dass sie so richten, dass Gottes Zorn und Gericht gnädiglich über sie kommen kann.

---

[1] Im Original: *bede.*
[2] Im Original: *bede.*

II. Interpretation

1. Zusammenfassung

Der Text enthält zwei grössere Textabschnitte aus einem längeren Text. Der erste Auszug stammt aus einem Text mit mindestens 280 Versen, der zweite Abschnitt ist nach der Eigenbezeichnung als «Prolog» angelegt.

Der Text enthält eine Bezeichnung von Autor und Werk, es handelt sich um einen Auszug aus dem «Sachsenspiegel» *Eike von Repgows* (vgl. Z. 59, 69). Inhaltlich wird über die Entstehung des Buches berichtet, das sich als Aufzeichnung alten Rechts im sächsischen Raum versteht. Recht wird auf Gott zurückgeführt und daraus das Gebot abgeleitet, Recht insbesondere im Gericht richtig anzuwenden.

2. Sachliche Aussagen

Die sachlichen Aussagen des Textes lassen sich drei Ebenen zuordnen, die in schlagwortartiger Verdichtung bezeichnet werden können: als Gott und das Recht (2.1), Rechtsprechung und Göttlichkeit des Rechts (2.2), Altes und neues Recht (2.3).

2.1 Gott und das Recht

Die für diesen Themenkreis zentrale Aussage findet sich im Prolog, wo es heisst, «Gott ist selber Recht» (Z. 91), deswegen liebe er das Recht. Gott wird ausserdem als Helfer für das Vorhaben angesprochen, die Menschen durch die Rechtslehre vernünftig zu machen (Z. 4–7). Die Abweichung vom Recht, wie es von *Eike* gelehrt wird, wird schliesslich als «Sünde gegen Gott» (Z. 42) gedeutet.

Zwar erinnert die Gleichsetzung von Gott und Recht auf den ersten Blick an das hochmittelalterliche kanonistische Naturrechtsverständnis, in dem Naturrecht als Normenkomplex beschrieben wird, der auf der göttlichen Offenbarung beruht und deswegen vor allem die biblischen Regeln übernommen hat. Doch bei näherer Betrachtung unterscheidet sich die Perspektive im vorliegenden Text von dieser Naturrechtslehre. Das Verhältnis zwischen Göttlichkeit und Recht ist hier weniger komplex ausgestaltet. Für *Eike* ist die Präsenz Gottes in der Schöpfungsordnung und damit auch im Recht entscheidend. Für die sorgfältigen Unterscheidungen des gelehrten Rechts zwischen menschlichem und göttlichem Recht ist dagegen im «Sachsenspiegel» kein Raum. Insofern könnte formuliert werden, dass sich der Text in diesem Punkt als zutiefst religiös, aber nicht als theologisch kennzeichnen lässt. Das spiegelt sich auch wider in der Bezeichnung von *Eikes* Rechtskenntnis als «gottgegebene Gnade mein» (Z. 54).

Kennzeichnend für *Eikes* Religiosität ist auch die Vorstellung von der Sündhaftigkeit unrichtigen Rechts. In der theologisch-kanonistischen Tradition war das Recht der Menschen die Konsequenz aus dem Sündenfall. Recht war damit Ausdruck für die Unvollkommenheit des Menschen. Im vorliegenden Text wird Recht hingegen ungleich positiver gedeutet und erhält insbesondere durch die Liebe Gottes zum Recht einen besonderen Eigenwert. Recht erscheint hier als göttliches Geschenk, das bei den Rechtsanwendern gesteigerte Verantwortung für den richtigen Umgang damit auslöst.

2.2 Rechtsprechung und Göttlichkeit des Rechts

Die göttliche Verankerung des Rechts hat für *Eike* auch eine konkrete Folge für die Gerichtspraxis: Gerade die gerichtlichen Rechtsanwender sind dazu aufgerufen, das Recht richtig anzuwenden, weil sie anderenfalls gegen Gottes Gebot handeln.

Wiederum wird hier das religiöse Fundament von *Eikes* Rechtsdeutung sichtbar. Vor allem wird hier erkennbar, dass die Präsenz Gottes im Prozess der gerichtlichen Rechtsfindung als Selbstverständlichkeit vorausgesetzt ist. Konkret ausgeprägt waren diese Vorstellungen insbesondere im Institut des *Gottesurteils*. Besonders verbreitet war der Zweikampf, der als Beweismittel freilich durch das Lateranum IV 1215 zurückgedrängt wurde. Hier wie in den anderen Formen des Gottesurteils sollte in letzter Konsequenz Gott selbst als Richter im Verfahren tätig werden. In diesem Vorstellungshorizont bewegt sich wohl auch *Eike*.

Wenn *Eike* ausserdem betont, den Rechtsprechenden sei das Gericht von Gott «anvertraut» (Z. 92), dann zeichnet sich hierin nicht zuletzt auch die Vorstellung von einer besonderen Position der rechtsprechenden Gerichtspersonen ab. Der «Sachsenspiegel» nimmt die deutschrechtliche Tradition zwischen Urteiler (Schöffen) und dem verfahrensleitenden Richter auf. Zwar sind die Entscheidungen des Gerichts der Urteilsschelte zugänglich, doch liegt das Risiko dieses Verfahrens ausschliesslich bei der Prozesspartei, die im Fall ihres Unterliegens zur Zahlung einer Gewette[3] an den Richter und einer Busse an den Urteiler verpflichtet ist (Ssp. LdR II 12 § 5). Ist dagegen die Urteilsschelte erfolgreich, bleibt dieser Umstand für den Schöffen folgenlos, obwohl sein Urteil als unrichtig bewertet worden ist (Ssp. LdR II 12 § 9).

---

[3] Dieser – erstmals im Sachsenspiegel belegte – Ausdruck kennzeichnet ein Strafgeld, das seine Wurzel in der Busse für einen Bruch der Rechtsordnung hatte; vgl. zum Ganzen HANS-RUDOLF HAGEMANN: «Gewette». In: HRG I, Sp. 1674.

2.3 Altes und neues Recht

Mehrfach betont *Eike* die besondere Dignität des «von alter Zeit» (Z. 19–20, Z. 48–50) überlieferten Rechts. Die Schöpfung neuen Rechts ist dagegen eher negativ belegt, es wird gedeutet als «ausgedacht» (Z. 22) und als freiheitsbedrohend. Wer neues Recht «aufbringen» will, muss deswegen auf seine eigene Rechtschaffenheit hin überprüft werden (Z. 24–26), besteht doch die Gefahr, dass «er [...] sich selbst sein Recht ausgedacht» hat (Z. 22).

Diese Aussagen scheinen auf den ersten Blick die berühmte These von *Fritz Kern*[4] zu belegen, wonach die Eigenart des mittelalterlichen deutschen Rechts darin bestanden habe, dass es dann «gut» sei, wenn und weil es alt ist. Deutsches Recht gilt hiernach also deswegen aufgrund seines Alters. Diese These ist freilich lange Zeit heftig umstritten gewesen.[5] Doch kann auf diese Kontroverse im vorliegenden Rahmen nicht näher eingegangen werden. Wesentlich ist vielmehr, dass *Eikes* Text selbst zur Skepsis gegenüber *Kerns* Überlegungen nötigt. Denn Recht ist in seiner Sicht nicht schon deswegen gut, weil es von den Vorfahren überliefert wird. Vielmehr verweist *Eike* ausschliesslich auf die «guten» Vorfahren (Z. 50). Das heisst im Umkehrschluss, dass es auch «schlechte» Vorfahren gab. Hinzu tritt der bereits angedeutete Umstand, dass die Vorstellung von der besonderen normativen Qualität älterer Rechtstraditionen vorliegend vom Gedanken des von Gott legitimierten richtigen Rechts überlagert wird. Diesem Befund entspricht es, wenn seit dem ausgehenden Hochmittelalter im weltlichen Recht bisweilen die Rede von einer *mala consuetudo* ist, einer überkommenen Rechtsgewohnheit also, der gerade keine besondere Dignität zukommt und die deswegen auch gezielt durch den Herrscher beseitigt wird.

Der Topos vom «guten alten Recht» entfaltete seine Sprengkraft ohnehin erst beim Übergang vom Mittelalter zur Neuzeit, wie etwa die berühmten 12 Artikel im Vorfeld des Bauernkrieges 1525 belegen. Hier wie noch am Beginn des 19. Jahrhunderts, als im Zusammenhang mit der Verfassungskrise in Württemberg die Rückkehr zum «guten alten Recht» gefordert wurde, wurde diese Formel zum Schlachtruf insbesondere gegen die gesetzgeberische Macht der fürstlichen Obrigkeit. Doch davon ist der vorliegende Text weit entfernt.

---

[4] FRITZ KERN: Recht und Verfassung im Mittelalter. In: HZ 120 (1919) 1–79. Nachdruck Tübingen 1952, Darmstadt 1992.

[5] Als Überblick zur Frage nach dem mittelalterlichen Rechtsbegriff und zur kontroversen Debatte hierüber, deren Kenntnis im Rahmen einer Examensklausur nicht verlangt würde, vgl. etwa BERND KANNOWSKI: Rechtsbegriffe im Mittelalter. Stand der Diskussion. In: DERS./ALBRECHT CORDES (Hg.): Rechtsbegriffe im Mittelalter. Frankfurt a.M./Berlin/Bern/Bruxelles/New York/Oxford/Wien 2002 (Rechtshistorische Reihe 262), S. 1–27.

3. Quellenbestimmung

3.1 Textgattung

Der «Sachsenspiegel» entstand in der Zeit um 1230. Die Sprache ist deutsch, wie sich aus Z. 67 ergibt, auch wenn das Werk ursprünglich in Latein abgefasst werden sollte (vgl. Z. 77).

Die Selbstbezeichnung als «Spiegel» ordnet das Werk ein in die Tradition der seit der Spätantike nachweisbaren Literaturgattung der «Specula». Ein Spiegel dieser Art soll das Abbild seiner Zeit in dem hierbei behandelten Themenbereich sein und dabei zugleich als Vorbild dienen. Seit dem 12. Jahrhundert waren solche «Specula» in der kanonistischen und der moraltheologischen Literatur häufig belegt. Besondere Bedeutung erlangte am Ende des 13. Jahrhunderts das «Speculum iudiciale» des *Durantis,* das zum herrschenden Prozessrechtsbuch seiner Zeit werden sollte. Ebenso wie im vorliegenden Fall handelte es sich dabei stets um Aufzeichnungen, die nicht in einem hoheitlichen Zusammenhang standen also in moderner Terminologie als Privatschriften gekennzeichnet werden können.

Eikes Werk gehört damit zugleich zur Gattung der Rechtsbücher, die in der Zeit zwischen 1200 und 1500 entstanden und deren Gegenstand das in ihrer Entstehungsregion angewandte deutsche Recht bildete.

Eike selbst weist auf seine besondere Beziehung zu *Graf Hoyer von Falkenstein* (Z. 65–66) hin. Die Benutzung des Ausdrucks «bede» weist möglicherweise auf ein Lehensverhältnis hin, ist doch dieser Ausdruck insbesondere in solchen Rechtsbeziehungen belegt.

3.2 Adressaten

Das Buch richtet sich vor allem an die Rechtsanwender der Zeit, insbesondere also an die Schöffen und Richter des sächsischen Rechtskreises.

4. Historische Verortung

Die historische Verortung des Textes ergibt sich aus seiner Selbstbzeichnung. Nähere Ausführungen müssen daher entfallen.

5. Historischer Hintergrund

Auch wenn der «Sachsenspiegel» ohne Anspruch auf hoheitliche Verbindlichkeit abgefasst wurde, erlebte er doch eine enorme Verbreitung, wie die deutlich über 300 Handschriften belegen, in denen *Eikes* Werk überliefert ist. Der

«Sachsenspiegel» wurde seit dem 14. Jahrhundert in Norddeutschland als verbindlich angesehen und wurde im Rahmen der deutschen Ostsiedlung ebenfalls zur massgeblichen Rechtsquelle. Auf diese Weise gelangte der «Sachsenspiegel» bis in den osteuropäischen Raum zur Anwendung.

Kennzeichnend für die ausgeprägte normative Qualität des «Sachsenspiegels» ist die Glossierung des Werkes durch *Johann von Buch* in Form der sogenannten Buch'schen Glosse sowie durch *Nikolaus Wurm*. Doch auch die Entstehung von insgesamt vier erhaltenen monumentalen Bilderhandschriften (Heidelberg, Wolfenbüttel, Oldenburg und Dresden) unterstreicht eindrucksvoll die grosse Bedeutung, die die Zeitgenossen diesem Werk gaben.

Der «Sachsenspiegel» wurde darüber hinaus aber auch zum Gegenstand der lehrbuchhaften Darstellung und bildete schliesslich das Fundament für das im sächsischen Rechtskreis entstehende «Gemeine Sachsenrecht», das als subsidiäres Recht erst durch das BGB beseitigt wurde.

Doch der «Sachsenspiegel» wirkte auch in andere Regionen hinein, wurde er doch zum Vorbild für andere Spiegelbücher wie dem in Süddeutschland entstandenen «Deutschen-» oder «Schwabenspiegel».

Die am «Sachsenspiegel» zu beobachtende Verschriftlichung von Rechtsgewohnheiten durch deren Aufzeichnung entsprach einer allgemeinen Tendenz, die seit dem 12. Jahrhundert in ganz Europa zu beobachten ist: Kennzeichnend hierfür sind etwa die Aufzeichnungen *Glanvils* und *Bractons* «De legibus et consuetudidinibus regni Angliae» oder die in Frankreich im 13. Jahrhundert einsetzende Erstellung der «coutumes».

Wesentlich beeinflusst wurden diese Verschriftlichungsvorgänge durch das kanonische Recht, wo die um 1140 entstandene «Concordia Discordantium Canonum», das sogenannte «Decretum Gratiani», sowie die später entstehenden «Compilationes Antiquae» vorbildhafte Wirkungen entfaltet haben. *Eike* selbst hat auch das «Decretum Gratiani» benutzt.

Gerade die Entwicklung des kanonischen Rechts im 13. Jahrhundert nahm eine Entwicklung vorweg, die später in Teilen auch zum Bedeutungsverlust der Rechtsbücher führte: Die seit Papst *Alexander III.* (1159–1181) enorm steigende päpstliche Normbildung durch Dekretalen legte allmählich eine neue Normschicht über das «Decretum Gratiani», auch wenn die normative Autorität des Dekrets prinzipiell unbestritten blieb. Im weltlichen Bereich sollte dieser Vorgang im Aufstieg der landesherrlichen Normsetzung seit etwa dem 16. Jahrhundert seine Entsprechung finden, durch die im Lauf der Zeit auch die in den Rechtsbüchern behandelten Materien erfasst werden sollten.

Die Einflüsse des kanonischen, aber auch des römischen Rechts auf *Eikes* Werk waren kein Zufall: Seit dem 12. Jahrhundert stiegen römisches und kanonisches Recht zu den Leitordnungen der in dieser Zeit entstehenden universitären Rechtswissenschaft auf. Diese Entwicklung nahm ihren Ausgangspunkt in Oberitalien, wo nach der Wiederentdeckung der justinianischen Kodifikation die analytische Durchdringung des römischen Rechts an Intensität gewann. Die Entstehung der Legistik fand ihre Entsprechung in der Entstehung von Dekretistik und Dekretalistik, also den Disziplinen der kirchlichen Rechtswissenschaft, die sich der Beschäftigung mit dem «Decretum Gratiani» und den päpstlichen Dekretalen widmeten.

Wesentlich gefördert wurde diese Entwicklung durch die etwa seit dem 12. Jahrhundert einsetzende Gründung von Universitäten, die zunächst auf Italien und Frankreich konzentriert war. Allerdings konnten die neuen juristischen Fakultäten durch die Ausbildung von Scholaren auch auf den Raum nördlich der Alpen letztlich europaweit wirken. Der auf diese Weise entstehende Juristenstand stieg zur neuen Funktionselite in der Kirche und an den weltlichen Höfen auf. Das römisch-kanonische *ius commune* wurde zur normativen Leitordnung in weiten Teilen Europas, auch wenn, wie das Beispiel des «Sachsenspiegels» und seines Nachwirkens deutlich macht, das Beharrungsvermögen regionaler Rechtstraditionen nicht zu unterschätzen ist.

Der «Sachsenspiegel» entstand in einer Zeit, in der der Konflikt zwischen dem staufischen Kaisertum und dem Papsttum allmählich auf seinen Höhepunkt zusteuerte: *Friedrich II.* (1210–1250) verlagerte den Schwerpunkt der kaiserlichen Politik nach Rom und Süditalien, gab 1231 durch die Konstitutionen von Melfi dem sizilianischen Reich die erste Kodifikation der europäischen Rechtsgeschichte und war spätestens nach dem Erfolg seines Kreuzzuges in Jerusalem und seiner Krönung zum König von Jerusalem in der Grabeskirche zu einer ernsthaften Bedrohung des Papsttums geworden. Nach einer Kette von gegenseitigen Absetzungen und Bannungen gelang es *Friedrich* zwar, das Papsttum 1245 ins französische Exil zu treiben, doch auch die staufische Dynastie findet mit der Enthauptung Konradins 1268 ihrerseits ein gewaltsames Ende.

In Mitteleuropa war zu diesem Zeitpunkt durch die grossen Fürstenprivilegien von 1220 und 1232 die normative Grundlage für die Territorialisierung hoheitlicher Herrschaft gelegt worden. Denn ganz abgesehen von der Fülle landesherrlicher Privilegien deutete sich in diesen Gestattungen die Entstehung eines neuen Herrschaftsdenkens an, in dem die Landesherren als *domini terre* im Traditionshorizont des römischen Rechts als eigentumsähnliche Herrscher qualifiziert wurden. Ein normatives Gegengewicht zu den Fürstenprivilegien schuf der Mainzer Reichslandfrieden von 1235, in dem *Friedrich* die überkommene Funktion des Königs als Garant von Frieden und Recht insbesondere durch die Stärkung der königlichen Gerichtsbarkeit zu aktivieren und zugleich die Reichweite der landesherrlichen Rechte zurück zu drängen suchte.

6. Gegenwartsbezug

Schon die sprachliche Gestalt des «Sachsenspiegels» schafft Distanz zur Welt des heutigen Lesers. Doch die im Text angesprochenen Themenkreise deuten auf Problemkonstellationen hin, die teilweise auch in der Gegenwart zu beobachten sind.

Die Verschriftlichung von Recht steht im Zentrum des «Sachsenspiegels». In der Gegenwart ist die Beziehung von Recht und Schriftlichkeit durch die digitale Revolution dagegen zu einer allmählich kritischen Frage geworden. Denn in mehreren Bereichen moderner Rechtsordnungen entfaltet sich Recht zunehmend auf der Grundlage elektronischer Medien. Der Phase der Verschriftlichung, wie sie durch *Eikes* Werk repräsentiert wird, könnte also eine Tendenz zur teilweisen Entschriftlichung von Recht folgen.

Das von *Eike* angesprochene Spannungsverhältnis zwischen Rechtstradition und der Schöpfung neuen Rechts kennzeichnet ein Grundproblem auch moderner Gesellschaften. Freilich beruhen solche Konflikte in der (Post-)Moderne nicht nur auf dem Beharren auf vermeintlich bewährten alten Regelungen. Vielfach sind damit auch Verteilungskonflikte verbunden, wie etwa die Kontroversen um die Neugestaltung der Steuer- und Sozialverfassung dokumentieren.

Das religiös fundierte Rechtsdenken *Eikes* hat in der Gegenwart der westlichen Rechtsordnungen kaum mehr eine Entsprechung. Auch wenn viele Verfassungen ausdrücklich oder doch stillschweigend christliches Gedankengut aufnehmen, ist doch die Rechtsordnung vielfach von entschiedener religiöser Neutralität gekennzeichnet. Das gilt freilich nicht für die Rechtsordnungen der islamischen Staatenwelt, die ihrerseits teilweise von deutlich anderen Traditionen geprägt sind.

III. Quelle und Literatur

Quelle

Sachsenspiegel, Auszug: Deutsche Übersetzung in Anlehnung an: KARL AUGUST ECKHARDT: Sachsenspiegelübersetzung. Landrecht in hochdeutscher Übertragung (Germanenrechte, n.F. 5). Hannover 1967, S. 12–21.

EIKE VON REPGOW: Der Sachsenspiegel. Hg.v. CLAUSDIETER SCHOTT, übertr. v. RUTH SCHMIDT-WIEGAND/CLAUSDIETER SCHOTT. Zürich 1991, S. 6–29.

PAUL KALLER: Der Sachsenspiegel, München 2002, S. 9–18.

Literatur

KARL KROESCHELL: Deutsche Rechtsgeschichte II, Kap. 20.
HANS SCHLOSSER: Privatrechtsgeschichte, S. 14–18, 53 f.
MARCEL SENN: Rechtsgeschichte I, Kap. 2, 4, 6.
DIETMAR WILLOWEIT: Deutsche Verfassungsgeschichte, S. 69–74.

Handbuchartikel

FRIEDRICH EBEL: Sachsenspiegel. In: HRG 4, Sp. 1228–1237.
HEINZ HOLZHAUER: Rechtsbeugung. In: HRG 4, Sp. 272–277.
HERMANN KRAUSE: Recht. In: HRG 4, Sp. 224–232.
DIETLINDE MUNZEL: Rechtsbücher. In: HRG 4, Sp. 277–282.

AT

4. Text: Theologische Rechtstheorie und Eigentum

I. Quellentext

66. Frage: Über Diebstahl und Raub […]

2. ARTIKEL: Ist es erlaubt, eine Sache als Eigentum zu besitzen?

1. Alles, was gegen das Naturrecht ist, ist unerlaubt. Nach dem Naturrecht aber sind alle Dinge Gemeinbesitz: dieser Gemeinsamkeit aber widerspricht der Eigenbesitz. Also ist es dem Menschen nicht erlaubt, sich eine äussere Sache anzueignen.

2. In der Erklärung jenes Wortes aus dem Munde des Reichen [vgl. Art. 1] sagt Basilius: «Das ist so, wie wenn einer zu dem Schauspiel vorauslaufen und die Ankommenden hindern wollte, indem er für sich mit Beschlag belegt, was für den allgemeinen Nutzen bestimmt ist; ähnlich machen es die Reichen, die den Gemeinbesitz, den sie mit Beschlag belegt haben, als das Ihrige betrachten.» Es wäre aber unerlaubt, anderen den Weg zur Nutzniessung der gemeinsamen Güter zu verlegen. Also ist es unerlaubt, sich eine gemeinsame Sache anzueignen.

3. Ambrosius sagt – das Wort findet sich auch in den Dekreten: «Keiner soll Eigentum nennen, was Gemeinbesitz ist.» Er nennt aber Gemeinbesitz die äusseren Dinge. Also scheint es unerlaubt zu sein, dass einer sich eine äussere Sache aneignet.

ANDERERSEITS sagt Augustinus: «Apostolisch heissen die, die sich mit grosser Anmassung mit diesem Namen nennen, weil sie die Verheirateten und Besitzenden nicht in ihre Gemeinschaft aufnehmen, wo doch die katholische Kirche sowohl unter den Mönchen wie unter den Klerikern sehr viele solche zählt.» Diese sind aber deshalb Irrlehrer, weil sie sich von der Kirche trennen und dabei der Meinung sind, wer die Dinge, auf die sie verzichtet haben, in Dienst nimmt, habe keine Hoffnung auf das Heil. Es ist also irrig zu sagen, es sei dem Menschen nicht erlaubt, Eigentum zu besitzen.

ANTWORT: In bezug auf die äusseren Dinge steht dem Menschen zweierlei zu. Das eine ist die Berechtigung der Anschaffung und der Verwaltung. Und so weit ist es den Menschen erlaubt, Eigentum zu besitzen. Das ist auch zum menschlichen Leben nötig, und zwar aus drei Gründen. Erstens, weil ein jeder mehr Sorge darauf verwendet, etwas zu beschaffen, was ihm allein gehört, als etwas, was allen oder vielen gehört; denn weil jeder die Arbeit scheut, überlässt er das, was die Gemeinschaft angeht, den anderen; wie das so vorkommt, wo viele Diener beisammen sind. Sodann, weil die menschlichen Angelegenheiten besser verwaltet werden, wenn jeder Einzelne seine eigenen Sorgen hat in der

Beschaffung irgendwelcher Dinge; es gäbe aber ein Durcheinander, wenn jeder ohne Unterschied für alles Mögliche zu sorgen hätte. – Drittens, weil auf diese Weise die friedliche Verfassung der Menschen besser gewahrt bleibt, wenn jeder mit seiner eigenen Sache zufrieden ist. Daher sehen wir, dass bei denen, die etwas gemeinsam und im Ganzen besitzen, häufiger Streitigkeiten ausbrechen.

Das andere aber, was dem Menschen in bezug auf die äusseren Dinge zusteht, ist deren Gebrauch. Und in bezug darauf darf der Mensch die äusseren Dinge nicht als Eigentum betrachten, sondern als Gemeinbesitz, so nämlich, dass er sie ohne Schwierigkeit mitteilt zum Bedarf der anderen. Deshalb sagt der Apostel 1 Tim 6, 17 f.: «Den Reichen in der jetzigen Weltzeit gebiete, […] sie sollen freigebig sein und leicht mitteilen.»

Zu 1. Die Gemeinsamkeit der Dinge geht auf das Naturrecht zurück, nicht als ob das Naturrecht gebieten würde, alles in Gemeinschaft und nichts als Eigentum zu besitzen, denn auf Grund des Naturrechtes gibt es keine Unterscheidung des Besitzes, sondern mehr auf Grund menschlicher Verfügung; und das gehört in den Bereich des positiven Rechts. Deshalb ist der Eigenbesitz nicht gegen das Naturrecht, sondern wird dem Naturrecht hinzugefügt auf Grund einer Findung durch die menschliche Vernunft.

Zu 2. Wenn der, der zu dem Schauspiel vorausläuft, den anderen den Weg bahnen würde, würde er nichts Unerlaubtes tun; er handelt nur deshalb unerlaubt, weil er die anderen hindert. Ähnlich handelt auch der Reiche nicht unerlaubt, wenn er den Besitz einer Sache, die anfänglich allen gehörte, vorwegnimmt, um den anderen mitteilen zu können; er sündigt aber, wenn er die anderen vom Genuss dieser Sache rücksichtslos ausschliesst. Deshalb sagt Basilius an derselben Stelle: «Warum lebst du im Überfluss, während der andere betteln geht? Vielleicht deshalb, damit du die Verdienste der guten Verwaltung einheimst, der andere aber mit dem Lohn der Geduld gekrönt werde?»

Zu 3. Wenn Ambrosius sagt: «Es soll keiner sein eigen nennen, was Gemeingut ist», so spricht er vom Eigentum in bezug auf den Gebrauch. Deshalb fügt er hinzu: «Was über den Lebensunterhalt hinausgeht, ist gewaltsam erworben.»

II. Interpretation

1. Zusammenfassung

Der Text ist klar strukturiert und beginnt mit der Überschrift «66. Frage», aus der Artikel 2 wiedergegeben wird. Die Thematik wird in Frageform präsentiert, dann folgen drei Aussagen, die sich durch einen Abschnitt, der mit «anderseits» beginnt, abgrenzen. Ein weiterer Abschnitt wird als «Antwort» bezeichnet, worin zunächst grundsätzlich und dann zu den ersten drei Aussagen eine je besondere Antwort gegeben wird.

Inhaltlich geht es um die Zulässigkeit von Eigentum an einer Sache. Diese Frage wird als naturrechtliches Problem unter der Rubrik «Diebstahl und Raub» erörtert. Die Frage wird unterschiedlich beantwortet. Zitiert werden die Auffassungen von Augustinus, Ambrosius und Basilius, ferner eine Textstelle aus einem Apostelbrief. Der Autor nimmt im Abschnitt, der mit Antwort bezeichnet ist, Stellung. Er unterscheidet zwischen zulässigem Besitz, der in der Anschaffung und Verwaltung einer Sache besteht, und unzulässigem Besitz, wenn er sich auf den Dritte ausschliessenden Gebrauch einer Sache bezieht.

2. Sachliche Aussagen

Die Textanalyse kann mit zwei Themenschwerpunkten erfolgen: Einerseits Naturrecht und Eigentum, andererseits Christliches Naturrecht und lebensnotwendiges Eigentum, wobei hier in drei Schritten vorgegangen werden kann: Die Kunst der richtigen Differenzierung, die Begründung der Differenz aus dem Sündebegriff sowie kirchlicher Grossgrundbesitz und soziale Freigebigkeit.

2.1 Naturrecht und Eigentum

2.1.1 *Naturrecht*

Die Geschichte kennt vier bedeutende Naturrechtsphasen: Das Naturrecht der griechischen und römischen Antike, das christliche Naturrecht des Mittelalters, das rationale Naturrecht der frühen Neuzeit, meist auch als Vernunftrecht des 17. und 18. Jahrhunderts bezeichnet, sowie das traditionale Naturrecht der säkularen Phase, wie es in der politischen Theorie und in kirchlichen Kreisen des 19. und 20. Jahrhunderts, insbesondere nach den zwei Weltkriegen und den Diktaturen im Europa des 20. Jahrhunderts, vertreten wurde.

Trotz der Verschiedenheiten der historischen Naturrechtsphasen war der Naturrechtslehre stets die Auffassung zentral, es gehe um eine grundlegende Erörterung der Frage, was Recht überhaupt sei und ferner, ob sich das geltende Recht mit der Idee eines grundlegend natürlichen Rechts vereinbaren lasse. Diese Problematik hat der griechische Autor *Sophokles* im 5. Jahrhundert v. Chr. im Drama «Antigone» anschaulich dargestellt: Antigone hatte zwei Brüder, die beide im Krieg fielen. Der eine, weil er auf der Seite der staatlichen Autorität, der andere, weil er gegen sie kämpfte. Gemäss staatlicher Rechtsordnung sollte allerdings nur derjenige bestattet werden dürfen, der für die Sache des Staates gekämpft hatte. Antigone trat dem König entgegen und stellte das von ihm erlassene Gesetz als nicht Rechtens in Frage. Die Hinterfragung des geltenden Rechts ist eine zentrale Thematik des Naturrechts. Naturrecht zeichnet sich also durch die Macht der Infragestellung des geltenden Rechts mit Blick auf übergeordnete Problemperspektiven oder bedeutendere Rechtsgüter aus. Naturrecht zielt somit auf die Verwirklichung einer «natürlichen» (oder ursprünglichen) Gerechtigkeit.

Je nach dem, was unter «Natur» verstanden wird, ergeben sich verschiedene Ansichten zum «Naturrecht». Es gibt zwei klassische Naturrechts-Konzepte, die bereits in der griechischen Antike vertreten wurden, und nicht gegensätzlicher sein könnten. Der Historiker und Politologe *Thukydides* (5. Jahrhundert v. Chr.) und der Philosoph *Aristoteles* (4. Jahrhundert v. Chr.) haben sie geprägt: *Thukydides* geht mit historisch-kritischem Blick von der Natur der realen Machtverhältnisse aus. Von Natur hat Recht, wer der Stärkere ist. Das Faktische dominiert das Normative. Deshalb setzt der Willen eines Herrschers die Rechtsordnung fest. Dagegen begreift *Aristoteles* die Natur als zweckgerichtete, durch ein inneres Gesetz bestimmte Entwicklung. Deshalb bleibt die Differenz zwischen Faktischem und Normativem. Zwar sind die Erlasse der Herrscher zu befolgen, aber sie lassen sich auch auf intellektueller Ebene unter dem Gesichtspunkt der Gerechtigkeit diskutieren. Von daher bleibt die Normativität autonom und sie kann die faktische Rechtsordnung korrigieren. Diese beiden gegensätzlichen Konzepte beherrschen in der Folge die gesamte Naturrechtsdiskussion.

Es lässt sich nicht eindeutig feststellen, an welche Auffassung unser Autor anknüpft. Aus der Zusatzbemerkung 1 lässt sich immerhin entnehmen, dass er zwischen dem Naturrecht und dem positiven Recht klar unterscheidet, und dass die «Vernunft» eine wichtige Rolle spielt. Aufgrund dieser beiden Elemente lässt sich vermuten, dass er dem aristotelischen Konzept nahe steht. Doch Näheres werden wir erst aus der Analyse des Eigentumsbegriffs, mit dem die Problematik des Naturrechts offensichtlich eng verknüpft ist, erfahren.

2.1.2 Eigentum

Die Verteilung der Güter unter den Menschen bzw. das Verhältnis zwischen Arm und Reich dürfte wohl eine der praktisch wichtigsten Fragen der Gerechtigkeit sein. Ist es gerecht, dass einige viele Güter haben und andere darben?

Doch von welchen Gütern ist hier die Rede: Von Land, von Häusern – Immobilien – oder von Gegenständen des Alltags – Mobilien? Lesen wir den Text genau: Offensichtlich wird zwischen Eigentum und Besitz nicht klar unterschieden und die Grundfrage, ob Eigentum an einer Sache zulässig sei, wird im Kontext über Diebstahl und Raub abgehandelt. Eines ist jedenfalls an dieser Stelle klar: Von einem juristisch-dogmatischen Eigentumsbegriff ist hier (noch) nicht die Rede. Der Eigentumsbegriff wird nach naturrechtlichen Kriterien als

Gebrauchsgut definiert, und offensichtlich im Kontext einer innerkirchlichen Diskussion, in deren Verlauf drei Kirchenväter *(Ambrosius, Basilius und Augustinus)* und eine Bibelstelle (Apostelbrief) zitiert werden.

Schauen wir uns die gegensätzlichen Positionen an: Ziff. 1 beinhaltet eine Allgemeinaussage, wonach alle Dinge gemäss Naturrecht im Gemeinbesitz aller sind, was Eigenbesitz ausschliesse; deshalb ist Eigentum unzulässig und deshalb lässt sich diese Frage unter den Kategorien von Raub und Diebstahl erörtern. Diese Allgemeinaussage wird mittels zweier Zitate von *Ambrosius* und *Basilius* gefestigt. Beide Kirchenväter lebten im 4. Jahrhundert n. Chr.: *Ambrosius* steht für die Westkirche, *Basilius* für die Ostkirche, was indiziert, dass der vorliegende Text nach dem Schisma der Kirche von 1054 verfasst sein muss, denn mit der Zitation beider Kirchenväter will der Autor belegen, dass diese Allgemeinaussage in beiden Kirchen und somit universell gilt. Da *Ambrosius* sich auch auf Dekrete und somit auf kirchliches Recht bezieht, könnte der Autor aufs kanonische Recht des «Decretum Gratiani» anspielen, das nach 1140 herauskam.

Die Gegenposition des jüngeren Kirchenvaters *Augustinus* (um 400) relativiert die Allgemeinaussage. Er sagt, die Kirche kenne sowohl unter den Mönchen, die in Klöstern leben, als auch unter den Klerikern der Pfarreien Männer, die verheiratet seien und Eigentum besässen, und diese Männer gehörten genauso zur Kirche wie diejenigen, die auf Ehe und Eigentum verzichteten, sich aber wegen ihres persönlichen Verzichts den apostolischen Namen anmassten, als ob alleine sie in der richtigen Apostel-Nachfolge seien.

2.2 Christliches Naturrecht und lebensnotwendiges Eigentum

2.2.1 Die Kunst der richtigen Differenzierung

Aus dem (vielleicht auch nur scheinbaren, siehe dazu nachfolgend unter Ziff. 4.3) Gegensatz der Positionen der Kirchenväter zieht unser Autor jedenfalls den Schluss, dass die Differenz zu begründen sei.

Er hält es für zulässig, sich Dinge anzuschaffen oder sie zu verwalten, und insoweit lasse sich eine Sache zu «Eigentum» besitzen. Dafür gibt es drei Gründe: wer arbeite, soll belohnt werden, die Arbeitsscheuen aber sollten nicht profitieren, dies wäre nicht nur im Verhältnis zu den Fleissigen, sondern auch mit Bezug auf die Dinge selbst ungerecht, wenn diese nicht sorgsam verwaltet würden. Durch solchen Besitz lasse sich eine klare Ordnung etablieren, Chaos vermeiden und der innergesellschaftliche Frieden wahren. Der Autor sieht im Eigenbesitz *zugleich* die Förderung des Allgemeinnutzens. Denn die Möglichkeit von Besitz motiviert den Menschen, produktiv und innovativ zu sein, was letztlich allen zugute kommt. Doch dies ist nun ein Argument des menschlichen Denkens und nicht des Naturrechts selbst (Zusatzerläuterung 1).

Unzulässig dagegen sei Eigentum, wie schon der Kirchenvater *Ambrosius* (gemäss Zusatzerläuterung 3) gesagt haben soll, wenn es mit dem Lebensunterhalt nichts mehr zu tun habe. Was unter Lebensunterhalt zu verstehen ist, erläutert der Autor in seiner Zusatzerklärung 2 und mit Bezug auf den Apostelbrief. Wer so viele Güter besitzt, die er selber gar nicht braucht, dadurch aber den anderen diese Güter vorenthält, lebt nicht in Einklang mit der Naturrechtsordnung und handelt daher unrecht, weil dadurch der Gegensatz von Arm und Reich entsteht.

2.2.2 Die Begründung der Differenz aus dem Sündebegriff

An dieser Stelle kommt auch der religiöse Begriff der «Sünde» auf, wenn derjenige der im Überfluss lebt, Dritte, die darben, vom Genuss der Dinge rücksichtslos ausschliesse. Der Grund liegt darin, dass die Natur einen Zweck verfolgt, der zumindest im Erhalt des Lebens alles Lebendigen besteht. Wir sind dem Ansatz im Konzept von *Aristoteles* begegnet (Ziff. 2.1. a). Doch unser Autor geht nun über diese philosophisch-naturrechtliche Weltkonzeption – gestützt auf die Kirchenväter *Ambrosius, Basilius* und *Augustinus* – noch einen Schritt weiter in den Bereich der religiösen Transzendenz.

Diese Weltordnung steht in Bezug zu Gott; sie ist eine Schöpfung Gottes. Dies heisst, dass eine Abweichung von der naturrechtlichen Weltordnung, nicht nur ein «Verbrechen» gegen die Natur, sondern vielmehr gegen Gott selbst ist und daher als «Sünde» bezeichnet wird. Sünde stört die Lebensordnung insgesamt, erzeugt Unordnung und Unruhe. Dies bedeutet Störung des Friedens, des Gemeinwohls, der Gerechtigkeit, die die göttliche Ordnung in die zwischenmenschlichen Beziehungen einschreibt. Auf Unordnung aber kann kein Recht aufbauen. Und daher wird die Eigentumsfrage unter den Kategorien von «Diebstahl und Raub» abgehandelt. Wer aber von seinem Reichtum den Bedürftigen weitergibt und dadurch zum Ausgleich von Arm und Reich beiträgt, somit den Bruch, der entstanden ist, wieder rückgängig macht, sündigt nicht.

2.2.3 Kirchlicher Grossgrundbesitz und soziale Freigebigkeit

Wer Überfluss hat, soll also weitergeben. Es gibt noch kein staatliches Sozialnetz, nur ein offensichtlich soziales Gefälle zwischen Arm und Reich als Folge einer boomenden Wirtschaft und eines Strukturwandels mit Gewinnern und Verlieren. Der wirtschaftliche Aufschwung und Strukturwandel im Übergang vom hohen zum späten Mittelalter wurde vor allem durch die urbanen Märkte vorangetrieben. Während es im 11. Jahrhundert erst wenige (meist noch aus der römischen Zeit stammende) Städte gab, die in der Regel in der Hand der Kirche waren, schossen kleine Städte ab dem 12. Jahrhundert zu Hauf empor. Sie wurden oft von unternehmerisch führenden Adelsfamilien gegründet und zu Gruppen mit Mutter- und Tochterstädten zusammengefasst. Dadurch sollten sie der regionalen

4. Text: Theologische Rechtstheorie und Eigentum

Versorgung mit mehr und besseren Gütern dienen und an das überregionale Messe- und Marktsystem in West- und Mitteleuropa anschliessen können.

Diese Umstrukturierung der bisher fast ausschliesslich landwirtschaftlich ausgerichteten Gesellschaft des hohen Mittelalters in eine Gesellschaft mit einem zunehmend profitorientiertem Bürgertum des Spätmittelalters führte zur Verarmung. Hier harrten soziale Aufgaben, deren sich vor allem die Kirche annahm.

Die Kirche allerdings war ebenfalls sehr reich. Ihr kamen wie den Klöstern meistens durch testamentarische Stiftungen Ländereien, Stadthäuser und Kapitalien zu. Doch wie liess sich dieser Reichtum mit den Evangelien vereinbaren? Der Autor führt aus dem Frühmittelalter eine Stelle von *Augustinus* an, doch sie kann auch auf die neue Situation übertragen werden. Denn bereits im 12. Jahrhundert hatte der Zisterzienserorden die neue Armut und Einfachheit im Sinne der Evangelien gepredigt und innert weniger Jahrzehnte durch die Gründung mehrerer hundert neuer Klöster in ländlich abgeschiedenen Gegenden Mitteleuropas realisiert. Auch gab es damals schon verschiedene christliche Sekten, darunter die berühmteste, die Katharer, von deren Namen die Bezeichnung «Ketzer» abgeleitet ist. Sie alle versammelten viele der (desillusionierten) Heimkehrer von den Kreuzzügen nach Palästina. Vor diesem Hintergrund des überregional organisierten urbanen Wirtschaftsbooms und der Kritik am weltlichen Reichtum kommt auch die offizielle Kirche ins Kreuzfeuer der Kritik. Zu Beginn des 13. Jahrhundert kommen zwei bedeutende neue Orden auf, die Dominikaner und die Franziskaner, die sich der Seelsorge und Fürsorge der städtischen Menschen besonders annehmen. Weltverzicht, Armut und Konzentration auf das geistig-religiöse Leben waren ihre Ziele.

Der Autor knüpft mit *Augustinus'* Zitat möglicherweise an die zeitgenössische Auseinandersetzung an und sagt damit, man solle nicht übereifrig und dadurch anmassend sein. Zugleich aber liefert er auch eine Legitimation für den Reichtum. Wer reich ist, ist sozial verpflichtet. Die Kirche und die Klöster erfüllen diese sozialen Aufgaben im Sinne der christlichen Barmherzigkeit und rechtfertigen dadurch ihren Reichtum mit Blick auf die Evangelien, die Armut verlangen.

3. Historische Verortung

Bereits die Analyse der sachlichen Aussagen wies uns den Weg auf die Zeit nach dem Schisma und des ökonomischen Strukturwandels. Diese Diskussion wurde seit dem 13. Jahrhundert verstärkt geführt. Da sich der Text ausschliesslich auf die Bibel und die Kirchenväter und somit nicht auf Sozialutopie bezieht, wie sie Denker seit dem 16. Jahrhundert *(Thomas Müntzer, Thomas Morus, Tommaso Campanella)* vertreten, gehört dieser Text noch ins kirchliche Mittelalter. Verstärkt wird diese Annahme auch durch die scholastische Argumentationsmethode. Offensichtlich handelt es sich um eine umfassende Auseinandersetzung mit aktuellen Problemen. Von daher könnte es sich um eine theologische Summe der Scholastik des 13. oder 14. Jahrhundert handeln.

4. Quellenbestimmung

4.1 Textgattung

Offensichtlich handelt es sich um eine ausführliche Auseinandersetzung zu einem Problem, das mit Nummer 66 beziffert wird, und wahrscheinlich aus einer «Summa» stammt. «Summen» sind wissenschaftliche Abhandlungen des Spätmittelalters. Ihr Ziel ist die möglichst vollständige Erfassung aller wichtigen Fragen und deren differenzierende Beantwortung, und sie grenzen sich von anderen Textgattungen («Quaestiones», «Disputationen» oder «Sentenzensammlungen») ab, die sich regelmässig auf Einzelthemen beschränken. Die Erwähnung der Dekrete von Kirchenvätern und das Fehlen weltlicher Autoritäten in einem juristischen Kontext verweist auf eine «theologische Summe». Als berühmtes Beispiel sei hier die «Summe der Theologie» von *Thomas von Aquin* erwähnt, die er in der damaligen Gelehrtensprache Latein zwischen 1266 und 1273 abgefasst hat.

4.2 Autor

Es dürfte sich um einen Kirchenmann mit umfassender Bildung und aktuellem Problembewusstsein handeln. Ob es *Thomas von Aquin* selbst ist, lässt sich nicht schlüssig beantworten, fehlt doch hier ein für ihn typischer Bezug auf den Philosophen *Aristoteles*.

Thomas kommen zwei Verdienste für seine Epoche zu: Innerhalb der Philosophie führte er den traditionellen Platonismus (die Ideenlehre nach *Plato,* 4. Jahrhundert v. Chr.) mit dem im 12. Jahrhundert wieder entdeckten Realismus von *Aristoteles* (4. Jahrhundert v. Chr.) zusammen und entwickelte somit die beiden bedeutendsten abendländischen Denkstränge selbständig weiter. Zum anderen führte er die christliche Theologie auch mit der weltlichen Philosophie von *Aristoteles* zusammen. Philosophische Antike und christliches Mittelalter finden durch Thomas' Ordnungssinn somit zur Synthese.

4.3 Methode

Die Methode, die Gegensätze (These und Anti-These) zu synthetisieren, heisst Dialektik. Auch im vorliegenden Text lässt sich diese Methode beobachten. Die ersten drei Stellungnahmen bilden die These, der Abschnitt, der mit «anderseits» beginnt, die Antithese und der Abschnitt, der mit «Antwort» überschrieben ist, die Synthese. Mittels dieser Vorgehensweise können die verschiedenen Argumente anhand von massgeblichen Autoren, Autoritäten also, die diese Hauptargumente vertraten, abgehandelt werden. Die dialektische Methode orientiert sich somit am Problemdenken und unterscheidet sich klar vom heutigen linear-logischen Systemdenken, das in Anlehnung an die Naturwissenschaften und deren «geometrischen» Methodenverständnis seit dem 16. Jahrhundert entwickelt wird.

4.4 Adressaten

Adressaten dieses Textes sind Klerus und Adel sowie das gebildete Bürgertum und Studierende, also Leute, die Latein lesen und verstehen und sich mit grundlegenden Fragen intellektuell auseinandersetzen wollen.

5. Historischer Hintergrund

Der Umbruch der traditionellen Organisations- und Integrationsfaktoren erschütterte im 13. und 14. Jahrhundert das Mittelalter und läutete den «Herbst des Mittelalters» ein. Bis zu diesem Strukturwandel beruhte die europäische Gesellschaftsordnung des Mittelalters im wesentlichen auf Christentum in Form der Religion, der Kirche und der Theologie mit der Naturrechtslehre sowie auf regionalem Gewohnheitsrecht und Feudalwesen. Im Hintergrund entstand die legistische Rechtslehre an den Universitäten.

Im 13. Jahrhundert beginnt diese Gesellschaftsordnung sich grundlegend zu wandeln. Vom Frühmittelalter bis zur Französischen Revolution bildet das Lehn- und Grundherrschaftswesen das gesellschaftlich tragende Element. Es bedeutet eine vertikale Schichtung der Gesellschaft, von «oben» nach «unten». In diese mannigfachen persönlichen Abhängigkeiten, die auf Geburt, Gewohnheit und Verteilung von Bodennutzungsbefugnissen gegen persönliche Treuedienste gründen, bricht allmählich eine horizontale Ordnungsstruktur der Gleichstellung auf vertraglicher Grundlage ein. Vor allem in den Landesherrschaften beginnt sich die territoriale Organisationsstruktur zum Staatswesen (so zuerst in Sizilien) zu entwickeln.

Die intellektuelle Elite, das sind vor allem die Theologen, Philosophen, einige wenige Mediziner und die Juristen. Sie reflektieren den Umbruch der Gesellschaftsordnung und setzen sich mit wiederentdeckten Texten von *Aristoteles* oder aus Roms Verwaltung und Rechtsprechung (mit «Codex» und «Digesten») auseinander (das tun also nicht erst die Humanisten in der Renaissance um 1500). Gerade mit der Rechtsfigur des Vertrages aus dem römischen Recht lassen sich die Menschen, ihre Güter und Handlungen nunmehr einander neu, d.h. auf horizontaler Ebene statt in vertikaler Weise wie im Feudalwesen zuordnen.

Die Wiederbegegnung mit der Antike und der Handel mit dem arabischen Mittelmeerraum bringen dem Spätmittelalter entscheidende geistige Impulse. Der Handel führt zum Aufschwung des Städtewesens und der Märkte; das Verlagswesen stellt eine Vorform der industriellen Heimarbeit (Protoindustrialisierung) dar; neue Materialien und Techniken erzeugen qualitativ bessere und quantitativ mehr Produkte. Daraus resultieren insgesamt Überschüsse, die nicht länger nur zur Bestreitung der eigenen Existenz benötigt, sondern als Kapital frei verfügbar werden. Planmässiges Wirtschaftswachstum wird angestrebt. Geld als gesellschaftliches Medium wird Thema.

Die damit einhergehende «Verwirtschaftlichung» der Betrachtungsweise des gesamten Lebens beruht zunächst auf dem Gedanken der Gleichwertigkeit der Austauschbeziehungen. Nach *Aristoteles* ist der Mensch ein «zoon politikon» (animal sociale, Gesellschaftswesen), das in einem Hauswirtschaftsverband und im Stadtstaat («Polis») aufs gemeine und eigene Wohl hin lebt (Politik, Erstes und Drittes Buch). Sein «gerechter» Gesellschaftsanteil wird nach dem Prinzip einer proportional oder arithmetisch begriffenen Gerechtigkeit bemessen, die sich im Quantitativ «Geld» ausdrücken lässt. *Aristoteles* hat in seiner «Nikomachischen Ethik» (Fünftes Buch) die erste Geldtheorie entwickelt. Die aristotelischen Anschauungen von Gerechtigkeit, Gesellschaft, Geld und Gemeinwohl prägen das politische und juristische Denken bis ins 18. Jahrhundert nachhaltig. *Thomas'* Aufgabe besteht folglich darin, Bedingungen zu definieren, unter denen die gestiegene Bedeutung der Geldwirtschaft mit der theologisch fundierten, christlich-religiösen Heilserwartung harmonisiert werden kann.

Erst die Zeitgenossen von *Thomas* erkennen, dass der Händler und Kaufmann mit seiner Geschäftsorganisation eine Infrastruktur schafft, die allen Gesellschaftsmitgliedern Vorteile bringt, indem er den Austausch organisiert und Risiken übernimmt, wie Transportschäden, Verderb von Gütern, Wertverlust beim Geldwechsel, die ein anderer gerade nicht auf sich nähme. Dieser Gesichtspunkt erscheint als gemeinnütziger Beitrag und rechtfertigt somit das Gewinnstreben in der aufkommenden arbeitsteiligen Gesellschaft des 13. Jahrhunderts.

6. Gegenwartsbezug

Das Problem des unverhältnismässigen sozialen Gefälles zwischen Arm und Reich ist bis heute ungelöst. Dies ist kein Versagen des Naturrechts, sondern vielmehr eine Verdrängung dieser grundlegenden Fragen, die unsere Gesellschaft nicht wahrhaben will. Die katholische Soziallehre hat unter Papst *Leo XIII.* um 1900 die Auffassungen von *Thomas* rezipiert. In diesem Kontext hat der Nationalökonom *Heinrich Pesch,* der auch der Societas Jesu angehörte, den

Begriff des christlichen Solidarismus entwickelt und damit den Begriff der Solidarität in die aktuelle politische Diskussion eingeführt.

III. Quelle und Literatur

Quelle
THOMAS VON AQUIN: Summa Theologica. Hg.v. der Albertus-Magnus-Akademie Walerberg bei Köln. Heidelberg/München/Graz/Wien/Salzburg 1953, Bd. 18, II–II: 57–79, S. 193–199. Originaltext in Latein, Übersetzung der Herausgeber.

Literatur
MARCEL SENN: Rechtsgeschichte I, Kap. 3, 5, 6.
MARCEL SENN/LUKAS GSCHWEND: Rechtsgeschichte II, S. 219f.
HANS WELZEL: Naturrecht und materiale Gerechtigkeit, S. 57–66.

Handbuchartikel
F.-M. SCHMÖLZ: Thomas von Aquin. In: HRG 5, Sp. 182–186.
REINHOLD ZIPPELIUS: Naturrecht. In: HRG 3, Sp. 933–940.

MS

5. Text: Wucher und Ketzerei

I. Quellentext

Durch einen ernstzunehmenden Bericht drang zu uns, dass mancherorts die Gemeinden zur Beleidigung Gottes und des Nächsten und gegen göttliches ebenso wie menschliches Recht (*contra iura divina pariter et humana*) die üble Zinspraxis irgenwie billigen. Durch ihre manchmal sogar eidlich bekräftigten
5 Statuten (*per statuta sua iuramento quandoque firmata*) erlauben sie es, dass Zinsen gefordert und gezahlt werden, ja sie zwingen sogar die Schuldner wissentlich zu deren Zahlung. Nach dem Inhalt dieser Statuten erlegen sie meistens den Schuldnern, welche die Zinsen zurückverlangen, schwere Lasten auf, indem sie diesbezüglich noch mancherlei ausgesuchte Scheingründe und Be-
10 trügereien verschiedener Art anwenden und so die Rückforderung der Zinsen behindern. Wir möchten gegen diese verderblichen Machenschaften vorgehen und bestimmen mit Billigung des heiligen Konzils:

Alle Gewalten (*potestates*) dieser Gemeinden, Bürgermeister, Amtmänner, Ratsherren, Richter, Stadträte oder sonstige Beamte, die künftig solche Statuten
15 machen, schreiben oder diktieren, oder die wissentlich urteilen, dass Zinsen gezahlt werden oder dass gezahlte Zinsen, wenn sie zurückverlangt werden, nicht vollständig und ohne Behinderung zurückerstattet werden, ziehen sich die Exkommunikation zu.

Dieselbe Strafe ziehen sie sich auch zu, wenn sie derartige, bis jetzt erlas-
20 sene Statuten aus den Büchern der Gemeinden nicht innerhalb von drei Monaten tilgen, sofern sie dazu berechtigt sind, oder wenn sie diese Statuten oder entsprechenden Rechtsgewohnheiten (*consuetudines*) auf irgendeine Weise beachten.

Weil ausserdem die Wucherer die Verträge über die Zinszahlung meistens
25 so geheim und arglistig eingehen, dass sie kaum des üblen Zinsnehmens überführt werden können, entscheiden wir, dass sie bei Verhandlungen über Zinsangelegenheiten durch kirchliche Zensur (*censura*) zum Vorlegen ihrer Rechnungsbücher genötigt werden müssen.

Verfällt jemand dem Irrtum und behauptet hartnäckig, Zinsnehmen sei
30 keine Sünde, so ist er nach unserer Entscheidung wie ein Ketzer zu bestrafen. Dabei erlegen wir den Ortsordinarien und den Inquisitoren der Häresien in aller Strenge auf, gegen alle, die ihrer Kenntnis nach wegen dieses Irrtums in üblem Ruf stehen oder verdächtig sind, vorzugehen wie gegen solche, die wegen Häresie in üblem Ruf stehen oder verdächtig sind.

II. Interpretation

1. Zusammenfassung

Der in sich geschlossene Text richtet sich gegen den zinspflichtigen Geldverleih. Es werden im wesentlichen vier Regeln aufgestellt: Obrigkeiten von Städten, die Statuten erlassen oder vollziehen oder nicht innerhalb von drei Monaten aufheben, wonach Zinsen zu zahlen sind, werden exkommuniziert. Geldleiher werden zur Offenlegung ihrer Bücher gegenüber der kirchlichen Zensur verpflichtet. Wer behauptet, Zinsnehmen sei keine Sünde, soll wie ein Ketzer bestraft werden. Die Inquisitoren werden angewiesen, auch gegen solche Personen vorzugehen, die lediglich im Verdacht solcher Behauptungen stehen.

2. Sachliche Aussagen

Trotz seiner Vielschichtigkeit lassen sich im Text v.a. drei zentrale Themen ausmachen: Die Bewertung der Zinsnahme als kirchliches Delikt und der Verstoss gegen dieses Verbot (vgl. 2.1), der Erlass von Normen durch die städtischen Obrigkeiten und deren gerichtlicher Vollzug (vgl. 2.2) sowie das im letzten Abschnitt angesprochene Phänomen von Ketzerei und institutionalisierter Ketzerverfolgung (vgl 2.3).

2.1 Die Zinsnahme als kirchliches Delikt und die wirtschaftliche Praxis

Die Zinsnahme wird im Text als Rechtsverstoss und Sünde bewertet; ihre prinzipielle Unzulässigkeit wird also vorausgesetzt. Dem entspricht es, dass die Bestreitung dieser Bewertung als Häresie verdammt und die Unterstützung der Zinsnahme durch gemeindliche Obrigkeiten mit der Exkommunikation bedroht wird.

Das Verbot der Zinsnahme ist ein fester Bestandteil vor allem der kirchenrechtlichen Tradition. Im antiken römischen Recht waren Zinsversprechen in der Regel nicht unzulässig, lediglich die Höhe des versprochenen Zinses wurde immer wieder gesetzgeberisch beschränkt. Demgegenüber wurde die Zinsnahme im Christentum seit seinen Anfängen als Wucher und Verstoss gegen das Liebesgebot gedeutet, wie Altes und Neues Testament zeigen (so insbesondere Lk 6, 35f. – Verletzung des Liebesgebotes; Ps 15, 1, 5). Bereits das erste Konzil von Nicaea erliess 325 deswegen ein prinzipielles Zinsnahmeverbot für alle Kleriker, das mit dem Verlust des kirchlichen Amts sanktioniert wurde. Auch die Kirchenväter wandten sich immer wieder gegen die Zinsnahme. Vor allem Papst *Leo I.* (440–461) und *Karl der Grosse* erweiterten das Zinsnahmeverbot auf Laien, wie insbesondere die «Admonitio generalis» von 789 zeigt. Eine neue Welle der Zinsverbote entstand im 12. und 13. Jahrhundert: Das zweite und dritte Laterankonzil, 1139 und 1179, drohten dem Zinsnehmer als Wucherer den Verlust seines Rechts auf ein kirchliches Begräbnis und der Teilnahme am Abendmahl an (2 Conc. Lat. c. 13; 3 Conc. Lat. c. 25). Dieses Verbot wurde 1274 auf dem zweiten Konzil von Lyon noch einmal ausdrücklich bekräftigt. Diese Regelungstradition ist offensichtlich gemeint, wenn der Text die Zinsnahme als Verstoss «gegen göttliches ebenso wie menschliches Recht» (Z. 2f.) einordnet. Denn der Zinsnehmer setzte sich in Widerspruch zum biblisch geoffenbarten göttlichen Willen und zum kirchlich wie weltlich geschaffenen Recht.

Doch der Text knüpft nicht allein an bei der Regelungstradition des *Zinsverbotes*: Mehrfach ist im Text auch davon die Rede, dass Schuldnern ein Recht auf die «Rückforderung der Zinsen» (vgl. Z. 10., vgl. auch 6, 16) zusteht. Dieses Rückerstattungsrecht wird durch die erste Anordnung auch zusätzlich geschützt (vgl. Z. 15–17): Städtischen Obrigkeiten wird für den Fall der Vereitelung oder Behinderung solcher Rückerstattungsansprüche die Exkommunikation angedroht. Ein Rückerstattungsanspruch des Bewucherten gegen den Zinsnehmer war bereits kurz nach dem dritten Laterankonzil von Papst *Alexander III.* (1159–1181) angeordnet worden (Dekretale *Cum tu* X, 5.19.5). An die hierdurch begründete Regelungstradition, die insbesondere im zweiten Konzil von Lyon aufgenommen worden und in dieser Form in den Liber Sextus von 1298 gelangt ist (vgl. VI 5.5.1), schliesst auch der vorliegende Text an.

An verschiedenen Stellen wird indes im Text dargetan, dass das überkommene Zinsverbot missachtet worden sei. Dabei scheinen sogar Statuten erlassen worden zu sein, die solche Prozesse gefördert haben.

Diese Entwicklung beruhte auf der zunehmenden Ausbreitung des Geldverkehrs. Die Ausbreitung des Handels, der Aufstieg des städtischen Handwerks und nicht zuletzt auch der zunehmende Geldbedarf kirchlicher wie weltlicher Gewalten liess einen stetig wachsenden Kapitalbedarf entstehen. Aus diesem Grund wurde das Zinsverbot von zwei Richtungen her unterlaufen: Einzelnen Personengruppen wurde der Geldverleih stillschweigend gestattet. Es entstanden Vertragsformen, die das Zinsverbot umgingen.

Insbesondere die Juden waren seit jeher vom Zinsverbot befreit. Der Talmud verbot ihnen lediglich, ihren eigenen Glaubensbrüdern Zinsen abzuverlangen, gegenüber Fremden waren sie an dieses Verbot nicht gebunden (vgl. Deut. 23, 19f.). Dem entsprach es, dass das vierte Laterankonzil 1215 Sanktionen gegen jüdische Geldverleiher einzig für den Fall anordnete, in dem Christen durch zu hohe Zinsen geschädigt wurden; wie hoch die (un-)zulässige Zinslast sein musste, wurde freilich nicht bestimmt (4 Conc. Lat. c. 67). Freilich hatte *Innocenz III.* (1198–1216) zwei Jahre zuvor allen jenen Schuldnern die Zinszahlung an Juden erlassen, die sich am Kreuzzug beteiligen wollten. Solche Schulderlasse wiederholten sich vor allem seit dem 14. Jahrhundert auch von weltlicher Seite immer wieder. Umgekehrt gestatteten aber gerade auch weltliche Herrscher wie etwa *Friedrich II.* in den Konstitutionen von Melfi 1231 den Juden ausdrücklich die Darlehensvergabe gegen Zins.

Auf die herrscherliche oder – wie im Text angesprochen – städtische Gestattung stützten sich die Kreditgeschäfte der *Kawertschen* und *Lombarden*. Zunächst bezeichnete der Ausdruck *cawerschinus* oder *cahorsin* wohl den Einwohner der südfranzösischen Stadt Cahors, deren Grosskaufleute seit dem ausgehenden 12. Jahrhundert in weiten Teilen Europas, insbesondere in England nachweisbar sind. Im Lauf der Zeit bezeichnete dieser Begriff den fremdländischen Kaufmann, der kraft hoheitlicher Gestattung Kreditgeschäften nachgeht. Ähnlich entwickelte sich die Begriffsgeschichte des Ausdrucks *Lombarde*. Ursprünglich wurden damit Repräsentanten der grossen oberitalienischen Gesellschaften bezeichnet, die seit etwa 1250 in England, Frankreich, in den niederrheinischen Handelsstädten und auch in der Schweiz unter anderem hochverzinsliche Darlehen (Zinssätze bis zu 54 %) ausgaben. Doch auch hier wurde dieser Ausdruck im Lauf des 13. und 14. Jahrhunderts zum Inbegriff des fremdländischen Wucherers, dessen Tätigkeit von der lokalen Obrigkeit gebilligt wurde.

Aber es blieb nicht bei der gruppenbezogenen Durchbrechung oder Umgehung des Zinsverbotes. Auch durch die Gestaltung neuer Vertragsformen wurde versucht, den Kapitalbedarf zu befriedigen. Besonders verbreitet war dabei der bereits seit dem 5. Jahrhundert nachweisbare *Rentenkauf*. Dabei wurde eine Sache, in der Regel ein Grundstück, zur Sicherheit für eine jährliche Geldzahlung, einer Rente gemacht. Im 12. und 13. Jahrhundert wurden Wiederkaufsklauseln hinzugefügt und der Rentenkauf damit wirtschaftlich stark an das Darlehen angenähert. Gleichwohl galt der Rentenkauf in der Doktrin der kirchlichen Rechtswissenschaft mit Einschränkungen als prinzipiell zulässig. Verdeckte Darlehen wurden auch im Rahmen von Gesellschaftsverträgen begeben, durch die ein Partner seinen Gewinnanteil dem verleihenden Partner abtrat.

Doch selbst von theologischer Seite geriet der unbedingte Geltungsanspruch des Zinsverbotes zunehmend unter Druck. *Thomas von Aquin* (1224/1225–1274) unterschied ausdrücklich den gerechten Preis (*iustum pretium*) als Ausgleich für Vorleistungen und Risiken vom Wucher. Das machte die Vereinbarung von Zinsen für besondere Situationen (z. B. *periculum sortis*) möglich.

2.2 Der Erlass und der gerichtliche Vollzug von Normen durch städtische Obrigkeiten

Gegen die Förderung der Zinsnahme durch die Führung der Städte richten sich die beiden ersten Anordnungen des Textes. Dabei wird nicht nur der künftige

Erlass von Statuten verboten, durch die Zinsversprechen sanktioniert werden. Auch bereits bestehende *Statuten* sollen – soweit möglich – «aus den Büchern der Gemeinden» entfernt (Z. 20), dürfen aber jedenfalls ebenso wenig befolgt werden wie etwa bestehende «Rechtsgewohnheiten» (Z. 22). Damit ist die städtische Normsetzung und deren Vollzug angesprochen.

Das 12. Jahrhundert lässt sich als Wendemarke in der Geschichte der europäischen Stadt bezeichnen: Zwar bestand vor allem in Südeuropa, in Teilen aber auch in Mitteleuropa die «Siedlungskontinuität»[1] der römischen Städte auch während des frühen und hohen Mittelalters fort. Doch erst seit dem 12. Jahrhundert entwickelten sich die Städte vor allem Oberitaliens wieder zu wichtigen Zentren der Wirtschafts- und Sozialverfassung. Auch nördlich der Alpen gewannen die Städte im Lauf des 13. Jahrhunderts im Gefüge der Sozial- und Herrschaftsverfassung an Gewicht, wobei hier die Entstehung territorialisierter Herrschaftsräume grössere Bedeutung hatte als insbesondere in Oberitalien. Die «Entstehung der kommunalen Stadt»[2] im 13. Jahrhundert ist allerdings seit dem 13. Jahrhundert in allen angesprochenen europäischen Regionen zu beobachten. Die Erklärung dieser Vorgänge ist seit langem heftig umstritten, doch kann auf diese Kontroverse im vorliegenden Rahmen nicht eingegangen werden. Das Ergebnis ist jedenfalls die Entstehung einer kommunalen Rechtsgemeinschaft. Normative Grundlage dieser Verbände, die im gelehrten Recht bald als *universitas civium* bezeichnet werden, ist der Bürgereid. Während der Phase staufischer Herrschaft wird die Bürgerschaft in Oberitalien, später auch in Mitteleuropa zum Träger von orts- und personenbezogenen Rechten (*iura et libertates*), die aufgrund von Gewohnheitsrecht, Privilegien oder Regalien bestehen. Die neu entstandene «Bürgergenossenschaft»[3] beansprucht und erhält auf dieser Grundlage die Befugnis zur autonomen Rechtsetzung, das – im Text offensichtlich vorausgesetzte – *ius statuendi*. Vor allem im 12. und frühen 13. Jahrhundert werden die Stadtrechte allerdings vielfach durch Privileg des Stadtherrn bestätigt. Trotzdem entsteht im Lauf der Zeit eine gegenüber dem Landrecht unabhängige Rechtsmasse, für die sich in der gelehrten rechtswissenschaftlichen Literatur der Zeit und insbesondere im Blick auf die italienische Stadtrechtspraxis der Ausdruck *statutum* etabliert, das in Gegensatz zum allgemeinen Recht, zum *ius commune*, gesetzt wird. In dieser Tradition steht auch der vorliegende Text (vgl. Z. 5). Zwar ist das Stadtrecht auch geprägt von Rechtsgewohnheiten, deren Wurzeln vor allem im Recht der Kaufleute zu finden sind. Trotzdem zählt es zu den kennzeichnenden Merkmalen des Stadtrechts, dass seine Regeln vor allem in schriftlicher Form festgehalten sind und durch Stadtrechtsbücher überliefert werden. Hierauf nimmt auch die Anord-

---

[1] KARL-SIEGFRIED BADER/GERHARD DILCHER: Deutsche Rechtsgeschichte, S. 252f.
[2] KARL-SIEGFRIED BADER/GERHARD DILCHER (wie Anm. 1), S. 327ff., insb. 400–403.
[3] KARL-SIEGFRIED BADER/GERHARD DILCHER (wie Anm. 1), S. 443ff.

nung im Text Bezug, wonach «Statuten aus den Büchern der Gemeinden» getilgt werden sollen (Z. 20).

Leitungsorgan der Stadt ist der Rat, der durch Wahl bestimmt und dessen Herrschaftsanspruch wiederum durch Bürgereid begründet wird. Allerdings löste sich der Rat im Lauf des 14. und 15. Jahrhunderts allmählich aus dieser organschaftlichen Einbindung und wurde zur «Obrigkeit». In Italien wandelte sich die Bezeichnung des Rates, aus dem *consul* wurde – in Anlehnung an den auch im Text benutzten Ausdruck *potestas* – der *podestà,* der mit quasimonarchischen Kompetenzen regierte.

Trotzdem war die Dispositionsbefugnis des Rates über das Stadtrecht nicht unbegrenzt, auch wenn er mit der *Ratsverordnung* etwa seit dem 15. Jahrhundert eine eigene Gebotsgewalt ausüben konnte. In der Zeit davor war das Stadtrecht ideell stets zurückgebunden an den Bürgereid. Dies und die Bedeutung der schriftlichen Fixierung von Stadtrecht machte es wohl schwierig, bereits erlassene Normen einfach wieder aufzuheben, wie der Text selbst andeutet (vgl. Z. 21).

In den autonomen Städten, also den Freien und Reichsstädten, war der Rat in der Zeit des Spätmittelalters meist die bestimmende Instanz der Gerichtsbarkeit. Schon 1188 etwa hiess es in einem von Stadtbürgern geschaffenen Text eines angeblichen Stadtrechtsprivilegs für Lübeck, es sollte der Rat über alle Fragen des Stadtrechts entscheiden.[4] Dabei entfernte sich das Verfahren der Urteilsfindung freilich von der überkommenen Tradition der Dingverfassung und des Schöffenspruches. Funktional war der Rat vielfach zugleich Richter und Urteiler. Diese Entwicklung hat möglicherweise auch der Autor des Textes im Auge, wenn er «Ratsherren, Richter, Stadträte» in eine Reihe stellt (Z. 14). In der Ausformung dieser städtischen Gerichtsbarkeit fand die Entstehung der Stadt als Rechtsgemeinschaft eine weitere institutionelle Ausprägung.

Indirekt wird dieser Bereich kommunaler Rechtsautonomie auch im vorliegenden Text anerkannt. Denn es werden nicht etwa die kommunalen Statuten selbst für nichtig erklärt oder – wie etwa im Fall des kaiserlichen Scholarenprivilegs von 1158[5] – kommunale Normen gesetzt. Vielmehr werden die Leiter der Kommunen lediglich dazu verpflichtet, ihrerseits im Bereich der Normgebung tätig zu werden.

---

[4] Gefälschtes Stadtrechtsprivileg für Lübeck mit Datum 19. November 1188, entstanden zwischen 1222–1225, c. 6: *Preterea omnia civitatis decreta, id est kore, consules judicabunt.* Text zitiert nach dem Abdruck in: Elenchus Fontium Historiae Urbanae I, Leiden 1967, Nr. 95, S. 156–159, hier 157, Z. 33f.

[5] Konstitution *Friedrichs I.* vom November 1158, abgedruckt in: LORENZ WEINRICH (Hg.): Quellen zur Deutschen Verfassungs-, Wirtschafts- und Sozialgeschichte bis 1250. Darmstadt 1977 (Ausgewählte Quellen zur deutschen Geschichte des Mittelalters, Bd. 32), Nr. 67, S. 258f.

2.3 Ketzerei und Ketzerverfolgung

Der Text ordnet eine Strafe «wie ein Ketzer» (Z. 30) an. Dahinter steckt eine amtskirchliche Tradition, die sich nicht zuletzt als Geschichte von Ketzerauseinandersetzungen verstehen lässt: Denn bereits das erste oekumenische Konzil – Nicaea 325 (s.o.) – diente auch und gerade der Unterscheidung von Häresie (Arianismus) und Glauben. Als *Ketzer* wurden jene Mitglieder der Kirche bezeichnet, die sich von den als richtig festgestellten Lehren abwandten und eigene Lehren verkündeten. Ketzer sind damit zu unterscheiden von den *infideles*, den Ungläubigen, die ausserhalb der Kirche standen. Die Zuständigkeit für die Ahndung von Ketzerei lag ursprünglich bei den Bischöfen, die als Ketzer eingestufte Personen durch die Exkommunikation aus dem Kreis der Christen entfernten. Bereits unter Kaiser Konstantin hatte die Ketzerei allerdings auch Sanktionen weltlicher Art zur Folge, drohten doch dem Ketzer Verbannung und unter Umständen sogar die Todesstrafe.

Doch auch im hohen und späteren Mittelalter nahm die Auseinandersetzung zwischen Orthodoxie und Häretikern häufig gewalttätige Formen an und gewann zudem an Breite: Den Auftakt bildete die Verfolgung der *Katharer*, deren Name wohl auch wortgebend für den Ausdruck *Ketzer* wurde. 1184 verlangte Papst *Lucius III.* in der Dekretale «Ad abolendam» (X 5.7.9) von den weltlichen Herrschern Unterstützung gegen diese Gruppe. Im Kanon «Excommunicamus» des vierten Laterankonzils wurde diese Forderung durch *Innocenz III.* verallgemeinert (4 Conc. lat. c. 3). Dieser Kanon entstand bereits vor dem Hintergrund der Albigenserkriege (1209–1229), in denen weltliche und kirchliche Gewalt bei der Ketzereibekämpfung zusammen wirkten. 1220 erklärte *Friedrich II.*, dass alle Ketzer auch der Reichsacht verfielen. In dieser Tradition steht auch der vorliegende Text, in dem die Leugnung des Zinsverbotes der Häresie gleichgestellt wird.

Auch die im Text angesprochenen *Inquisitoren* sind ein Produkt des 13. Jahrhunderts. Durch die Gründung der päpstlichen Inquisition 1231 schuf das Papsttum unter *Gregor IX.* (1227–1241) eine Zentralstelle für die Verfolgung anders Denkender. Dieser Schritt spiegelte zugleich ein Stück kirchlicher Verfassungsgeschichte wider: Denn bis dahin hatte diese Überwachung auf der Ebene der Bischöfe gelegen. Das Papsttum zentralisierte also eine weitere ehemals ausschliesslich episkopale Kompetenz. Zugleich deutet sich im Text auch ein Element des zwar nicht unmittelbar aufgrund der Ketzerei entstandenen, aber im Rahmen der Ketzereiverfolgungen angewandten Inquisitionsverfahrens an: Denn den Inquisitoren wird aufgegeben, von selbst gegen Verdächtige vorzugehen. Das entsprach strukturell der Kompetenz und Befugnis des Inquisitionsrichters, unabhängig von einer Anklage selbständig ermittelnd tätig zu werden.

3. Historische Verortung

Der Text setzt ein bereits stark entwickeltes Stadtwesen voraus, ist also eher der Zeit seit dem 13. Jahrhundert zuzuordnen. Dem entspricht die Erwähnung der Ketzerei, die, wie dargelegt, ein Thema vor allem im Kirchenrecht des 13. Jahrhunderts bildete. Auch die Anknüpfung an die Normsetzung gegen die Zinsnahme spricht für diesen Zeitpunkt. Der Rückgriff auf die Inquisitoren spricht für eine starke zeitliche Nähe zur Begründung der Inquisition im 13. Jahrhundert. Dies alles spricht dafür, den Text an das Ende des 13. oder den Beginn des 14. Jahrhunderts zu setzen.

4. Quellenbestimmung

4.1 Argumentation und Sprache

Argumentiert im Text wird vor allem durch den Rückgriff auf bereits bestehende Regelungstraditionen, im Vordergrund steht aber die normative Setzung. Es handelt sich um einen lateinischen Text in deutscher Übersetzung.

4.2 Textgattung

Der Text ist im wesentlichen ein Regelwerk, dessen Normen durch eine deutlich konditionale Struktur (wenn – dann) geprägt sind.

4.3 Autor und Adressaten

Der Text ist erlassen «mit Billigung des heiligen Konzils» (Z. 12). Das spricht dafür, dass der Autor ein Papst ist, der im Zusammenwirken mit einem Konzil einen Konzilskanon erlässt. Wie in den sachlichen Aussagen teilweise deutlich wurde, richtet sich der Text formell an die Leitungen von Gemeinden, an die kirchlichen Richter, die mit Zinsprozessen befasst waren, sowie an die Inquisitoren und Ortsgeistlichen.

5. Historischer Hintergrund

An der Wende vom 13. zum 14. Jahrhundert geriet die Kirche in eine massive Krise. Zwar war es dem Papsttum gelungen, sich gegen den staufischen Herrschaftsanspruch durchzusetzen. Hinzu trat der Umstand, dass das Kaisertum nach dem Aussterben der staufischen Dynastie erheblich geschwächt war. Nicht zuletzt vor diesem Hintergrund ist der ungeheure Herrschaftsanspruch zu sehen, den Papst *Bonifaz VIII.* (1294–1303) in der berühmten Dekretale «Unam sanctam ecclesiam» (Extr. comm. 1.8.1) erhob, wo er die prinzipielle Unterordnung der weltlichen unter die geistliche Gewalt verlangte. Dem entsprach es, dass er 1303 dem französischen König *Philipp IV.* die Exkommunikation androhte. Doch schon im gleichen Jahr wurde *Bonifaz* in Anagni verhaftet. Zwar erlangte er schon kurze Zeit später seine Freiheit wieder, starb aber wenige Wochen später in Rom. Das Attentat von Anagni hatte der Welt auf brutale Weise gezeigt, wie verletzlich das Papsttum mittlerweile geworden war. Schon deswegen war der umfassende päpstliche Machtanspruch nicht mehr aufrecht zu erhalten.

Gerade *Bonifaz VIII.* war es allerdings zu verdanken, dass die kirchliche Rechtsetzung noch einmal einen Höhepunkt erreichte: Papst *Gregor IX.* hatte 1234 mit dem «Liber Extra» erstmals eine grosse kodifikationsähnliche Sammlung des Kirchenrechts vorgelegt. Mit dem «Liber Sextus», der 1298 promulgiert wurde, setzte *Bonifaz* diese Linie eindrucksvoll fort. Später sollten dem die Anordnungen von Papst *Clemens V.* (1305–1314) folgen, die 1317 durch Papst *Johannes XXII.* (1316–1334) als «Constitutiones clementinae» promulgiert wurden. Zusammen mit der «Concordantia Discordantium Canonum» (sogenanntes «Decretum Gratiani»[6]) aus der Zeit um 1140 sowie den «Extravagantes communes» und den «Extravagantes Ioannis XXII.» wurden sie gemeinsam mit «Liber Extra» und «Liber Sextus» 1582 als «Corpus Iuris Canonici» verbindliche Normtextgrundlage der katholischen Kirche. Erst 1917 trat der Codex Iuris Canonici an die Stelle dieser Sammlung.

Die kirchlichen Bemühungen gegen Darlehensgeschäfte sind ohne Erfolg geblieben. Das beruhte nicht zuletzt auch darauf, dass gerade die Kurie im 14. Jahrhundert angesichts ihrer erdrückenden Geldnot selbst immer wieder das Zinsverbot umgehen musste. Ganz abgesehen davon breitete sich die Geldwirtschaft immer weiter aus. Weltliche Herrscher wie auch städtische Wirtschaft blieben weiterhin auf die Möglichkeit der Darlehensvergabe angewiesen. Dem entsprach der Aufstieg der grossen italienischen und später auch der süddeutschen Bankhäuser in Spätmittelalter und Früher Neuzeit. Die Reformation erschwerte die Durchsetzung des Zinsverbotes zusätzlich. Zwar hielt *Luther* hieran noch fest, doch namentlich *Johannes Calvin* sprach sich ausdrücklich gegen das Verbot der Zinsnahme aus. Doch auch in der Debatte der humanistischen Jurisprudenz verlor das Zinsverbot fortlaufend an Boden. Insbesondere die funktionale Gleichstellung von Miete und Darlehen entzog dem Zinsverbot viel an Legitimation. Die Gesetzgebung vor allem evangelisch beeinflusster Staaten setzte bezeichnenderweise auch lediglich Höchstgrenzen für die Zinsnahme fest.

---

[6] Vgl. Text 3.

6. Gegenwartsbezug

Darlehen und Zins sind feste Bestandteile in den Rechtsordnungen der Gegenwart. Doch insbesondere im Zeichen des Verbraucherschutzes hat der Gesetzgeber Obergrenzen für Zinsen eingeführt. Zusätzlich geschützt wird der Verbraucher durch Widerrufsrechte bei solchen Geschäften, die für ihn zu Zinsbelastungen führen. Getragen ist diese Gesetzgebung allerdings nicht durch eine grundsätzliche normative Missbilligung der Zinsnahme. Entscheidend ist vielmehr die Überlegung, den Verbraucher vor einer übermässigen Einschränkung seiner wirtschaftlichen Bewegungsfreiheit zu schützen. Gesetzlich verboten und in den meisten Rechtsordnungen sogar unter Strafe gestellt ist der Wucher, dessen Unwertgehalt allerdings regelmässig nicht nur aus der Vereinbarung überhöhter Zinsen besteht, sondern erst durch die gezielte Ausnutzung der Unerfahrenheit oder Unwissenheit des Zinsverpflichteten zum sittenwidrigen und zugleich strafbaren Vorgang wird.

Die prinzipielle Autonomie der Gemeinden und Städte ist in vielen Verfassungsordnungen abgesichert. Die Vorstellung von der Bürgergemeinschaft wirkt in Ansätzen fort in der regelmässig vorgeschriebenen Wahl der Gemeinde- und Stadtleitung.

Keinen Raum mehr bieten die meisten Rechtsordnungen dagegen der Inquisition. Denn die Meinungs- und Glaubensfreiheit zählt mittlerweile zum Kernbestand des verfassungsrechtlich und auch völkerrechtlich garantierten Menschenrechtsschutzes. Dem hat sich auch die katholische Kirche durch die Abschaffung des *sanctum officium* angeschlossen, das bis ins 20. Jahrhundert hinein Schriftwerke auf ihre Vereinbarkeit mit den Dogmen der Kirche hin überprüfte. Dass die Bedrohung von Glaubens-, Gewissens- und Meinungsfreiheit trotzdem weiterhin nur allzu real ist, belegt leider immer wieder die Praxis moderner totalitärer Regime.

III. Quelle und Literatur

Quelle
Es handelt sich um c. 29 des Konzils von Vienne 1311, der in die bereits angesprochene Sammlung der sogenannten Clementinen, Normen des Papstes *Clemens V.,* gelangte (Clem. 5.5.1). Übersetzung in Anlehnung an den Text in: JOSEF WOHLMUTH (Hg.): Konzilien des Mittelalters: Vom ersten Laterankonzil (1123) bis zum fünften Laterankonzil (1512–1517). Conciliorum oecumenicorum Decreta, Editio Tertia, Bd. 2. Paderborn 2000, S. 333–401, 384f.

Literatur
KARL-SIEGFRIED BADER/GERHARD DILCHER: Deutsche Rechtsgeschichte, S. 251–257, 329–403, 540–555, 580–592, 600–619.
MARCEL SENN: Rechtsgeschichte I, Kap. 2, 5.

Handbuchartikel
HANS-JÜRGEN BECKER: Zinsverbot. In: HRG 5, Sp. 1719–1722.
GERHARD DILCHER: Stadtrecht. In: HRG 4, Sp. 1863–1873.
ADALBERT ERLER: Inquisition. In: HRG 2, Sp. 370–275.
ADALBERT ERLER: Ketzer, Ketzerei. In: HRG 2, Sp. 710–712.
ANDREAS THIER: Bonifaz VIII. In: HRG 1, 2. A., erscheint 2005.

AT

6. Text: Dorforganisation im späten Mittelalter

I. Quellentext[1]

Der Herr Richter fragt, ob es Tagzeit sei, dass man heut richten soll.

Herr, so gebt uns Erlaubnis, dass wir uns bedenken, was wir vor euch bringen wollen.

Herr, wollt ihr hören, worüber wir uns bedacht haben.

5 Herr, sie sprechen und ich[2] in ihrem Namen, dass man heut zuerst das Recht des Hofes eröffnen soll und danach zuerst um Eigen und Erbe richten soll, und hat jemand danach um eine Geldschuld zu richten, so sei er gleich darnach an der Reihe.

Herr, da dies heute ein verkündeter[3] Tag ist, nämlich acht Tage vorher verkün-
10 det, wenn mein Herr von Einsiedeln will Maiending[4] halten auf Konradstag[5] soll man niemandem verkündigen, denn es ist ein verkündeter Tag allen denen, die Erb und Eigen haben sieben Schuh[6] weit oder breiter. Die sollen heute alle zugegen sein bei der Offnung.[7]

Wär aber, dass jemand, dem zum Maiending verkündet wurde, nicht anwesend
15 ist, von dem soll man eine Busse[8] nehmen. Herr, das sind 3 Schillinge Pfennige.[9]

Alle Bussen, die in diesem Dinghof[10] fällig werden, gehören zu einem Drittel meinem Herrn von Einsiedeln und zu zwei Dritteln den Hofleuten.[11]

Und sie sprechen weiter, Herr, dass alle Gerichte meinem Herrn von Einsiedeln sind, und auf Sankt Konradstag gehören die Strafen und Bussen dem Vogt[12]

---

[1] Nachstehendes Glossar erläutert einige Ausdrücke.
[2] *Ich*: Der Bauernsprecher, Bauern- oder Burmeister, oft auch der Meier.
[3] *Verkündeter Tag*: angesagter, gebotener Gerichtstag.
[4] *Maiending:* ordentlicher Gerichtstag, auch zur Bezeichnung des Gerichts selbst.
[5] *Konradstag:* 26. November. Die Tage werden nach den Heiligen bezeichnet.
[6] *Sieben Schuh:* Symbolisches Längenmass (von ca. 2.5 m) meint ein wenig Besitz.
[7] *Offnung*: In Z. 5f. heisst es «das Recht des Hofes eröffnen». Offnung bezeichnet diesen Vorgang und steht sodann für das eröffnete Recht z.B. eines Bauernhofes.
Offnung – in der Schweiz gebräuchlich – ist wie Rodel oder Weistum die Bezeichnung für ein aufgezeichnetes Recht eines Dorfs.
[8] *Busse*: Strafgeld, nicht Ausgleichszahlung wie in frühmittelalterlichen Volkrechten.
[9] *3 Schillinge Pfennige:* Es ist der Wert von 3 Schillingen in Pfennigen zu bezahlen, was auf Wertzerfall des Pfennigs weist (1 Pfund = 20 Schillinge = 240 Pfennige).
[10] *Dinghof:* Ort des bäuerlichen Sozial- und Arbeitslebens sowie des Rechtsbereichs (Bezirk), wo das Hofrecht gilt.
[11] *Hofleute:* Bauern, die dem Maiending angehören, nicht aber deren Gesinde.

20 von Kyburg, der auch heute mit zwei Begleitern, einem Habicht und einem Vogelhund selbdritt anwesend sein soll. Dem soll mein Herr von Einsiedeln das Gastmahl geben, und er soll anhören dieses Hofrecht und meines Herrn von Einsiedeln Recht und das Recht des Vogtes und das Recht der Hofleute, und er soll meinen Herrn von Einsiedeln und seine armen Leute bei allen Rechten und Gewohnheiten
25 schirmen, wie es von alters Herkommen ist. […]

Herr Richter. Wollt ihr jetzt hören, was es von unseren Genossen zu sagen gibt? Dazu sprechen sie: dass sieben Gotteshäuser[13] sind, die einander Genossen und Erben sind, ohne dass darauf eine Strafe steht. Und sollen diese miteinander in dieser Weise verkehren: Das Gotteshaus Sankt Regula [Zürich], das Gotteshaus
30 Sankt Fridolin [Säckingen], das von Schänis, das von Pfäfers und die unmittelbaren Eigenleute der Reichenau und die Eigenleute von St. Gallen.

Die sieben Gotteshäuser sind miteinander Genossen und Erben, sie mit uns und wir mit ihnen. Und soll deswegen niemand eine Strafe aussprechen.

Kommt es vor, Herr, dass sich jemand über die bezeichneten Gotteshäuser
35 hinaus begibt, den soll mein Herr von Einsiedeln strafen nach seinem Gutdünken und soll ihn nicht verschonen bis an sein Ende und soll ihn strafen, so lange er lebt.

Wäre es aber, Herr, dass man ihn verschont bis an sein Ende, so soll mein Herr von Einsiedeln nichts mehr weiter von ihm verlangen als einen rechten Hauptfall.[14]

Herr, um diese Fälle steht es folgendermassen:
40 Hat ein Mann Vieh, das soll man meinem Herrn oder seinen Amtsleuten anbieten. Diese sollen dann ohne weiter herumzusuchen, einfach nach dem Augenschein nehmen, was sie wollen, das beste oder das schlechteste. Und was einmal benannt ist, soll auch genommen werden, und es soll nicht noch herumgesucht werden, ob ein besseres zu finden ist; damit haben die Erben des armen Mannes
45 ihren Fall entrichtet. […]

Wollen die Erben das ablösen, so soll man es ihnen fünf Schillinge Pfennige unter dem Preis geben, den es auf dem Markt erzielen würde.

Stirbt aber in diesem Dinghof ein Mann, der kein Vieh hat, so soll mein Herr von ihm das beste Gewand nehmen, nämlich dasjenige, in dem er zur Kirche ging,
50 und damit soll auch der Fall entrichtet sein.

Und wenn dieses die Erben ablösen wollen, so soll man es ihnen um fünf Schillinge Pfennige unter dem Preis geben, den es auf dem Markt erzielen würde.

Und es soll mein Herr von Einsiedeln keinen weiteren Anspruch auf die Erbschaft haben. […]
55 Weiter ist es folgendermassen, Herr Richter: wohnen in einem Haus sechs oder sieben Brüder oder weniger oder mehr, die alle ein Brot essen, stirbt von ih-

---

12 *Vogt:* Der Verwalter oft der Kirche oder eines Klosters in einer Grundherrschaft. Der Ausdruck ist abgeleitet – durch die Betonung der Mittelsilbe – von lat. advocatus, Herbeigerufener.
13 *Sieben Gotteshäuser:* Eine Kooperationsgenossenschaft von sieben Klöstern.
14 *Hauptfall:* Abgabe im Todesfall an den Grundherrn.

nen der Älteste, so nimmt mein Herr von Einsiedeln einen Hauptfall je von den Ältesten, bis sie alle gestorben sind.

Wär es auch, Herr Richter, dass da jeweils der Jüngste stirbt, so nimmt mein Herr keinen Hauptfall, bis der Tod an den Ältesten kommt.

Ferner ist es folgendermassen, Herr Richter: kommt eine Frau von ausserhalb in diesen Dinghof, wenn sie dann nachts vor ihres Mannes Bett steht und sich auszieht in der Weise, dass sie sich zu ihm legen will, so ist sie seine Genossin und Erbin für alles, was er hat oder jemals gewinnt.

Und werden ihnen Kinder geboren, und der Mann stirbt und sie will nicht bei den Kindern bleiben, so nimmt sie den dritten Teil der fahrenden Habe ohne alle Geldschuld, und welchen Weg sie gehen will, daran soll sie niemand hindern.

Wär aber, dass sie bei den Kindern bleiben will, so sollen diese sie nicht verstossen nocht vertreiben, so lange sie bei ihnen bleiben will.

Wäre es aber, Herr Richter, dass der Mann vor ihr ohne Leibeserben stirbt, hat er Eigengut oder Erbgut, so soll sie dieses zur Nutzniessung haben bis an ihren Tod, jedoch ohne es zu belasten oder zu veräussern.

Und wenn die Frau stirbt, so soll das Eigengut oder Erbgut wiederum an die Erben des Mannes fallen.

Wäre es aber, Herr Richter, dass die Frau vor dem Mann ohne Leibeserben stirbt, hat sie Eigengut oder Erbgut ihm von ihren Verwandten her eingebracht, so soll dies der Mann in Nutzniessung haben bis zu seinem Tod und soll dies weder belasten noch verkaufen.

Nach des Mannes Tod fallen diese Eigengüter oder Erbgüter wiederum an die Verwandten der Frau zurück. [...]

Herr, wenn ein Mann, der in diesem Dinghof sitzt, meinen sollte, dass sein Erwerb sich anderswo besser anlasse als hier, der mag ziehen in die Reichsstädte oder in die Städte meines Herrn von Österreich oder in die Waldstädte oder auf das Land, jedoch ohne dass mein Herr von Einsiedeln an seinen Zinsen und Rechten einen Schaden hat, niemand soll ihn da hindern.

Herr, ein Mann, der in diesem Dinghof sitzt, der kann über sein Gut verfügen, kann es vermachen, kann es geben wem er will, er kann es auch einem Hund an den Schwanz binden, immer ohne dass mein Herr von Einsiedeln an seinen Zinsen und Rechten einen Schaden hat. Daran darf ihn also niemand hindern.

Herr, wenn ein Mann, der in diesem Dinghof sitzt, Erbgut hat und in Not gerät, so kann er wohl einen Acker verkaufen oder versetzen oder auch mehr oder eine Wiese und es soll ihn niemand daran hindern, immer jedoch so, dass mein Herr von Einsiedeln an seinen Zinsen und Rechten keinen Schaden hat. [...]

Herr, sie sprechen weiter: wer hier in diesem Dinghof Eigen oder Erbe hat, das er verkaufen will, das soll er heute feilbieten an diesem Tag oder wann mein Herr von Einsiedeln will Maiending halten und auf St. Konradstag.

Herr, er soll dies zunächst seinen Teilgenossen anbieten. Will es von diesen einer kaufen, so soll er es diesem um fünf Schillinge Pfennige unter dem Preis geben, den er sonst erzielen würde.

Will der Teilgenosse nicht kaufen, so soll er es den rechten Erben anbieten. Wenn es die Erben nicht kaufen, so soll er es den Hausgenossen [Hofgenossen] anbieten, wollen es diese auch nicht kaufen, so muss er deswegen das Gut nicht unverkauft lassen. Er kann es in der Weise bieten: wer ihm das meiste gibt, dem soll er sein Gut überlassen, und es soll ihn daran niemand hindern, jedoch immer so, dass der Herr von Einsiedeln an seinen Zinsen und Rechten keinen Schaden hat.

Herr, und man soll ihm dies hier fertigen, wie es den Erfordernissen entspricht, hier in diesem Dinghof vor dem Stab.[15]

Herr, man soll ihm eine Urkunde geben wegen seines Gutes. Die Urkunde soll mein Herr von Einsiedeln mit seinem Siegel versehen. [...]

Herr, so verhält es sich aber mit den Zinsen meines Herrn, und sie sprechen, dass er das Recht habe an diesen Höfen, die hier in diesem Dinghof gelegen sind: wenn man geschnitten hat, so darf er seinen Zins fordern von den Höfen, wenn er ihn braucht und diese sollen ihm unverzüglich den Zins entrichten, und die Huben[16] sollen auf St. Michaelstag,[17] die Schuposen[18] sollen auf St. Othmarstag[19] bebaut sein. Diejenigen, die Huben und Schuposen haben, die haben folgendes Recht: wenn sie den Zins in einem Jahr nicht entrichten können, so soll man sie nicht vertreiben von ihrem Erbe bis an das dritte Jahr. Man soll sie im zweiten Jahr wieder auffordern und zinsen sie dann nicht, so soll man sie im dritten Jahr noch einmal auffordern; zinsen sie dann immer noch nicht, so hat mein Herr von Einsiedeln das Recht, mit ihnen nach Gutdünken zu verfahren, wenn sie auch jammern und weinen, bis er seinen Zins bekommt, denn mein Herr soll mit seinen Zinsen keinen Ausfall haben.

Herr, in diesem Dinghof ist ferner Recht: was die Mehrheit der Hofleute beschliesst, was meinem Herrn von Einsiedeln und dem Dorf nützlich und erspriesslich ist, dem soll der mindere Teil folgen, und macht man eine Einung, dass man das Korn bannen[20] wollte, wär diese bricht und wie oft er das tut, der schuldet drei Schillinge Pfennige Busse. [...]

Herr, so lautet noch unseres Hofes Recht, dass mein Herr von Einsiedeln in diesem Dinghof einen geschworenen Knecht[21] haben soll, der meinem Herrn und den Hofleuten von Nutzen sein solle.

---

[15] *Stab*: Herrschaftssymbol, hier der Stab des Richters, der das Maiending leitet.
[16] *Hube*: zinspflichtiges Grundstück in Erbleihe, das zur Ernährung einer Bauernfamilie reicht, ca. 10–20 Hektar je nach Bodenqualität. Der Bauer heisst dann Huber.
[17] *Michaelstag*: 29. September. Die Tage werden nach den Heiligen gezählt.
[18] *Schupose*: Teil einer Hube. Dieser Bauer heisst Schuppisser.
[19] *Othmarstag*: 16. November; Othmar war Gründer der Abtei St. Gallen.
[20] *Korn bannen*: Ernte von schlechtem Korn wird unter Strafe verboten.
[21] *Geschworener Knecht*: hier gewählter Mittelsmann.

Geschieht es aber, dass hier ein Weibel wäre, der den Hofleuten nicht angenehm ist, so soll mein Herr einen anderen einsetzen, oder wenn sonst einer weggeht, so sollen die Hofleute einen wählen, der dem Hof und meinem Herrn angenehm und nützlich sei. Dem soll mein Herr von Einsiedeln das Amt leihen und keinem anderen.

II. Interpretation

1. Zusammenfassung

Der Text ist nicht vollständig [Auslassungen gekennzeichnet] und nicht strukturiert. Er bezeichnet sich selbst als Hofrecht bzw. als Offnung eines Dinghofs. Der Dinghof selbst ist nicht bezeichnet, liegt aber in der Vogtei der Kyburg und gehört grundherrschaftlich zum Gotteshaus von Einsiedeln, das in einem Bund von sieben Gotteshäusern steht (mit dem Zürcher Fraumünster und den Abteien von Säckingen, Schänis, Pfäfers, Reichenau und St. Gallen). Im Wesentlichen werden die Rechte zwischen dem Grundherrn, dem Abt von Einsiedeln, dem Vogt der Kyburg und den Leuten des Dinghofs geregelt sowie die Rechtsverhältnisse um Eigen und Erbe sowie Geldschuld unter den Hofleuten selbst. Besonders stechen die Regelungen betreffend Wegzug der Hofleute, der Zuzug von Ehefrauen, die Veräusserungsmöglichkeit von Grundeigentum sowie die Beschlussfassung der Hofleute nach Mehrheits- und Nutzenprinzip hervor.

2. Sachliche Aussagen

Aufgrund des Textes lassen sich folgende thematische Schwerpunktthemen bilden: Hofrecht und Gerichtstag, Freizügigkeit und Geldwirtschaft, Rechtsetzung und Wahl.

2.1 Hofrecht und Gerichtstag

Das Leben im Spätmittelalter spielte sich in vier Bereichen ab: In Kirchen und Klöstern, auf Burgen und Schlössern, in Städten und zum grössten Teil in den Höfen auf dem Land zwischen den Wäldern. Geistliche, Adel, Burger und Bauern bildeten vier soziale Gruppen, hinzu kamen die unzähligen Namenlosen, das Gesinde. Die Agrarwirtschaft bestimmte das Mittelalter.

Die Höfe gehörten samt den darauf arbeitenden Leuten dem Adel oder den geistlichen Institutionen. Sie waren daher ihre Hörigen. Sie hatten Abgaben zu leisten und Dienste zu verrichten, standen dafür aber unter dem Schutz ihrer Herrschaften und hatten auch ihr eigenes Auskommen auf dem Hof.

Im frühen und hohen Mittelalter wohnten Herren und Bauern noch oft gemeinsam in einer Dorfgemeinschaft. Die Bauern standen dann wie Arbeiter unter direkter Leitung des Grundherrn. Diese Lebens- und Bewirtschaftungsweise bezeichnet man als Fronhof. Das Ziel war die Selbstversorgung.

Mit der Intensivierung des Handels und des Markts sowie der Gründung der Städte im Übergang vom hohen zum späten Mittelalter wurden landwirtschaftliche Überschüsse auf den Märkten der Städte verkauft. Es wurde somit auf Mehrertrag und Profit produziert. Die Herren setzten sich in der Folge von ihren Dorfgemeinschaften immer mehr ab, lebten in den Städten oder auf ihren Burgen. Ohnehin galt dies bei den geistlichen Institutionen. Sie waren nie in den Höfen zugegen, sondern verwalteten die ihnen meist von Adeligen übereigneten Grundherrschaften mit Hilfe eines dorfansässigen Älteren (Meier, lat. maior) oder eines bestellten Verwalters (Vogt, lat. advocatus). Damit änderte sich die bisherige Hofverfassung zunehmend zum profitorientierten Herrschaftsbereich (Rentengrundherrschaft).

Solange Herr und Hörige zusammenlebten, genügte es, wenn man zwei Mal im Jahr, ordentlicherweise im Frühjahr und Herbst, wenn man nicht gerade auf dem Felde zu tun hatte, zusammenkam und die Probleme, die es im Dorfe gab, gemeinsam besprach und regelte. Alle kannten das Recht; es wurde wie täglich gelebt und angewendet sowie mündlich überliefert. Diese Zusammenkünfte nannte man «Ding» (Thing), ein althochdeutscher bzw. skandinavischer Ausdruck für Versammlung. Je mehr jedoch die Herrschaft ausserhalb des Hofes lebte, je mehr auch die Leute vom Dorf in Städte oder befreundete Ortschaften wegzogen (Z. 34–36), desto mehr änderten sich die Verhältnisse auf dem Dorfe und desto unsicherer wurden die Kenntnisse des mündlich überlieferten Rechts. Man fragte sich auf diesen Zusammenkünften je länger desto häufiger, ob diese oder jene Lösung wirklich dem Sinn und Zweck der guten alten Überlieferung entspreche.

Nun ging man vermehrt dazu über, die mündlich überlieferten Gewohnheiten aufzuzeichnen und neue Problemfälle nach Meinung der Mehrheit zu regeln (Z. 123f.). Ohnehin schien dies zweckmässig, denn damit konnte der zunehmenden Rechtsunsicherheit begegnet werden. Der Herr konnte nun jederzeit nachlesen, wer was wann an Naturalien oder Geldleistungen wann abzuliefern hatte und er konnte seine wirtschaftlichen Unternehmungen planen. Aber auch die Bauern waren sicherer, konnten sie neue Forderungen des Grundherrn unter Hinweis, dies sei so nicht verzeichnet, jederzeit abschlagen.

Diese Aufzeichnungen des lokalen bäuerlichen Rechts konnten sich an den neuesten Aufzeichnungen der Rechte der Länder, Städte und der Kirche, die die Technik der Verschriftlichung seit alters beherrschte, orientieren. Es lag also ganz im Trend der Zeit, wenn nun auch die Bauern mit ihren Herrschaften ihre

Rechtsgewohnheiten niederschrieben, um sich den Regelbestand anlässlich der Zusammenkünfte in Erinnerung zu rufen und allfälligen Zwischenrufen: *Das ist nicht unser altes Recht!* vorzubeugen. Das Recht war jetzt festgeschrieben.

2.2 Freizügigkeit und Geldwirtschaft

Die Geschichtsschreibung des 19. Jahrhunderts hat die Grundherrschaft oft mit einer Art Sklavenwirtschaft verglichen. Liest man die vorliegende Offnung, dann findet sich davon allerdings nichts. Diese Vorstellung war Resultat einer Missdeutung von Grundhörigkeit und Schollenzwang, wie man sie gemäss der Freiheitsauffassung der französischen Revolution verstand. Diese Umschreibungen der Pflicht auf dem Hofe zu bleiben, bedeutete, dass man lebzeitig an den Ort gebunden war, aber auch den Schutz des Herrn genoss. Das bedeutete im weitesten Sinne soziale Sicherheit, denn einen Staat gab es noch nicht, sondern alles hing davon ab, zum wem man eben gehörte. Umgekehrt aber war auch die Herrschaft daran interessiert, dass die Arbeitskräfte nicht vor der Arbeit flohen und sich bei einem Konkurrenten verdingten.

Und dennoch sehen wir hier verschiedene klar definierte Freizügigkeiten: Ganz wichtig und allen auch klar war, dass nicht nur innerhalb des Dorfes geheiratet wurde, um Inzucht zu vermeiden. Deshalb sollten fremde Mädchen als Ehefrauen in den Dorfverband aufgenommen werden; doch dafür musste auch ein Anreiz für die einziehenden Frauen geschaffen werden (Z.61–80). Auch sollte innerhalb des Gotteshausbundes aus beruflichen Gründen eine gewisse Freizügigkeit gewährt sein, denn es gab Fälle, wo diese Art der Gebundenheit nicht zuträglich war. Es konnte ja sein, dass andernorts eine jüngere Kraft gebraucht werden konnte, die auf den eigenen Höfen kaum mehr ihr Auskommen und somit ihre Subsistenz (Eigenversorgung) finden konnte, ja die vielleicht sogar zur Last wurde. Daher sollte es möglich sein, dass dieser Mann auch wegziehen durfte, sofern er seine Schulden gegenüber dem Grundherrn beglichen hatte (Z. 86–90). Auch sollte er seine Habe frei veräussern können (Z. 86). Dass ein Grundhöriger wie ein Herr frei handeln konnte, war nicht selbstverständlich. Da man noch nicht von Willens- und Handlungsfreiheit sprach, was der Bauer auch nicht verstanden hätte, drückt es das Hofrecht anschaulich dadurch aus, der Bauer könne seine Habe auch einem Hund an den Schwanz binden (Z. 87f.). Ja selbst ein Grundstücksteil konnte in diesem Falle relativ leicht veräussert werden (Z. 91ff): Er musste es zunächst nur den Mitbeteiligten, dann den Dorfgenossen anbieten, und wenn diese nicht kaufen wollten, dann konnte er es nach Marktwert verkaufen. Grundregel dabei war, dass der Grundherr nicht zu Schaden kommt (Z. 105), d.h. dass ihm Zinsen bezahlt sind. Dies ist durchaus logisch: Im Grunde musste jeder für sich selber schauen und den Erhalt für sich und seine Familie gewährleisten können. In dem Sinne könnte man von einem Freizügigkeitsprogramm zur Förderung von Familien und Mobilität sprechen.

Was bei allen diesen Regelungen auffällt, ist die stereotype Formulierung, dass der Grundherr finanziell nicht zu Schaden kommen dürfe und daher die Zinsen bezahlt sein müssten. Dies deutet auf eine bereits ausgesprochen markt- und renditeorientierte Agrarwirtschaft hin, worin die alten Bindungen ohne weiteres durch Geldleistungen abgelöst werden können. Immerhin konnte, wer eine Hube besass sich die Liberierung wahrscheinlich auch leisten, während ein Schupposenbauer die Mittel wohl weniger schnell zusammenbringen konnte.

Dass die Geldwirtschaft zur Zeit der Aufzeichnung dieses Hofrechts vorherrschend geworden ist und somit die agrarische Naturalwirtschaft abgelöst hat, erkennen wir auch daran, dass Geldbussen als Sanktionen verhängt werden und der Edelmetallwert der Scheidemünzen (Pfenninge) offensichtlich stetig schwindet (Z. 15, 52 und 127).

Mehr ein Relikt, aber ebenfalls geldmässig ablösbar, ist der sogenannte Hauptfall (Z. 38), eine Abgabe, die an den Grundherrn zu leisten ist, wenn der Grundhörige stirbt oder verbotenerweise den Grundherrn verlässt. Diese Abgabe ist wirtschaftlich belastend und wird als Relikt empfunden, weshalb sie zurückhaltend angewendet wird. Die Abgabe reicht (Z. 53f.) und sie ist bei Nachkommen auch nur fällig, wenn jeweils der Älteste stirbt (Z. 56ff.). Was die Beamten beim Toten zu Hause als bestes Stück Vieh vorfinden, können sie mitnehmen, sie sollen aber nicht weiter suchen. Frei übersetzt heisst dies, dass die Familie ihre beste Kuh vor dem Zugriff noch rasch ausser Reichweite bringen wird. Auch hieran zeigt sich einmal mehr, dass das alte persönliche Abhängigkeitssystem aus den Zeiten des Fronhofs vorbei ist. Von Sklavenwirtschaft kann also nicht im Ansatz gesprochen werden, höchstens von wirtschaftlicher Ausnutzung.

2.3 Rechtssetzung und Wahl

Altes Recht hat Tradition. Es ist daher unzweifelhaft, d.h. darüber wird nicht gestritten. Und daher ist es integer oder gut. Die Rechtsfeststellung bezog sich somit stets auf die Überlieferung von klarem Recht. Die Verlegenheit trat erst ein, wenn eben einer der Dorfgenossen aufstand und einwarf, das sei nicht «unser altes Recht». Diese Rüge bedeutete Rechtsunsicherheit und konnte erst behoben werden, wenn feststand, was rechtens war. Dazu waren aber die Hofgenossen selbst nicht imstande, also musste jemand, der es besser wusste, befragt werden; dessen Antwort galt dann als rechtsverbindlich. Gefragt wurde diejenige Person oder Institution, von der das Recht abgeleitet wurde. Wie umständlich dies war, liegt auf der Hand. Je mehr aber die bisher gesicherten Verhältnisse sich änderten und je mehr die Dorfgenossen mobil wurden, desto häufiger mussten solche Fragen auftauchen. Also musste man davon abkommen und sich nach dem Prinzip des Mehrheitsentscheids mit Folgepflicht der Minderheit einrichten (Z. 123f.).

Auch dies liess sich der Kirche abschauen. Sie hatte längst Erfahrung mit diesem Problem. Schon auf den Konzilien, bei Bischofswahlen und auch gemäss der Benediktinerregel erfolgte die Findung nach Mehrheitsprinzip. Vollends wurde das Mehrheitsprinzip für die Papstwahl im Jahre 1179 (unter Papst *Alexander III.*) eingeführt. Auch die Wahl des Reichskönigs folgte diesem Prinzip und wurde später in der Goldenen Bulle (1356) festgeschrieben. Dasselbe galt in der Regel bei Beschlussfassung und Wahlen in den Städten. Also konnte dieses Prinzip auch auf dem Lande rezipiert werden; es löste damit das alte Prinzip der Einheit ab und damit wurden vermittelte Lösungen möglich. In die gleiche Richtung geht die Wahl des «geschworenen» Mannes vom Dorf der zum Mediator zwischen Herrschaft (Abt, Vogt) und Bauern werden soll, um Konflikte im Vornherein auszugrenzen.

3. Historische Verortung

Die ersten bzw. ältesten Aufzeichnungen solch bäuerlich lokaler Rechte datieren aus der Mitte des 13. Jahrhunderts. Die Hochkonjunktur der Aufzeichnung ist im 14. und 15. Jahrhundert und flaut im 16. Jahrhundert ab. Das Mehrheitsprinzip, das Faktum der Geldwirtschaft und die diversen Freizügigkeiten weisen auf eine ziemlich späte Entwicklung hin. Eine klare Einordnung lässt sich indessen nicht vornehmen. Aber wir wissen, dass diese Aufzeichnungen meistens im 14. und 15. Jahrhundert erfolgten und dass die vorliegende Aufzeichnung wegen den zahlreichen Neuerungen eher ins 15. Jahrhundert zu setzen ist.[22]

4. Quellenbestimmung

4.1 Textgattung

Offensichtlich handelt es sich um ein Hofrecht, also eine ländliche Rechtsaufzeichnung des späten Mittelalters. Die Benennung der Aufzeichnungen ist regional unterschiedlich, am Gebräuchlichsten sind: Gerechtsame, Rechtung, Rodel,[23] Offnung[24] oder Weistum.[25] Die Gebrüder *Grimm* sammeln und veröffentlichen sie im 19. Jahrhundert als Denkmäler von nationaler Bedeutung in den «Monumenta Germaniae Historica».

Nach ihrem Inhalt lassen sie sich als Gesprächsprotokolle qualifizieren, die die gegenseitigen Rechte und Pflichten einerseits zwischen dem Grundherrn und

---

[22] Die Herausgeber setzen den Text um 1400 an. Der Text kann nicht viel später formuliert worden sein, weil das Kloster Einsiedeln (bis 1397) und die Kyburg (bis 1424) noch zum Reich gehörten und von den Landesherrschaften von Schwyz bzw. Zürich noch nicht die Rede ist.
[23] Auch Rödel, was auf das Zusammenrollen der Aufzeichnung verweist.
[24] Wie hier im Text zum Ausdruck kommt: das Recht durch Verlesen eröffnen (Z. 6 und 13).
[25] Das Recht wird gewiesen und niedergeschrieben, wodurch Weisung entsteht.

den Grundhörigen und anderseits zwischen den Hofleuten betreffen. Darin hat es Elemente der Feststellung alter Gewohnheiten, Vereinbarungen mit dem Grundherrn und territorialherrschaftliche Reglementierungen.

4.2 Sprache und Argumentation

Es handelt sich offensichtlich um eine neuere Übersetzung. Weistümer wurden in der Regionalsprache abgefasst, mussten sie doch an der Versammlung (Ding) verlesen und verstanden werden.

Dabei fällt in vielen Einzelheiten die anschauliche Sprache auf. Zunächst wohl die bäuerlich-derben Züge: Da ist vom Hund die Rede, dem das Eigengut an den Schwanz gebunden werden könne und wodurch die freie Disposition des Bauern ausgedrückt wird (Z. 87f.); dann wird auch der Vogt mit Spott bedacht, wenn es mit Bezug auf seine Jagdprivilegien, die durch Habicht und Hund verkörpert sind, heisst, sie seien mit ihm zu Gericht und Gastmahl als Begleiter eingeladen (Z. 20f.). Vorgesetzte Vögte sind meist nicht besonders beliebt, und um dies klar auszudrücken, wird er mit seinem Vogel und Hund gleichbehandelt. Anschaulich ist auch jene Stelle, wo ausgedrückt wird, wie die von ausserhalb des Dorfes zuziehende Frau, indem sie sich zum Manne ins Bett legt, zu seiner Rechtsgenossin wird (Z. 63f.).

4.3 Autor und Adressaten

Autor der Aufzeichnung sind die am Maiending Beteiligten, die Hofleute und der Abt als Vertreter der Grundherrschaft. Die Niederschrift dürfte entweder ein geistlicher Schreiber aus dem Kloster Einsiedeln oder ein Notar, von dem im Text indirekt die Rede ist («fertigen»: Z. 106), besorgt haben.

Adressaten dieses Textes sind die Hofleute, Grundherr und Vogt, denn ihnen wird die Offnung verlesen (Z. 13). Aber auch die Genossen und Institutionen des Gotteshausbundes sind einbezogen und daher Adressaten.

5. Historischer Hintergrund

Mit Eröffnung der Route über den Gotthard – noch zur Zeit *Friedrichs II.* (um 1230) – gewann das «schweizerische» Mittelland an Bedeutung. Nun war ein dritter Weg neben demjenigen im Westen über den Grossen St. Bernhard und im Osten über den Splügen oder Julier gefunden.

Nun wurde diese Mittelachse wirtschaftlich und politisch interessant. Das Land war zum Teil Reichsgebiet, gehörte aber zum grossen Teil einer Familie mit Stammsitz auf der Habsburg im (heutigen Kanton) Aargau, die die Habsburger-Dynastie begründete und zahlreiche Kaiser des Reiches im Spätmittelalter und der frühen Neuzeit stellte. Ihnen machten die ortsansässigen, bedeutenderen

Bauernfamilien des Mittelandes diese Gebiete nun zunehmend streitig. Sie begannen sich um 1240 erstmals zu verbünden. Ihr Bündnis erneuerten sie immer wieder zur Selbstbehauptung und beeideten ihre Absicht bei Gott. Daraus entstand eine Art beeidete Genossenschaft. Besonders heikel wurde dann die Situation für diese mittelländischen Bauernfamilien, als *Rudolf von Habsburg* 1273 zum König des Reiches wurde und er dadurch über seine regionale Bedeutung hinaus an Macht gewann. Doch trotz des anhaltenden und blutig geführten Streits zwischen den Habsburgern und diesen Eidgenossen während rund einhundert Jahren war stets klar, dass alle diese Gebiete zum Reiche gehörten. 1351/53 traten zwei bedeutende, wenn auch fernab liegende Städte, Zürich und Bern, die ein gutes und enges Verhältnis zum Reiche pflegten, diesen beeideten Genossenschaftsbündnissen bei.

Zu dieser Zeit erhielt Zürich sogar eines der höchsten kaiserlichen Privilegien, nämlich im Namen des Reiches Recht zu sprechen. Gerade dieses Zürich machte im 14. Jahrhundert von sich reden. 1336 hatte es hier, wie vielerorts in anderen Städten des Reichs eine politische Revolution gegeben. Die Gewerbetreibenden putschten gegen die Patrizier. Es entstand die Zunftherrschaft, die bis zum Ende des Ancien Régimes (1798) dauerte.

Alle diese Länder und Städte suchten damals ihr Gebiet zu vergrössern, abzurunden und Lücken in ihrem Herrschaftsbesitz zu schliessen, wo immer möglich. Den Schwyzern beispielsweise war das sich etwas auftrumpfende Reichskloster Einsiedeln, das auf einen dort im Walde siedelnden Reichenauer Mönch namens *Meinrad* zurückging und im 10. Jahrhundert vom Reich privilegiert wurde, ein Störfaktor in der neuen Situation, die sich der Eröffnung der Mittelachse ergeben hatte. Bereits zu Beginn des 14. Jahrhunderts nahmen sie einmal den Konvent gefangen. 1397 überfielen sie das Kloster, nahmen es in Besitz und integrierten es in ihre Herrschaft. Doch bekamen die Schwyzer in der ersten Hälfte auch mit den eidgenössisch verbündeten Zürchern Streit. Denn die Zürcher wollten ihr Herrschaftsgebiet nach Osten erweitern. Sie hatten es dabei wie die Schwyzer auf das ehemalige Toggenburger-Gebiet der Linth-Ebene abgesehen.

Dieser Streit zwischen den Schwyzern und den Zürchern eskalierte nach 1442, weil die Hilfe der eidgenössischen Stände, insbesondere des mächtigen Berns, für die Seite der Schwyzer und die Hilfe des Reichs auf Zürcher Seite angerufen wurde. Zürich, das zwar 1351 dem Bund der eidgenössischen Orte beigetreten war, hatte sich in den folgenden Jahrzehnten wieder stärker dem Reich zugewendet. In den Jahren von 1362 bis um 1400 hatte es auch die Kompetenz zur höchstrichterlichen Rechtsprechung im Reich erhalten. Seit den 1430er Jahren wurde Zürich immer wieder an seine eidgenössischen Pflichten erinnert. Als dies nichts gefruchtet hatte, wendeten die Eidgenossen militärische Gewalt an und zwangen die Zürcher 1440 zur Anerkennung der Pflichten; den Schwyzern fiel dabei ein Teil des beanspruchten Territoriums zu, und die Berner blieben dadurch der mächtigste Ort innerhalb der Eidgenossenschaft. Doch im Reich wurde auch ein neuer König gewählt: der Habsburger *Friedrich III.* Am Tage seiner Krönung im Jahre 1442 schlossen die Zürcher mit ihm in Aachen ein Bündnis und erhielten erneuerte Reichsprivilegien, während der neue König nicht alle Privilegien der übrigen eidgenössischen Orte erneuerte. Im Herbst besuchte der König die Limmatstadt während zehn Tagen und demonstrierte damit die Bedeutung Zürich als süddeutscher Reichsstadt.

Eine militärische Konfrontation bahnte sich erneut an. Auf dem kurz zuvor 1438 in Basel eröffneten Konzil wurde diese Auseinandersetzung zwischen den Fronten propagandistisch ausgetragen. Die «Switzer» und Eidgenossen wurden vom Adel des Reiches und Habsburgs nunmehr als die «vertilger und verdrucker des adels und aller erberkeit» beschimpft. 1444 belagerten die Eidgenossen die Stadt Zürich und wurden erst durch den Aufmarsch der Franzosen vor Basel von ihrem Vorhaben, Zürich einzunehmen, abgelenkt. In St. Jakob an der Birs erlitten die eidgenössischen Kämpfer allerdings eine katastrophale Niederlage. Doch auch für die Zürcher war nun klar geworden, wie begrenzt ihre Macht war. Der Streit mit den Schwyzern, der als Alter Zürich Krieg in die Annalen einging, hatte den Zürchern massive Niederlagen eingetragen. Dieser Tiefpunkt wurde zugleich zum realen Ausgangspunkt der Stärkung des eidgenössischen Bündnisses nach 1450.

6. Gegenwartsbezug

Auch wenn heute der Primärsektor keine vergleichbare Bedeutung wie zu Zeiten des Mittelalters hat, so wird die Landwirtschaft noch heute geschützt. Der Bund erliess 1991 ein Gesetz, das die Spaltung bäuerlicher Betriebe vermeiden sollte. Von daher gibt es eine Angebotspflicht bei Veräusserung an Mitgenossenschafter, Verwandte oder Hofleute (BGBB, 1991, Art. 11ff., 40ff.).

Sicher spielen auch heute im internationalen Bereich die Freizügigkeiten eine zentrale Rolle, wie sie die Schweiz mit den «Bilateralen II» mit der Europäischen Union zu realisieren sucht. Dies hängt, nicht unähnlich wie hier im Text, mit der Ausbreitung der Geldwirtschaft bzw. mit der Marktwirtschaft heute zusammen. Denn jede übermässige Fokussierung auf Eigenheiten verhindert Entwicklungen, die, da sich die Rahmenbedingungen immer wieder ändern, notwendig sind. Immerhin scheint man gemäss Offnung damals begriffen zu haben, dass die Mässigung bei den Abgaben an das obrigkeitliche System und die Verpflichtung zur grösseren Selbstverantwortung wichtige Faktoren für gelingendes Wirtschaften sind.

III. Quelle und Literatur

Quelle
Sammlung Schweizerischer Rechtsquellen, Kanton Zürich: Offnungen und Hofrechte. Hg.v. ROBERT HOPPELER, II, 1915, 147–154. (Ins Neuhochdeutsche übersetzt.)

Literatur
KARL KROESCHELL: Deutsche Rechtsgeschichte II, Nr. 10 und 11.
MARCEL SENN: Rechtsgeschichte I, Kap. 4, S. 110–115.
CHRISTIAN SIEBER: Die Reichsstadt Zürich zwischen der Herrschaft Österreich und der werdenden Eidgenossenschaft. In: Geschichte des Kantons Zürich. Band 1: Frühzeit bis Spätmittelalter. Zürich 1995, S. 471–497, ferner: S. 276ff. (Dorf und Offnung), 416ff. (Dorfstrukturen).

Handbuchartikel
H. K. SCHULZE: Grundherrschaft. In: HRG 1, 1824–1842.
D. WERKMÜLLER: Weistümer. In: HRG 5, 1239–1252.

MS

7. Text: Die Kurfürsten und das Reich

I. Quellentext

XII. Von den Zusammenkünften der Kurfürsten

Unter den mannigfaltigen Sorgen für die öffentlichen Angelegenheiten, durch die unsere Gedanken unablässig in Anspruch genommen werden, hat unsere Hoheit nach gründlicher Erwägung als notwendig erkannt, dass die Kurfürsten des heiligen Reiches zur Beratung über das Wohl des Reiches und des Erdkrei-
5 ses öfter als bisher zusammenkommen, sie, die sie die festen Grundpfeiler und unverrückbaren Säulen des Reiches sind. So wie sie von einander durch weite Länderstrecken getrennt sind, so können sie über Übelstände, welche die ihnen bekannten Gebiete heimsuchen, zugleich berichten und beraten, und es ist ihnen wohlvertraut, mit klugen und vorsorglichen Ratschlägen durch geeignete
10 Massnahmen wirksam Abhilfe zu schaffen. [...] Zum guten und allgemeinen Wohl haben wir, zusammen mit diesen geistlichen und weltlichen Kurfürsten anzuordnen für gut befunden: Diese Kurfürsten sollen künftig in jedem Jahr einmal nach dem Ende von vier Wochen [...] seit dem Osterfest der Auferstehung des Herrn in einer Stadt des heiligen Reiches selbst zusammen kommen.
15 [...]

XIII. Widerrufung von Privilegien

Ausserdem bestimmen und verordnen wir durch diesen kaiserlichen Erlass für immer und ewig: Sämtliche Privilegien und Urkunden, die irgendwelchen Personen (ganz gleich welchen Standes, welcher Vornehmheit oder Würde sie sind) oder irgendwelchen Gemeinden von Städten, Märkten oder sonstigen
20 Orten über irgendwelche Rechte, Gnaden, Gerichtsfreiheiten, Gewohnheiten oder andere Dinge aus eigenem Antrieb oder sonstwie von Uns oder Unseren Vorgängern seligen Angedenkens, den hochseligen Römischen Kaisern und Königen, mit irgendwelchem Wortlaut gewährt wurden oder von Uns oder Unseren Nachfolgern als Römischen Kaisern und Königen künftighin gewährt
25 werden, dürfen noch können Freiheiten, Gerichtsherrschaften, Rechte, Ehren oder Herrschaften der geistlichen und weltlichen Kurfürsten des heiligen Reiches (oder diejenigen jedes einzelnen) irgendwie etwa beeinträchtigen – auch wenn in solchen Privilegien und Urkunden irgendwelcher Personen (ganz gleich welcher Vornehmheit, Würde oder welchen Standes sie sind, wie gesagt)

30 oder Gemeinden ausdrücklich vorgesehen wurde oder künftig vorgesehen wird, dass sie unwiderruflich sein sollen [...]. Denn solche Privilegien und Urkunden, wenn und insoweit sie die Freiheiten, Gerichtsherrschaften, Rechte, Ehren oder Herrschaften der genannten Kurfürsten (oder jedes einzelnen) irgendwie beeinträchtigen, wie man meint, widerrufen Wir im Hinblick darauf in vollem
35 Bewusstsein und tun sie ab, und Wir bestimmen aus der Fülle kaiserlicher Amtsgewalt, dass man sie als widerrufen ansehen und behandeln soll.

XV. Von den Schwureinungen

Die verwerflichen und durch geheiligte Gesetze missbilligten Schwureinungen und unerlaubten Vereinigungen oder unerlaubten Verbindungen in Städten und ausserhalb oder zwischen Stadt und Stadt, zwischen Person und Person oder
40 Person und Stadt, unter dem Vorwand der Verwandtschaft oder der Aufnahme in ein Schutzverhältnis oder der Aufnahme in die Zahl der Bürger, ferner Schwureinungen, Bünde und Bündnisse sowie eine diesbezüglich eingeführte Gewohnheit (die wir vielmehr als Verirrung einschätzen) verwerfen, verurteilen und erklären Wir aus sicherer Kenntnis für ungültig; also solche, die von
45 Städten oder Personen, ganz gleich welcher Würde, Ehre oder Standes, untereinander oder mit anderen ohne Erlaubnis der Herren, deren Untertanen oder Dienstmannen sie sind oder in deren Gebiet sie wohnen, ohne namentliche Herausnahme ihrer Herren, bisher abgeschlossen wurden und künftig dreist abgeschlossen werden [...]. Davon ausgenommen sind selbstverständlich nur
50 diejenigen Bündnisse und Verbindungen, die von Fürsten, Städten und andern (Ständen) anerkanntermassen zur Erhaltung des Landfriedens in ihren Bezirken und Gebieten untereinander abgeschlossen worden sind; diese behalten wir nämlich eigens einer besonderen Erklärung vor und verordnen, dass sie in Kraft bleiben sollen, bis wir meinen, dass darüber anders entschieden werden muss.
55 Eine Einzelperson, die künftig gegen den Wortlaut dieser Unserer Verfügung und des darüber ergangenen alten Gesetzes Verbindungen, Bündnisse, Schwureinungen und Verträge solcherart einzugehen sich vermisst, verfällt, so entscheiden Wir, über die Busse dieses Gesetzes hinaus, sofort dem Makel des Verlustes ihrer Ehre und der Busse von zehn Pfund Goldes; eine Stadt oder
60 Gemeinschaft aber, die ebenfalls so gegen dieses Gesetz handelt, verfällt sogleich in eine Busse von hundert Pfund Goldes sowie in die Strafe des Verlustes und der Entziehung ihrer kaiserlichen Freiheiten und Privilegien. Die Hälfte der Geldstrafe ist dabei der kaiserlichen Kasse, die andere Hälfte dem Herrn des Landes, zu dessen Nachteil gehandelt wurde, zu entrichten.

XX. Von der Einheit der Kurfürstentümer und der damit verbundenen Rechte

Da alle und jede Fürstentümer, kraft deren die weltlichen Kurfürsten bekanntlich Recht und Stimme bei der Wahl eines römischen Königs und künftigen Kaisers haben, mit besagtem Recht sowie mit den Erzämtern, Würden und andern Rechten, die mit ihnen (und einem jeden von ihnen) verknüpft sind, dass Recht, Stimme, Erzamt und Würde wie auch andere Rechte, die zu einem jeden von diesen Fürstentümern gehören, keinem anderen zuteil werden können ausser demjenigen, der das Fürstentum selbst mit Land, Lehen und Herrschaft und dessen sämtlichem Zubehör besitzt, verordnen Wir durch diesen immerdar gültigen kaiserlichen Erlass, dass jedes von den vorgenannten Fürstentümern mit Wahlrecht und -stimme [...] auf ewige Zeiten unteilbar vereinigt und verbunden sein soll, dass jeder Besitzer eines jeden Kurfürstentums auch Recht, Stimme, Erzamt, Würde und alle Zubehören, die damit verbunden sind, unangefochten und ungehindert geniessen und von allen als Kurfürst anerkannt werden soll. [...]

XXV. Über die Nachkommen der weltlichen Kurfürsten

Wenn es zweckmässig ist, die übrigen Fürstentümer in ihrer Vollständigkeit zu erhalten, damit die Gerechtigkeit gestärkt werde und die getreuen Untertanen Friede und Ruhe geniessen, so müssen um so viel mehr die grossmächtigen Fürstentümer, Herrschaften, Ehren und Rechte der Kurfürsten unverletzt erhalten werden, damit nicht durch den Einsturz der Säulen die Grundlage des ganzen Gebäudes zertrümmert werde. Wir verordnen daher und bestätigen durch diesen zu allen Zeiten gültigen kaiserlichen Erlass, dass von jetzt an künftig auf ewige Zeiten die berühmten und grossmächtigen Fürstentümer [es folgt deren Aufzählung] in ihren Ländern, Gebieten, Mannschaften, Dienstbarkeiten und allem anderen Zubehör nicht getrennt, geteilt oder unter irgendeiner Bedingung zersplittert werden (dürfen), sondern vielmehr in ihrer vollkommenen Unversehrtheit für immer und ewig erhalten bleiben sollen: Der erstgeborene Sohn soll darin nachfolgen [...].

II. Interpretation

1. Zusammenfassung

Der Text enthält Auszüge aus einem offensichtlich grösseren Normzusammenhang, der mindestens 25 Kapitel enthält und auch als «Erlass» (Z. 16) bezeichnet wird. Die Kapitel sind durch Überschriften gekennzeichnet. Seinem Inhalt nach enthält der Text Regelungen über die Rechtsstellung der Kurfürsten und ihrer Fürstentümer (Z. 11, 12) sowie das Verbot von Bündnissen auf städtischer Ebene (Z. 37–39).

2. Sachliche Aussagen

Die Inhalte des Textes lassen sich drei Problemfeldern zuordnen, die in thesenhafter Verdichtung bezeichnet werden können als «die Kurfürsten in der Herrschaftsverfassung des Reichs», die «Einheit der Kurfürstentümer und die Stellung der Kurfürsten als Landesherren» sowie «föderale Elemente in der spätmittelalterlichen Reichsverfassung».

2.1 Die Kurfürsten in der Herrschaftsverfassung des Reiches

Mehrfach werden die Kurfürsten vorliegend als tragende Grundlage der Reichsverfassung bezeichnet (vgl. Z. 5f.: «Grundpfeiler und unverrückbare Säulen des Reiches», Z. 83: «Säulen»). Ebenfalls angesprochen wird auch das zentrale Recht der Kurfürsten, die «bekanntlich Recht und Stimme bei der Wahl eines römischen Königs und künftigen Kaisers haben» (Z. 64–66). Hinzu tritt die Anordnung in Kapitel 12, wonach die Kurfürsten «zur Beratung über das Wohl des Reiches und der Welt» zusammenkommen sollen; hier wird dieser Gruppierung also eine herausgehobene Position auch bei der Lenkung des Reiches zugewiesen.

Die besondere Bedeutung der Kurfürsten im Zusammenhang mit der Erhebung des deutschen Königs lässt sich als das Ergebnis einer Tendenz deuten, deren erste Anfänge sich bereits im Hochmittelalter ausmachen lassen: Seit fränkischer Zeit setzt die Königserhebung zumindest ideell die Mitwirkung jedenfalls der Adligen voraus. Zwar kann – anders als bisweilen in der älteren Lehre vorgetragen[1] – kaum die Rede von einem einheitlichen Regelungstypus der Königswahl sein, ergibt sich doch aus den Berichten über die Herrschererhebungen ein hierfür allzu diffuses Bild.[2] Die allmähliche Begrenzung des Kreises der Wahlberechtigten, die möglicherweise auch durch die Beschränkung des Bischofswahlrechts auf das Domkapitel und durch die Begrenzung der Papstwahlbefugnis auf die Kardinäle mitinspiriert worden ist, wurde zu Beginn des 12. Jahrhunderts in der Dekretale «Venerabilem» von *Innocenz III.*

---

[1] Zu dieser älteren Lehre vgl. HEINRICH MITTEIS: Die Krise des deutschen Königswahlrechts. Sitzungsberichte der Bayerischen Akademie der Wissenschaften, Philosophisch-historische Klasse, Jahrgang 1950, Heft 8. München 1950, S. 7–10.

[2] Vgl. HEINRICH MITTEIS (wie Anm. 1), S. 10–15 sowie DERS.: Die deutsche Königswahl und ihre Rechtsgrundlagen bis zur goldenen Bulle. 2. erweiterte A. Brünn/München/Wien 1938, insb. S. 47–65.

(X 1.6.34) besonders deutlich formuliert: Dort nämlich erklärte der Papst, «illis principibus ius et potestatem elegendi regem [...] recognoscimus [...] ad quos de iure ac antiqua consuetudine noscitur pertinere».[3] Doch erst in dem um 1230 entstandenen «Sachsenspiegel»[4] sind die Kurfürsten als besondere Gruppe erwähnt. Hier wird ihnen die Funktion zugewiesen, den König zu «küren». Als geistliche Kurfürsten werden dabei die Erzbischöfe von Mainz, Trier und Köln benannt. Sie sind ebenso wie die weltlichen Kurfürsten Inhaber der sogenannten Erzämter, auf die auch im vorliegenden Text Bezug genommen wird. Damit sind Bezeichnungen für besondere Ehrendienste gemeint, die bei besonderen Anlässen des Reichs, vor allem bei Krönungen, verrichtet wurden. Die geistlichen Kurfürsten nahmen dabei die Funktionen von Erzkanzlern wahr, die für die Verwahrung der Reichssiegel zuständig waren. Eine herausragende Stellung hat der Erzbischof von Mainz als Erzkanzler des Reiches, während der Trierer Erzbischof die Erzkanzlerschaft für Burgund und der Erzbischof von Köln die Erzkanzlerschaft von Italien inne hat. Aus den bereits in fränkischer Zeit belegten Hofämtern entwickeln sich dagegen die Erzämter der weltlichen Kurfürsten: Der Truchsess[5] des Reiches ist der Pfalzgraf bei Rhein, als Erzmarschall[6] des Reiches wird der Herzog von Sachsen genannt, das Amt des Erzkämmerers[7] ist dem Markgraf von Brandenburg zugewiesen. Dem Erzschenk[8] des Reiches, dem König von Böhmen, ist dagegen die Kurbefugnis versagt, «umme daz, daz her nicht dutsh ist» («Sachsenspiegel» III 57 § 2). Konkurrierte im «Sachsenspiegel» die Kurbefugnis noch mit dem Recht der «riches vursten alle», den König zu «kisen», so wurde in der «Goldenen Bulle» des Jahres 1356 vollends die ausschliessliche Wahlbefugnis der Kurfürsten festgeschrieben, auf die auch im vorliegenden Text Bezug genommen wird. Darin spiegelte sich eine Verfassungsentwicklung wider, die erstmals 1257 sichtbar geworden war, ist doch der Anspruch der Kurfürsten auf die alleinige Wahlbefugnis im Zusammenhang mit der Doppelwahl dieses Jahres (*Richard von Cornwall* und *Alfons von Kastillien*) erstmals belegt. Hier nämlich standen sich je drei Kurfürsten gegenüber, der böhmische Kurfürst stimmte jeweils für beide Kandidaten.

Zur geschriebenen Norm verdichtet wurde dieser Anspruch im Weistum von Rhense 1338. In diesem «hypothetischen Urteil»,[9] das dementsprechend

---

[3] «Jenen Fürsten erkennen wir das Recht und die Macht zur Wahl des Königs zu, auf die es sich, wie man weiss, nach dem Recht und alter Rechtsgewohnheit erstreckt.»
[4] Vgl. Text 3.
[5] Der Truchsess ist verantwortlich für die herrscherliche Tafel, der Erztruchsess bedient bei feierlichen Anlässen an der Tafel des Königs.
[6] Das Marschallamt (*comes stabuli*) beinhaltet die Zuständigkeit für die herrscherlichen Ställe und damit die Pferde des Herrschers.
[7] Der Kämmerer (*camerarius*) verwaltet die herrscherlichen Finanzen.
[8] Dem Mundschenk obliegt die Sorge für den Weinkeller des Herrschers.
[9] DIETMAR WILLOWEIT: Deutsche Verfassungsgeschichte, S. 78.

auch durch den Gerichtsumstand der anwesenden Fürsten gebilligt wurde, erklärten die Kurfürsten, dass der von ihnen Gewählte – unabhängig von der Zustimmung des Papstes – deutscher König sei. In der «Goldenen Bulle» des Jahres 1356 wurden diese Wahlbefugnisse noch einmal unterstrichen und zugleich durch Verfahrensbestimmungen präzisiert. Zugleich wurde damit im weltlichen Recht vollends die prinzipielle Autonomie des Kaisertums gegenüber dem Papsttum deutlich gemacht.

Die im Text betonte qualifizierte Teilhabe der Kurfürsten an der Lenkung des Reiches spiegelt den fortschreitenden Verfall der königlichen Zentralgewalt wider. Denn auch wenn der König und Kaiser seit jeher aufgrund eines wahlähnlichen Aktes erhoben worden war, so hatten doch die Herrscher insbesondere der ottonisch-salischen und der staufischen Dynastie stets den König als Spitze des Reiches beschrieben. Das änderte sich seit dem Beginn des 14. Jahrhunderts. In ihrer Gesamtheit symbolisieren die Kurfürsten nunmehr die Kontinuität des Reiches, wie auch die vorliegende Kennzeichnung als «Säulen des Reiches» andeutet. Die Kurfürsten nehmen deswegen auch das Recht für sich in Anspruch, durch «Willebriefe» ihren Konsens zu grundlegenden königlichen Akten wie etwa Rechtsübertragungen zu erklären. Ihre institutionelle Ausformung findet diese Entwicklung in der Entstehung der erstmals im 13. Jahrhundert belegten *Kurvereine,* in denen sich die Kurfürsten zu einer *unio principum electorum* zusammenschliessen. Der *Kurverein von Rhense* 1338 ist das markanteste Beispiel solcher genossschaftsähnlicher Bündnisse, die bis 1558 immer wieder entstanden. In der vorliegenden Regelung über die regelmässigen jährlichen Zusammenkünfte der Kurfürsten werden diese Entwicklungstendenzen auch durch den König anerkannt und normativ auf die Ebene des Reichsrechts gerückt. Ideell bleibt der König zwar weiterhin das Oberhaupt des Reiches, dessen Kontinuität und Einheit im vorliegenden Text aber auch auf das Zusammenwirken der Kurfürsten gestützt wird.

2.2 Die Einheit der Kurfürstentümer und die Stellung der Kurfürsten als Landesherren

In Kapitel 25 wird die Unteilbarkeit der weltlichen Kurfürstentümer angeordnet und durch die Einführung der Primogenitur abgesichert. Kapitel 20 gewährleistet, dass die mit der Kurfürstenwürde verbundenen Rechte, insbesondere die Wahlbefugnis, untrennbar mit der Inhabe des jeweiligen weltlichen Kurfürstentums verbunden sind. Damit soll verhindert werden, dass Kurfürstentümer innerhalb der jeweiligen Dynastien im Weg vor allem der Erbfolge aufgespalten werden. Die Kurfürstentümer und die mit ihnen verbundenen Rechte können also nur als Ganzes weitergegeben werden. Auf diese Weise wird auch gewährleistet, dass die Zahl der weltlichen Kurfürsten konstant bleibt.

Die Zielsetzung dieser Regelung wird verständlich im Blick auf die Bestimmungen über das Verfahren bei der Wahl des Königs: Erstmals 1338 war im bereits erwähnten Reichsweistum der Kurfürsten bestimmt worden, dass die Mehrheit der Kurfürsten, also ein Minimum von vier Stimmen, über die Wahl des Königs entscheidet. Diese Regelung wurde in der «Goldenen Bulle» 1356 bekräftigt und mit einer älteren Regelungstradition verbunden, wonach die Zahl von vier Stimmen das notwendige Quorum einer Wahl bildete. Die vorliegend angeordnete Unteilbarkeit der Kurfürstenwürde stellte sicher, dass insgesamt nur sieben Stimmen abgegeben werden konnten. Die Geltung des Mehrheitsprinzips, dessen Einführung vor allem durch die kirchlichen Wahlrechtsregelungen insbesondere des späten 12. Jahrhunderts (Kanon «Licet de vitanda» des Lateranum III – 3 Conc. Lat. 1 = X. 1.6.6) inspiriert wurde, wurde auf diese Weise abgestützt. Die Anordnungen über die Unteilbarkeit der Kurfürstentümer stärken auch die Positionen der Kurfürsten im Herrschaftsgefüge des Reiches und als Landesherrn. Denn durch das Verbot der Erbteilung wird eine Zersplitterung der weltlichen Kurlande verhindert. Damit ist die herausgehobene Machtposition der Kurfürsten im Verhältnis zu den anderen Fürsten im Reich dauerhaft gesichert. Zugleich wird dadurch auch die herrscherliche Position auch innerhalb der Kurfürstentümer befestigt, ist doch ihre Position als Landesherr der Gefährdung durch erbrechtliche Auseinandersetzungen entzogen.

Besondere Bedeutung für die Landesherrschaft der Kurfürsten hat allerdings Kapitel 13. Hier nämlich widerruft der Herrscher «sämtliche Privilegien und Briefe», durch die die Kurfürsten in ihren «Freiheiten, Gerichtsbarkeiten, Rechten, Ehren und Herrschaften» nachteilig betroffen werden könnten. Der territorialen Rechtsposition der Kurfürsten wird also ein prinzipieller Vorrang gegenüber anderen reichsrechtlich begründeten Befugnissen, insbesondere gegenüber Privilegien gegeben. Im Hinweis auf die «Freiheiten» der Kurfürsten deuten sich deren besondere Gerichtsprivilegien an, also das *privilegium de non appellando* und das *privilegium de non evocando*. Durch diese Privilegien wurde die kurfürstliche Landesgerichtsbarkeit – von den Fällen der Rechtsverweigerung abgesehen – zur letzten Instanz. Denn die Appellation an das königliche Hofgericht war hiernach ebenso ausgeschlossen wie die Befugnis des Königs, Prozesse aus der kurfürstlichen Gerichtsbarkeit an sich zu ziehen. Die dadurch bewirkte Erhebung der Kurfürsten zum jeweils obersten Gerichtsherr im eigenen Territorium wurde durch den Widerruf der Privilegien zusätzlich abgesichert, denn königlich garantierte Immunitätsprivilegien verloren auf diese Weise ihre Wirkung, so dass dem gerichtlichen Zugriff der Kurfürsten auf die Bewohner ihrer Territorien in diesem Punkt keine reichsrechtlichen Grenzen mehr gesetzt waren.

2.3 Föderale Elemente in der mittelalterlichen Reichsverfassung

In Kapitel 15 werden insbesondere städtische Bündnisse verboten, einzig die Verbindung im Interesse der Landfriedenswahrung bleibt gestattet. Hier scheint ein Phänomen auf, das etwa seit der Mitte des 13. Jahrhunderts immer häufiger zu beobachten ist: Neben den allmählich entstehenden Dualismus zwischen Reichs- und Territitorialgewalt trat die «Einung» prinzipiell gleichberechtigter Partner, in der eine gemeinsam festgelegte Ordnung von allen beschworen worden war. Solche Schwureinungen sind zunächst vor allem im innerstädtischen und im dörflichen Raum zu finden, bilden aber auch die normative Grundlage der regionalen Landfrieden seit der Schlussphase der Stauferzeit, in denen Städte und Herrscher sich eidlich zur Bekämpfung von Friedensbrechern verpflichten. Es entspricht der fortschreitenden Schwächung der kaiserlichen Gewalt, dass die deutschen Kaiser seit *Rudolf von Habsburg* regelmässig Landfrieden errichteten, die nicht als abstraktes Gesetz (wie noch der Mainzer Reichslandfrieden 1235), sondern als Schwureinung ausgestaltet waren. Doch auch jenseits des Landfriedens wurde, wie angedeutet, die Schwureinung seit dem 13. Jahrhundert zur Basis der städtischen Bündnisbildung, die ihren ersten Höhepunkt 1254 in der Gründung des Rheinischen Bundes fand. In schlagwortartiger Verdichtung könnte man formulieren, dass damit ein horizontales Ordnungsprinzip der Herrschaftsordnung neben die nur unvollkommen verwirklichte hierarchische Ordnungsstruktur von König und Reich trat. Ihre Effektivität und die im Rahmen solcher Bünde geschaffenen Organisationsstrukturen (v.a. Schiedsgericht) liessen solche regionalen Einungen in der Zeit zwischen dem 14. und dem 16. Jahrhundert geradezu zu einer «Verfassungsalternative»[10] für die Herrschaftsordnung in Mitteleuropa werden. Zielsetzung solcher Bündnisse war stets auch der Schutz gegen den Zugriff mächtiger Territorialherrscher wie hier der Kurfürsten. Dass das vorliegende Verbot insofern gerade im Interesse der Landesherrschaften ergangen ist, lässt sich dem Text entnehmen: Denn der «Landesherr, zu dessen Nachteil gehandelt wurde», wird zum Gläubiger der angedrohten Strafzahlungen eingesetzt (Z. 64). Allerdings knüpft das Verbot von städtischen Bündnissen bei einer älteren Tradition an, wie der Hinweis auf das «hierüber erlassene alte Gesetz» deutlich macht. Damit ist auf den ronkalischen Landfrieden von 1158 verwiesen, an dessen Bündnisverbot zu Ungunsten der (damals oberitalienischen) Städte der vorliegende Text teilweise wörtlich anschliesst.[11] Im vorliegenden Fall bezieht sich das Bündnisverbot auf eine Auseinandersetzung zwischen der Stadt Köln und dem Kölner Erzbischof.

---

[10] DIETMAR WILLOWEIT (wie Anm. 8), S. 119.

[11] Abdruck in: LORENZ WEINRICH (Hg.): Quellen zur deutschen Verfassungs-, Wirtschafts- und Sozialgeschichte bis 1250. Darmstadt 1977 (Ausgewählte Quellen zur deutschen Geschichte des Mittelalters, Bd. 32), Nr. 65, S. 250–252.

3. Historische Verortung

Der Text lässt erkennen, dass die Kurfürsten besondere Bedeutung gewonnen hatten. Kennzeichnend für diesen Zuwachs an Befugnissen war das bereits angesprochene Weistum von 1338, das *Karl IV.* im gleichen Jahr auf das Kaisertum erweiterte und als Kaisergesetz «Licet juris» publizierte. Die herausgehobene Position der Kurfürsten fand ihren ideellen Niederschlag auch 1340 im «Tractatus de iuribus regni et imperii» *Lupolds von Bebenburg,* in der das Recht zur Königswahl den Kurfürsten in ihrer Verbundenheit zugewiesen worden war. Das Fehlen von geschriebenen Wahlrechtsnormen hatte allerdings gerade zu Beginn des 14. Jahrhunderts noch einmal zu massiven Herrschaftskrisen geführt, wie die Doppelwahl von 1314 *(Ludwig der Bayer/Friedrich der Schöne)* zeigt. In der jetzt ausbrechenden Auseinandersetzung wirkte auch das Papsttum mit, das unter *Johannes XXII.* noch einmal die Befugnis der Wahlprüfung für sich in Anspruch genommen hatte. Doch gerade durch die Regelung von 1338 lösten sich Kurfürsten und Kaiser von solchen Ansprüchen. Das wurde auch deswegen möglich, weil auf der Seite des Kaisertums mit *Wilhelm von Ockham* und *Marsilius von Padua* zwei Theoretiker normativ geordneter Herrschaft standen, deren Lehren von der prinzipiell papstunabhängigen Legitimation des Kaisers in der publizistischen Auseinandersetzung grosse Wirkung erlangen konnten.

Der vorliegende Text steht in dieser Tradition, denn die Wahlbefugnis der Kurfürsten wird hier bereits wie selbstverständlich vorausgesetzt.

4. Quellenbestimmung

4.1 Textgattung, Sprache und Adressaten

Wie angedeutet, handelt es sich um einen kaiserlichen Erlass. Der Text stellt sich als deutsche Übersetzung einer lateinischen Urkunde dar und ist an alle Rechtsträger des Reiches gerichtet. Der äusseren Form nach ist das Dokument ein einseitiges Privileg des Kaisers.

4.2 Autoren

Die Fülle der Regelungen zugunsten der Kurfürsten spricht allerdings dafür, neben dem Kaiser auch die Kurfürsten als Autoren anzusehen. Konkret handelt es sich bei dem Text um einen Auszug aus der 1356 durch *Karl IV.* (1346–1378) in zwei Stufen – im Januar und im Dezember dieses Jahres – erlassenen Auszug aus der «Goldenen Bulle», wobei hier nur die erste Textstufe erfasst ist.

5. Historischer Hintergrund

Dass die «Goldene Bulle» als effektive Regel der Herrschaftsordnung wirksam werden konnte, erwies sich im Jahr 1400: Denn bei der Absetzung König *Wenzels* (1378–1400) und der anschliessenden Wahl des Pfalzgrafen *Ruprecht* (1400–1410) zeigte sich die mittlerweile überragende Bedeutung der Kurfürsten im Herrschaftsgefüge des Reiches. Die Geltungskraft der «Goldenen Bulle» ist bis zum Ende des Reiches 1806 nie mehr in Frage gestellt worden, galt das Dokument doch als erste *lex fundamentalis* des Reiches. Die «Goldene Bulle» markiert damit den Übergang zu einer Verschriftlichung der normativen Ordnung von Herrschaft auf der Ebene des Reiches, auf der bis dahin eher die Befolgung von Rechtsgewohnheiten dominiert hatte.

Die Verselbständigung der Kurfürstentümer förderte zugleich die Verselbständigung der Landesherren gegenüber der Reichsgewalt. Allerdings sind auch die Versuche von der Seite der Kurfürsten gescheitert, ihren Einfluss auf das Reich zu verstärken: Zwar entstand im Umfeld der Reichsreformbestrebungen des 15. Jahrhunderts der *Kurfürstenrat* als verselbständigte Kurie des Reichstages, die 1544 auch reichsrechtlich anerkannt wurde. Doch weiterreichende Versuche der Kurfürsten, die Lenkung des Reichs zu bestimmen, scheiterten, wie vor allem das Scheitern des 1500 errichteten reichsständischen Reichsregiments im Jahr 1502 dokumentierte. Auch wenn das Kaisertum über den seit 1498 wirkenden (Reichs-)Hofrat zunehmend Einfluss auf die gerichtsförmige Beilegung von Konflikten im Reich erlangen sollte, blieb es doch insgesamt bei einer im Vergleich zur älteren Zeit ausgeprägten normativen Schwäche der Reichszentralgewalt, die unabhängig von ihrer Repräsentation durch den Kaiser oder die Kurfürsten war. Den (späten) Endpunkt dieser Entwicklung kennzeichnen die Bestimmungen des Westfälischen Friedens 1648 und des dessen Regelungen in Reichsrecht inkorporierenden Jüngsten Reichsabschieds von 1654: Die Reichsstände erhalten das Bündnisrecht, ihre Territorialhoheit wird reichsrechtlich garantiert. Allerdings ändert sich die Zusammensetzung des Kurfürstenkollegs, in dem jetzt auch Bayern als Kurfürstentum vertreten ist.

Die Stärkung der landesherrlichen Position der Kurfürsten fügt sich ein in eine weitere Entwicklungstendenz, die in der Frühen Neuzeit in die Entstehung des landesherrlichen Absolutismus einmünden sollte: Die Regelungen über die Unteilbarkeit des Landes und über die Einführung der Primogenitur haben bereits im 14. Jahrhundert ihre Entsprechung in Bestrebungen anderer Landesherren gefunden, solche Bestimmungen auch im eigenen Territorium durchzusetzen. Die fortschreitende Auflösung der lehensrechtlichen Herrschaftsverfassung und einer ganz auf die Dynastie bezogenen Herrschaftspraxis wird hierin in Ansätzen erkennbar. Allerdings findet der Anspruch der Landesherren in den seit dem 13. Jahrhundert erstmals bezeugten und vor allem seit dem 14. Jahrhundert immer zahlreicher werdenden Landständen aus Ritter-, Prälaten- und Städtekurien eine institutionelle Grenze.

Nur teilweise durchsetzen können sich die Landesherren und Kurfürsten allerdings gegen die Städte. Zwar waren gerade die Städte durch die Pestkatastrophe von 1348/49 nachhaltig geschwächt worden. Doch das Bündnisverbot der «Goldenen Bulle» blieb gleichwohl zunächst ohne Wirkung, wie die Entstehung des Schwäbischen Städtebundes 1376 zeigt, der allerdings 1388 und 1404 zurückgedrängt wird. Trotzdem bleiben Einungen der Städte weiterhin fester Bestandteil der Reichsverfassung. Das zeigt nicht allein der Erfolg der Hanse, sondern vor allem die seit 1471 belegte Existenz von Städtetagen.

6. Gegenwartsbezug

Die «Goldene Bulle» ist ein zentrales Dokument für die Ausformung der Herrschaftsordnung des Heiligen Römischen Reiches. Doch angesichts der ausgeprägten historischen Distanz zwischen der Frühen Neuzeit und der (Post-)Moderne ist ihr Bezug zur Gegenwart gering ausgeprägt, ist doch diese Regelung eher Ausdruck für die historische Einzigartigkeit der spätmittelalterlichen und frühneuzeitlichen Herrschaftsordnung in Mitteleuropa.

Trotz dieses Vorbehaltes lassen sich allerdings einige gegenwartsbezogene Strukturmerkmale der «Goldenen Bulle» ausmachen:

Die Ordnung von Herrschaft durch positivierte Normen zählt zu den wesentlichen Merkmalen auch moderner Staatlichkeit.

In der «Goldenen Bulle» ruht die Herrschaft des Reiches auf dem Verbund der Kurfürsten. Ähnliche Strukturen sind kennzeichnend für supranationale Organisationen wie etwa der EU, auch wenn es sich dabei um ursprünglich völkervertraglich geschaffene Rechtsgebilde und nicht um gewachsene Institutionen wie das Reich handelt.

III. Quelle und Literatur

Quelle
Goldene Bulle von 1356 (Auszüge), deutsche Übersetzung in Anlehnung an: LORENZ WEINRICH (Hg.): Quellen zur Verfassungsgeschichte des Römisch-Deutschen Reiches im Spätmittelalter (1250–1500). Darmstadt 1983 (Ausgewählte Quellen zur Deutschen Geschichte des Mittelalters, Bd. 33), Nr. 94, S. 314–395.

Literatur
MARCEL SENN: Rechtsgeschichte I, Kap. 2, 3, 5.
DIETMAR WILLOWEIT: Deutsche Verfassungsgeschichte, S. 75–82, 119–124, 154–163.

Einzelne Artikel
HANS-JÜRGEN BECKER: Kurfürstenrat. In: HRG 2, Sp. 1290–1294.
HANS-JÜRGEN BECKER: Kurlande. In: HRG 2, Sp. 1297–1310.
HANS-JÜRGEN BECKER: Kurverein. In: HRG 2, Sp. 1310–1314.
ADALBERT ERLER: Kurwürde. In: HRG 2, Sp. 1314–1319.
EKKEHARD KAUFMANN: Kurfürsten. In: HRG 2, Sp. 1277–1290.
ADOLF LAUFS: Erzämter. In: HRG 1, Sp. 1011–1015.
ADOLF LAUFS: Goldene Bulle. In: HRG 1, Sp. 1739–1746.

AT

8. Text: Religionsfrieden und Wirtschaftsförderung im Reich der Frühen Neuzeit

I. Quellentext

[…] Nachdem die Römische Kayserl. Majestät, Unser lieber Bruder und Herr, aus hochdringenden, bewegenden Ursachen, fürnemlich aber darum, dieweil Ihro Majestät befunden, dass des Heil. Reichs Satzungen, Ordnungen und Abschiede mit gesamtem gnädigen, getreuen und ernstlichen durch Ihr Liebd. und Kayserl. Majest., Unsern und des Heil. Reichs Stände und Glieder fürgewendtem Fleiss, Mühe und Arbeit bisher die begehrte und gewünschte Frucht und Würckung, wie es die hohe Nothdurfft wol erfordert, nicht erlangt, auch sich viel Widerwärtigkeit und Unruhe im Heil. Reich zugetragen, zudem der Justitien halber, auch in andern ihrer Liebd. und Kayserl. Majestät, Unser und des Reichs Rechten, Gerechtigkeiten, Ordnungen, Satzungen, alten Gewohnheiten, Herkommen Verhinderung und allerhand Unrichtigkeiten, Beschwerden, Mängel und Gebrechen fürgefallen und eingerissen, einen gemeinen Reichs-Tag […] angesetzt und fürgenommen, auch des endlichen Vorhabens gewesen, solchen angesetzten Reichs-Tag vermittelst Göttlicher Hülff selbst eigner Person gewisslich zu besuchen und fürgehen zu lassen.

§ 13. In solcher fürgezogener Berathschlagung des Friedens haben sich gleich alsbald aus der Erfahrnuss und demjenigen, so hievor fürgangen, der Churfürsten Räthe, erscheinende Fürsten, Ständ, Bottschafften und Gesandten erinnert: dieweil auf allen von dreyssig oder mehr Jahren gehaltenen Reichs-Tägen und etlichen mehr Particular-Versammlungen von einem gemeinen, beharrlichen und beständigen Frieden zwischen des Heiligen Reichs Ständen der strittigen Religion halben aufzurichten, vielfältig gehandelt, gerathschlagt und etlichemal Fried-Stände aufgerichtet worden, welche aber zu Erhaltung des Friedens niemals gnugsam gewesen, sonder deren unangesehen die Stände des Reichs für und für in Widerwillen und Missvertrauen gegen einander stehen blieben, daraus nicht geringer Unrath sein Ursprung erlangt. Woferr dann in währender Spaltung der Religion ein ergäntzte Tractation und Handlung des Friedens in beeden, der Religion, prophan und weltlichen Sachen, nicht fürgenommen wird, und in alle Wege dieser Articul dahin gearbeitet und verglichen, damit beyderseits Religionen, hernach zu vermelden, wissen möchten, wess einer sich zu dem andern endlich zu versehen, dass die Stände und Unterthanen sich beständiger, gewisser Sicherheit nit zu getrösten, sondern für und für ein jeder in unträglicher Gefahr zweiffentlich stehen müst. Solche nachdenkliche

Unsicherheit aufzuheben, der Ständ und Unterthanen Gemüther wiederum in Ruhe und Vertrauen gegen einander zu stellen, die Teutsche Nation, Unser geliebt Vatterland, vor endlicher Zertrennung und Untergang zu verhüten, haben Wir Uns mit der Churfürsten Räthen und Geordneten, den erscheinenden Fürsten und Ständen, der Abwesenden Bottschafften und Gesandten und sie hinwieder sich mit Uns vereinigt und verglichen.

§ 23. Es soll auch kein Stand den andern noch desselben Unterthanen zu seiner Religion dringen, abpracticiren oder wider ihre Oberkeit in Schutz und Schirm nehmen noch vertheydingen in keinen Weg. Und soll hiemiet denjenigen, so hiebevor von Alters Schutz- und Schirmherrn anzunehmen gehabt, hiedurch nichts benommen und dieselbige nicht gemeynet seyn.

§ 24. Wo aber Unsere, auch der Churfürsten, Fürsten und Stände Unterthanen der alten Religion oder Augspurgischen Confession anhängig, von solcher Religion wegen aus Unsern, auch der Churfürsten, Fürsten und Ständen des H. Reichs Landen, Fürstenthumen, Städten oder Flecken mit ihren Weib und Kindern an andere Orte ziehen und sich nider thun wolten, denen soll solcher Ab- und Zuzug, auch Verkauffung ihrer Haab und Güter gegen zimlichen, billigen Abtrag der Leibeigenschafft und Nachsteuer, wie jedes Orts von Alters anhero üblichen, herbracht und gehalten worden ist, unverhindert männiglichs zugelassen und bewilligt, auch an ihren Ehren und Pflichten allerding unentgolten seyn. Doch soll den Oberkeiten an ihren Gerechtigkeiten und Herkommen der Leibeigenen halben, dieselben ledig zu zehlen oder nicht, hiedurch nichts abgebrochen oder benommen seyn.

§ 32. Wir befehlen und gebieten auch hiemit und in Krafft dieses Unsers Reichs-Abschieds den Kayserlichen Cammerrichter und Beysitzern, dass sie sich diesem Friedstand gemäss halten und erzeigen, auch den anruffenden Partheyen darauf, ungeacht welcher der obgemeldten Religion die seyen, gebührliche und nothdürfftige Hülff des Rechtens mittheilen und wider solches alles kein Process noch Mandat decernieren oder auch sonst in einigen andern Weg thun noch handeln sollen.

§ 36. Würde sich bey einem oder mehr befinden, dass jemands mit Gewalt das Sein abgetrungen oder in andere Wege wider den Landfriden vergewaltigt hätten, dass dieselbige als offentliche Landfriedbrecher und Nothdränger vermög gemeiner Recht und des Reichs Constitutionen und Ordnungen gestrafft werden.

§ 37. Wo sich aber einer oder mehr der Obrigkeit mit Gewalt zu widersetzen unterstehen würde, gegen denselben soll mit Nacheylen, biss er oder sie zu Handen und Hafften gebracht, und alsdann abermahls gegen ihnen mit Straff vermög gemeiner des Reichs Rechten und Constitutionen, auch jedes Orts Gewohnheiten, Freyheiten und altem Herkommen Handlung fürgenommen werden.

§ 136. Nachdem im Heil. Reich Teutscher Nation gute Wüllen-Tücher gemacht wurden, also dass man fremder Nation Tücher wohl entrathen und das Geld, so für dieselbige fremde Tücher gegeben, in Teutscher Nation behalten möchte, dass sie in dem solche gute Ordnung fürnehmen solten, damit die Wullnweber an Wollen nicht Mangel litten, sondern dieselbige um einen ziemlichen Kauff bekommen möchten, und die Wolle nicht also mit Hauffen in fremde Nation verführt würden, dass dessen doch unangesehen der schädlich und verderblich Missbrauch des Vorkauffs und Verführung der Wollen je länger je mehr überhand nehme, dergestalt dass nicht allein durch solche Verführung der Wollen in fremde Nation die Welschen Tücher und Wahr dadurch gefälscht und folgends in der Teutschen Nation mit doppeltem Werth bezahlet werden, sondern auch also in derselben Nation vertheuret, so dass kein Meister des Wüllen-Handwercks zu gleichmässigen Kauff der Wollen mehr kommen möge, derowegen die inländische Tuch steigen, der gemeine Mann dadurch zu seiner Nothdurfft beschwert und dannoch gedacht Handwerck in die Länge und zuletzt in endlichen Abfall gerathen müsse, wo solches nicht durch ernstlich Einsehen fürkommen und abgestellt werden solte.

Dieweil Uns dann in Krafft von hochgemeldter Kayserl. Majest. habenden Vollmacht an Ihrer Liebden und Kayserl. Majest., auch für Uns selbst als Römischer König aus Erheischung obliegenden Amts gebührt, hierin Einsehens zu thun, so haben Wir Uns mit der Churfürsten Räthen, anwesenden Fürsten, Ständen und der abwesenden Bottschafften und Gesandten, so allhie auf diesem Reichs-Tag bey Uns versammlet, und sie sich hinwiederum mit Uns verglichen und vereinigt, dass obgedachte Policey-Ordnung und Constitution, wie dieselbig auf vorigen Reichs-Tägen aufgericht und im acht und viertigsten Jahr allhie reformiert worden ist, [...] wiederum zu erneuern, [...] so einem grossen Theil Teutscher Nation hochnützlich und erspriesslich, gefördert werde, alles bey Pön und Straff, in obgenannter Policey-Ordnung und Constitution verbleibt und begriffen, auch um der Kayserl. Majestät, Unsere und des Reichs schwere Ungnad zu vermeiden.

II. Interpretation

1. Zusammenfassung

Nach der Selbstbezeichnung handelt es sich um eine «Policey-Ordnung und Constitution», die auf mehreren Reichstagen «reformiert» worden ist. Sie umfasst einen Ausschnitt aus einer Einleitung sowie sechs Paragraphen (§§ 13–136) und ist aus der Sicht einer Person geschrieben, die «auch für Uns selbst als Römischer König» spricht, aber auch die «Römische Kayserl. Majestät, Unser lieber Bruder» nennt. Ferner ist von Churfürsten, Fürsten, Ständen, Botschaftern und Gesandten die Rede. Der Autor spricht von schweren Unruhen, Spaltung der Religion und Missständen im Reich, die seit mehr als dreissig Jahren andauern und durch verschiedene Friedensschlüsse, letztmals im Jahre 48, zu lösen versucht worden sind (§§ 13, 136). Es werden Religionszwang und Abwerbung untersagt, die Niederlassungsfreiheit aus religiösen Gründen (§ 24), ein unparteiisches Reichsgericht (§ 32), die Landfriedenssicherung und Rechtsverfolgung (§§ 36, 37) sowie der Schutz der einheimischen Wollproduktion und Tuchherstellung gewährleistet (§ 136).

2. Sachliche Aussagen

Im Text sind drei Problembereiche angesprochen: Reichslandfrieden und Religionsabkommen, unparteiische Rechtssprechung und -durchsetzung sowie Reformen und «staatliche» Wirtschaftsförderungsmassnahmen.

2.1 Reichslandfrieden und Religionsabkommen (§§ 13, 23 und 24)

Seit dem 11. Jahrhundert beobachten wir politische Konsolidierungsversuche im Reich. Es sollten insbesondere regionale Fehden zwischen rivalisierenden Herrschern und ihren Gruppen eingedämmt werden, die aufgrund von Beistandspflichten unter den Herrschern eskalierten und ganze Regionen in Mitleidenschaft zogen. Die regionalen Spannungen beeinträchtigten Ruhe und Ordnung auch im Reich. Bereits im 11. Jahrhundert war die Kirche um Befriedungen bemüht, indem sie Personen (wie Priester, Pilger, Frauen, Kaufleute) und Orte (wie Kirchen, Klöster, Wege) oder Zeiten (Wochen- oder kirchliche Festtage) einer Friedenspflicht unterstellte. Diese Friedensmassnahme bedeutet, dass regulär mehrere Tage, manchmal wochenlang ein Fehdeverbot bestand, während der die Streitsucht gezähmt werden sollte. Doch diese Friedenspflichten mussten periodisch, meistens alle vier Jahre erneuert werden, wie dies bei Waffenstillstandsabkommen auch heute der Fall ist.

Grundlage dieser Reichslandfrieden war die Führungsfunktion des Königs als Stellvertreter Christi auf Erden, der für Ordnung und Frieden auf Erden verantwortlich war. Nach königlicher Ansicht hatte er das Schwert als Ausdruck der Machtvollkommenheit unmittelbar – als nicht durch die Hand der Kirche bzw. des Papstes – von Gott selber erhalten. Seine Aufgabe war es also, alle im Reiche gemäss Lehnpyramide Mitverantwortlichen in diese Friedenspflicht einzubinden. Doch erst 1495 gelang es, einen «ewigen», also nicht mehr zu erneuernden Reichslandfrieden mit allen Ständen und Fürsten des Reichs auf dem Reichstag zu Worms zu errichten. Zur Sicherung dieses Friedens wurde unter König *Maximilian I.* auch eine Verwaltungsreform sowie ein Reichsgericht eingerichtet.

Um 1500 wurde aber nicht nur im Reich, sondern auch in den Städten und Ländern reformiert. Auch hierin war die Kirche mit den Konzilien von Konstanz (1414–1418) und Basel (1431–1449) vorausgegangen. Die Zeitgenossen beklagten damals auch offen die schweren Missstände in der Kirche. Der vordergründigste und griffigste Missstand schien der Sündenablass, wonach sich der Gläubige den himmlischen Frieden mit einem Entgelt, das nach seiner Leistungsfähigkeit bemessen war, erwerben konnte. Mit den Einkünften aus dem Ablass finanzierte die Kirche ihre aufwendigen Kirchenbauten und das Armenwesen, das sie betreute. Unter religiösen Aspekten schien dies mehr als diskutabel. Aus lauten Protesten wurden ultimative Postulate. Diese verbreiteten sich seit dem Thesenanschlag durch *Luther* nach 1517 als Ideen der Reformation der Kirche in ganz Mitteleuropa *(Martin Luther, Thomas Müntzer, Philipp Melanchthon, Andreas Bodenstein* genannt *Karlstadt* in Deutschland, *Huldrich Zwingli* und *Heinrich Bullinger* in Zürich, *Jean Calvin* in Genf, die Melchioriten in den Niederlanden, die Täuferbewegung in Münster und Zürich sowie die allerorts politisch-religiös motivierten Bauernaufstände).

War nach jahrzehntelangem Reformstau um 1500 endlich die weltliche Institution des Reichs saniert, kam dadurch eine der beiden zentralen Legitimationsgrundlagen des Reichs ins Wanken: die Religion. Das Heilige Römische Reich sah nun seine traditionelle Rolle als Wahrerin des Friedens und der christlichen Einheit in Frage gestellt. Die «Spaltung der Religion», von der in § 13 die Rede ist, entzweite die Religion keineswegs nur in zwei Lager, sondern in der Folge partikularisierte sie die christliche Religion in verschidene Konfessionen. Im Namen der Konfessionen wurde nunmehr Krieg um die richtige Konfession im Reich geführt. Dies freilich hatte nicht nur religiös-ideologische Gründe. Finanziell war es gerade für den höheren Adel im Reich durchaus lukrativ, den eigenen Status zu reformieren. Denn die Reform bedeutete nicht nur Ablösung von Rom und Abgaben, sondern beinhaltete zeitgleich die Chance, kirchlichen und klösterlichen Grundbesitz zu verstaatlichen und diesen dem weltlichen Finanzhaushalt der Länder und Städte zuzuführen.

Somit bedingte die religiöse Reform seit 1530 die Bildung von religiös-politischen Lagern im Reich. Die evangelischen Reichsstände schlossen sich im sogenannten Schmalkadischen Bund gegen die katholischen Reichsstände und den Kaiser zusammen. In der Folge wurden evangelische Landeskirchen und Universitäten (Marburg, Königsberg, Jena) gegründet. Zwischen dem katholischen und dem protestantischen Lager kam es zu Kriegen und verschiedenen, mitunter auch diktierten Reichsfriedensschlüssen. Erst mit dem Augsburger Religionsfrieden von 1555 wurde die strittige Situation zwischen den Lutheranern und Katholiken bereinigt. Der von Kaiser und Papst unternommene Versuch, die Protestanten ins Konzil von Trient (1545–63) zu integrieren, scheiterte. Es sollte dann noch bis zum Westfälischen Frieden von 1648 dauern, bis auch die anderen reformierten Bekenntnisse akzeptiert wurden. Wichtigstes Ergebnis des Augsburgischen Religionsfriedens war das *ius reformandi* in den Händen der Fürsten. Nach dem Prinzip *cuius regio eius religio* sollten sie für ihre Untertanen die Konfession festlegen. Die Reichsverfassung war somit konfessionell durchdrungen.

Zur Gewährleistung des Friedens sollten die Untertanen gemäss § 23 aber weder abgeworben werden, noch sollte die Religion einen Vorwand zur Aufnahme und Verteidigung von Flüchtigen bieten, die das religiöse Lager wechselten, um sich ihrer straf- oder schuldrechtlichen Verantwortung zu entziehen. Doch sollten die Untertanen nicht zur «Religion gedrungen», d.h. zwangsbekehrt werden. Daher sollte im Sinne der Toleranz die freie Niederlassung zwischen den konfessionalisierten Territorien gelten (Ab- und Zuzugsrecht, § 24).

Die Hindernisse, die es im Zusammenhang mit dem Wegzug aus religiösen Gründen gab, sollten abgebaut werden, somit Fahrhabe und Grundstücke zu fairen (marktkonformen und nicht eigens deswegen erhöhten) Preisbedingungen verkauft werden können. Insbesondere aber sollte ein Verhältnis der Leibeigenschaft aufgelöst werden (billiger Abtrag der Leibeigenschaft), woraus jedoch die im Lande verbleibenden Leibeigenen keine Vorteile ziehen können sollten.

Mit diesen Bestimmungen wird die «Freiheit des Christenmenschen» konfessionalisiert. Und in diesem Zusammenhang wird erstmals auch die politische Individualfreiheit genannt, insofern ein Konfessionswechsel möglich werden soll. Zugleich wird die Grundlage für das Staatskirchenwesen gelegt und die Territorialisierung vorangetrieben.

2.2 Unparteiische Rechtssprechung und -durchsetzung (§§ 32, 36, 37)

Um Frieden zu gewährleisten, müssen Friedensbrüche – Verbrechen also – justiziell beurteilt und verfolgt werden. Gleichzeitig darf der allgemeine Friedensbruch nicht länger aus eigener Initiative gerächt werden. Dadurch entsteht allmählich ein Staat, indem die personalen «Schutz und Schirm»-Garantien (§ 23) durch institutionelle Justiz-Garantien abgelöst werden, sodass «die Hülff des Rechtens» (§ 32) selbst eintritt. Damit beginnt hier schon die Rechtsstaatlichkeit zu keimen, die sich aber erst im 19. Jahrundert etabliert. Welche Rechtsgrundlagen (zumindest im Strafrechtsbereich vorhanden waren) nennt die Bestimmung § 37. Dabei steht das allgemeine Reichsrecht im Vordergrund.

Mit der Justizreform von 1495 wurde auf Reichsebene wieder ein funktionierendes Gericht, das Reichskammergericht, eingesetzt, dem der Reichshofrat in Wien zur Seite gestellt wurde. Das Reichskammergericht sollte den gleichzeitig erlassenen «ewigen Landfrieden» garantieren. Dieses Gericht sollte autonom und professionell sein, um eben das Recht selbst durchzusetzen. Persönliche Bindungen und Abhängigkeiten, ebenso die Frage der Konfession, durften dabei keine Rolle spielen. Vielmehr sollte professionell und das heisst sach- und faktenorientiert sowie nach Gesetzen im Gericht vorgegangen werden. Daher sollte die Hälfte der Urteiler des höchsten Gerichts im Reich wenigstens aus Juristen bestehen. Um die Frage der Konfession zu neutralisieren, wurde zusätzlich die partitätische Besetzung des Gerichts verordnet.

2.3 Reformen und «staatliche» Wirtschaftsförderungsmassnahmen

Dass Frieden aber nicht bloss durch politische Anordnung und formale Rechtsstaatlichkeit zu haben ist, das wusste auch der Reichstag, weshalb er protektionistische Bestimmungen zum Schutze der nationalen Textilfabrikation erliess.

Fürsorglich werden nicht nur die Interessen der Meister der Wollverarbeitungsindustrie, sondern auch diejenige der Konsumenten («gemeiner mann») in Betracht gezogen. Es wird somit eingesehen, dass gutes Recht einer soliden Sozial- und Wirtschaftspolitik bedarf und dass sich dann weniger Durchsetzungsprobleme ergeben werden.

Die Reformen wurden mit dem Begriff der Reichs- und Territorial-Policey-Ordnung sowie mit den Sittenmandaten auf lokaler Ebene umgesetzt. Man kann darin eine mit der Zeit belastende Überreglementierung erblicken, aber umgekehrt ist darin auch die Schaffung rechtlicher Strukturbedingungen im Sinn der Reichsreform von 1500 zu sehen.

§ 136 ist also ein ganz wichtiger Bestandteil der Friedenssicherung. Darin kann eine Massnahme im Sinne des frühabsolutistischen Merkantilismus auf nationaler und somit auch auf Reichsebene gesehen werden, wie er gemäss der Rechtsgeschichtsschreibung sonst als typisch für kleine Staatsgebilde innerhalb des Reiches im 17. und 18. Jahrhundert erachtet wird.

3. Historische Verortung

Es ist von der Augsburgischen Konfession, dem Luthertum, die Rede, ferner von einer Reichspolicey-Ordnung und vom Reichskammergericht, das schon besteht. Damit sind die Eckdaten mit Augsburger Religionsfrieden von 1555 und die Reichspoliceyordnungen, die zwischen 1530 und 1577 erlassen wurden, sowie das Reichskammergericht von 1495 gemeint. Auch die in der Reichsverfassungsgeschichte einmalige Situation, dass der eine Bruder Kaiser, der andere König und sein Stellvertreter ist, weisen klar auf die Regierungszeit von *Karl V.* und seinem Bruder *Ferdinand* hin, der nach seiner Abdankung 1556 ihm auf den Thron folgt. Da im Text auch die Jahreszahl 48 genannt ist, ist klar, dass es sich vorliegend um den Reichsabschied von 1555 handelt.

4. Quellenbestimmung

4.1 Textgattung

Es ist von einer «Policey-Ordnung» bzw. «Constitution» die Rede. Beide Ausdrücke dürfen nicht im Sinne des 19. Jahrhunderts mit Polizei-Verordnung bzw. politischer Verfassung gleichgesetzt werden, sondern sie sind wohl am besten mit «Ausführungs- und Ergänzungsbestimmungen» zum Reichslandfrieden zu vergleichen. Es handelt sich um einen Erlass (ein sogenannter Abschied) des Reichstages, der unter der Leitung des Königs bzw. Kaisers steht. Der Reichstag umfasst gemäss den Reichsmatrikeln die Reichsstände; diese sind alle Führungskräfte im Reich sowie die Vertreter von Adel (Kurfürsten, Fürsten, Ritter, Äbte, Äbtissinnen), Kurie und Städten.

4.2 Autor

Als Autor gilt der Kaiser des Reichs, der hier durch seinen Bruder in der Funktion als römischer König vertreten ist. Kaiser war *Karl V.* (1519–1556), der damals ausserhalb des Reiches in seinem ererbten Spanien lebte und sich mit Frankreich kriegerisch auseinandersetzte, während sein Bruder *Ferdinand* am Familiensitz der Habsburger in Wien als König im Reich wirkte. Da es sich aber um einen Vertrag zwischen rivalisierenden Ständen handelt, stellt er natürlich ein Verhandlungsergebnis des Reichstags selbst dar. Die Ausarbeitung des Reichsabschieds war dann Sache der Juristen in der Reichskanzlei.

4.3 Adressaten

Es handelt sich um einen Reichserlass, der die Öffentlichkeit einschliesslich des gemeinen Mannes (§ 136) anspricht.

4.4 Sprache

Der Text ist in der Originalsprache, Frühneuhochdeutsch abgefasst. Für Erlasse war es seit dem zweiten Mainzer Reichslandfrieden von 1235 üblich geworden, auch in deutscher Sprache mitgeteilt zu werden. Eine Ausnahme bildete allerdings die «Goldene Bulle», doch war sie als Wahl- und Kurfürstengesetz einem engeren Adressatenkreis vorbehalten.

5. Historischer Hintergrund

Die Bezeichnung «Reformation» wird meist im Kontext mit der Spaltung und Erneuerung der christlichen Westkirche im späten Mittelalter in Verbindung gebracht. Die Bezeichnung war aber zeitgenössisch auch in anderen Zusammenhängen gebräuchlich. So begegnen wir in den meisten Einleitungen zu den Stadt- und Landrechten der Zeit dem Ausdruck der Erneuerung bzw. der «Reformacion» der Rechte.

Dieses Erneuerungsbedürfnis ist Ergebnis aus einem Reformstau, der im 15. Jahrhundert nicht bewältigt wurde. Zu Beginn des 16. Jahrunderts waren in Deutschland neue Einflüsse aus der Renaissance und dem Humanismus Italiens und Frankreichs präsent, die der praktischen Umsetzung harrten. Das Anliegen dieser Erneuerung war die Abwendung von mittelalterlichen, insbesondere kirchlichen Autoritäten, und die Rückbesinnung auf das Vorbild der Antike. Überhaupt lautete die Losung: Zurück zu den Quellen. Dies bedeutete in der Religion, man solle die Bibel in den Sprachen, in denen sie original verfasst wurde, lesen und sich des eigenen Verstandes dabei bedienen, statt auf päpstliche Auslegung zu vertrauen. Aus diesem Grunde gab *Erasmus von Rotterdam* das Neue Testament in griechischer Sprache heraus; gestützt darauf übersetzte dann *Martin Luther* das Neue Testament – beide übrigens ehemalige Augustinermönche. Dasselbe Interesse erwachte nun in Bezug auf antike Schriftsteller, die neu entdeckt und rezipiert wurden. Die Erfindung des Buchdrucks im ausgehenden 15. Jahrhundert verhalf diesen Neuerungen zur Verbreitung.

Klassische Gelehrsamkeit und Sprachen sowie ein linear-logisches und zielorientiertes Denken traten an die Stelle eines problemorientierten differenzierten Denkens, das sich im religiösen Bezug und in einer christlichen Ethik selbstverständlich aufgehoben sah. Nun fragte man nach Ursachen und Wirkungen. Dies übertrug sich auf die Juristenausbildung. Man wollte nicht länger die alten Meinungen zu einem nicht einmal gesicherten Text hören und diskutieren; jetzt war vielmehr der selbstbewusst sowie gebildet argumentierende Mann gefragt, der den sorgsam bereinigten Quellentext selbständig las und verstand. Er sollte aufgrund seiner Kenntnis der Quellen z.B. auch das Recht erläutern. Der Humanismus zielt also auf den gebildeten Mann, während Frauen von öffentlichen Funktionen, die sie im Mittelalter inne hatten, nun zunehmend verdrängt werden. Das Medizinstudium wird nun ganz Sache der Männer; weise Frauen werden dadurch in die Illegalität der Hexerei abgedrängt. Während der Mann mit der praktischen Rezeption des römischen Rechts mit dem Rollenträger des *pater familias* identifiziert wird und diese Rolle auch in der Öffentlichkeit übernimmt, wird die Funktion der Frau immer mehr zur verantwortlichen Erzieherin der Nachkommenschaft im Sinne der staatlichen Konfessionalität.

An die Stelle des bisherigen scholastischen Denkens trat also der sogenannte elegante Stil der Humanisten insbesondere in der Juristenausbildung. Dieser neue Juristentyp sollte mit seinem Rationalismus im Sinn von Renaissance und Humanismus praktische Aufgaben in der Gesetzgebung der absolutistischen Herrschaften und den königlichen sowie fürstlichen Gerichtskammern übernehmen und somit eine gesicherte und gerechte Rechtsanwendung gewährleisten. Die Reichskammergerichtsordnung nutzte dieses Potenzial und sorgte dafür, dass in der Rechtsprechung immer auch Juristen mitwirken müssen. Diese Anordnung hatte Vorbildwirkung auf untere Gerichte. Man spricht daher in praktischer Hinsicht von einer allmählichen Professionalisierung der Rechtsprechung und Gesetzgebung in der Frühen Neuzeit.

6. Gegenwartsbezug

Reformstau und Innovation, staatliche Wirtschaftsförderung und Liberalisierung der Märkte, zentralistische Integration und Föderalismus sind Gegensätze, die wir zur Zeit der Reichserneuerung und Reformation genauso wie gegenwärtig vorfinden. Heute richtet sich die Diskussion der Themen allerdings auf die dringende Reform der Europäischen Union als allzu bürokratische Institution, auf die Schwierigkeiten mit den nationalen Divergenzen der Mentalitäten und auf das Gefälle in der ökonomischen Prosperität zwischen den Ländern des Ostens und Westens. Die Notwendigkeit von rechtlichen, politischen und wirtschaftlichen Reformen ist heute längst erkannt, doch scheinen die Handlungsspielräume im Moment noch zu begrenzt. Es ist somit nur eine Frage der Zeit, bis die Reformen umso radikaler dereinst ausfallen und grössere Auseinandersetzungen nicht zu vermeiden sein werden.

III. Quelle und Literatur

Quelle
Der Augsburger Reichsabschied vom 25. September 1555. In: ARNO BUSCHMANN (Hg.): Kaiser und Reich. Verfassungsgeschichte des Heiligen Römischen Reiches Deutscher Nation vom Beginn des 12. Jahrhunderts bis zum Jahre 1806 in Dokumenten. Teil I: Vom Wormser Konkordat 1122 bis zum Augsburger Reichsabschied von 1555. Baden-Baden 1994, S. 215–283.

Literatur
MARCEL SENN: Rechtsgeschichte I, Kap. 3.
DIETMAR WILLOWEIT: Deutsche Verfassungsgeschichte, S. 106–163.

Handbuchartikel
M. HECKEL: Religionsfriede, Augsburger. In: HRG 4, 869–874.
ADOLF LAUFS: Reichsreform. In: HRG 4, 732–739.

MS

9. Text: Landrecht und Gericht im Territorialstaat der Frühen Neuzeit

I. Quellentext

Des durchlauchtigsten hochgeborenen Fürsten und Herrn, Herrn Augusten Herzogen zu Sachsen, des Heiligen Römischen Reichs Erzmarschallen und Churfürsten, Landgrafen in Thüringen, Marggrafen zu Meißen und Burggraf zu Magdeburg Verordnungen und Constitutionen [...].
5   Von Gottes Gnaden wir Augustus, Herzog zu Sachsen, des Heiligen Römischen Reichs Erzmarschall und Churfürst, Landgraf in Thüringen, Marggraf zu Meißen und Burggraf zu Magdeburg, bekennen, tun kund und fügen menniglich zu wissen: Nachdem unsere getreue Landschaft und Undertanen auf etzlichen gehaltenen Landtägen uns bericht und fürbracht, dass unsere bestalte und
10 geordente Hofgericht, Juristen-Faculteten und Schöppenstüle etzlicher zweifelhaftiger und streitiger Fell halben ungleich auf die Rechtsfragen und Acten erkennen sollten, und uns derwegen underteniglich ersucht und gebeten, das wir derentwegen zu Erhaltung und Fortsetzung der Justitien und gleichförmiges Rechtens in unsern Landen gebürlich Einsehen fürnemen, anstellen und die
15 Ding zu rechter Richtigkeit und Gewißheit bringen lassen wollten:
  Als haben wir demnach solche ire billiche und underteniglich Bit angesehen und derentwegen anfenglich unsern Juristen-Faculteten und Schöppenstülen Bevelh geben, die streitigen und zu Recht disputirlichen Felle, so viel müglich, in ein gewis Verzeichnus zu bringen und uns daselb sampt irem angehengten
20 Bedenken zu uberschicken. Hernach und da solches geschehen, haben wir etzliche fürneme rechts- und andere vorstendige und geübte Personen aus unsern Hof- und Landräten sampt den Juristen-Faculteten und Schöppenstülen zuhause geordenet und inen auferlegt, diese Justitiensachen wol und gründlich zu erwegen, zu beratschlagen und zu fassen.
25   [...] und wir demnach solchen iren Beschlus (als wir desselbigen ausfürlich und mit allen Umbstenden sampt deren Ursachen berichtet und denen beliebet, ratificiret, angenomen, bewilligt und autorisiret) andern mehren Fürnemen vom Adel in großer Anzal aus unserer Landschaft fürhalten und mit inen beratschlagen lassen, welchen es auch durchaus also underteniglich und wolge-
30 fallen: So haben wir dorauf Befelh und Verordenung getan, solches nützlich, gut und notwendig Justitienwerk in vier Teil ordentlich zu stellen und zu fassen, haben auch solches nicht allein unsern Hofgerichten, Juristen-Faculteten

und Schöppenstülen zuschicken, sondern auch offentlich in Druck ausgeben und publicieren lassen wollen.

Der erst Teil: Constitutiones und Ordnungen, den rechtlichen Proces (und was den Gerichten mehr anhengig ist) belangende.

XXVII.

Obwol die sächsischen Lehnrecht in denen Fellen, wann der Lehnherr seinen Lehnman, sonderlich aber auf die Privation, beschuldigen wil, ein sonderlich Art haben, wie das Lehnrecht zu bestellen und sich der Lehnherr und Lehnman allenthalben verhalten sol, so haltens doch unsere Verordente davor, das solcher Proces nach den gemeinen Rechten disfals in diesen unsern Landen anzuordnen sein sol, welches wir uns gnedigst gefallen lassen, und wollen hiemit die Disposition der Sachsenrecht disfals aufgehoben und denselben derogirt haben, und ordenen und setzen dahero, das in solchen Fellen der Proces des gemeinen Rechtens fortan in unsern Landen angestelt und gehalten werden sol.

Der ander Teil: Von der Parteyen under inen selbst bewilligten und aufgerichten Contracten, und was sonsten gleichförmig ist.

I. Ob Underpfand und Widerkeuf praescribirt und verjaret werden mügen.

Es seind in dieser Fragen bey den Rechtslerern zweyerley Meinungen: Denn etzliche halten, das die Verjarung stadhaben solle, die andern aber schließen darauf, das keine Praescription darinnen zulesich sey; dieweil dann unsere Juristen-Facultäten und Schöppenstül derenthalben auch ungleich gesprochen, so haben wir inen durch unsere verordente Räte auferlegen und sie mit einander vergleichen lassen nach dieser Opinion, so an dem keyserlichen Cammergericht und unserm obern Hofgericht zum Teil gehalten, zu erkennen […].

II. Interpretation

1. Zusammenfassung

Es handelt sich um einen Auszug aus einem längeren Text mit insgesamt zwei Teilen (vgl. Z. 31) und einer Einleitung. Der Text ist gekennzeichnet als «Verordnungen und Constitutionen» eines Kurfürsten *August von Sachsen*. Im Einleitungsteil des Textes wird das Zustandekommen der nachfolgenden Regelungen skizziert. Die hier wiedergegebenen Auszüge aus dem ersten und zweiten Teil der «Constitutionen» betreffen das Verfahrensrecht und das Vertragsrecht.

2. Sachliche Aussagen

Es sind drei grosse Themenkreise, die sich im vorliegenden Text ausmachen lassen: Mehrfach wird auf überregionale Instanzen der Rechtspflege verwiesen und damit der Themenkomplex «Die überregionale Gerichtsverfassung im Territorialstaat der Frühen Neuzeit» (2.1) angesprochen. In den Bestimmungen über den «rechtlichen Proces» deutet sich das «Spannungsfeld zwischen dem Prozessrecht des *ius commune* und dem sächsischen Prozess» (2.2) an. Die in der Einleitung ausführlich geschilderte Entstehungsgeschichte des vorliegenden Textes schliesslich rückt die landständische Stellung im Herrschaftsgefüge des kursächsischen Staates und damit die Frage nach dem «Dualismus zwischen Landesherren und Landständen im Territorialstaat der frühen Neuzeit» (2.3) ins Blickfeld.

2.1 Überregionale Gerichtsverfassung und Territorialstaat in der Frühen Neuzeit

Der Text nennt mehrfach «Hofgericht, Juristen-Faculteten und Schöppenstüle» als Organe der Rechtsprechung im kursächsischen Staat (vgl. Z. 10f., 17, 32f., 47, 49f.). In dieser Aussage spiegelt sich die Struktur der frühneuzeitlichen territorialen Gerichtsverfassung wider.

Das Hofgericht war die territoriale Rechtsprechungsinstanz, durch die der Landesherr die ihm zustehende oberste Gerichtsgewalt innerhalb des Territoriums ausübte. Die enge Beziehung zwischen Hofgericht und Landesherren wird auch im Text angesprochen, spricht doch der Autor von «unseren Hofgerichten» (Z. 32). Im Hochmittelalter hatte der oberste Gerichtsherr im Hofgericht lediglich den Vorsitz, während die Schöffen jeweils das Urteil sprachen. Gegenstand dieser Verfahren waren vor allem Lehnstreitigkeiten, auf die auch vorliegend hingewiesen wird (vgl. Z. 35–43). Dem entsprach es auch, dass die Urteiler dieser Hofgerichte regelmässig auch aus den Reihen der herrscherlichen Vasallen stammten. Das Vordringen des gelehrten Rechts bewirkte seit dem 15. Jahrhundert einen Strukturwandel der Hofgerichte, in denen nunmehr auch gelehrte Räte vertreten waren. Berühmtes Beispiel dieses Übergangs sind die Bestimmungen in § 1 RKGO, wonach acht der 16 Urteiler «der recht gelert und gwirdiget» und die anderen acht Urteiler «auf das geringest auss der Ritterschafft geborn» sein sollten.[1] Die hier erkennbar werdende Tendenz zur Professionalisierung der Rechtsprechung wird auch auf der Ebene territorialer Staatlichkeit sichtbar. Exemplarisch für diese Entwicklung auf Landesebene

---

[1] «Reichs-Kammergerichts-Ordnung» (1495), hier zitiert nach dem Abdruck in: HANNS HUBERT HOFMANN (Hg.): Quellen zum Verfassungsorganismus des Heiligen Römischen Reiches Deutscher Nation 1495–1815. Darmstadt 1976 (Ausgewählte Quellen zur deutschen Geschichte der Neuzeit, Bd. 13), Nr. 1b, S. 6–12, 7, Z. 5–8.

sind die Geschehnisse in Kursachsen: Hier wurde 1483 das Oberhofgericht Leipzig begründet, das 1548 durch die neue Oberhofgerichtsordnung reformiert wurde. Die Hofgerichtsordnungen von 1529 und 1550 gaben dem Wirken des zweiten kursächsischen Hofgerichts in Wittenberg einen normativen Rahmen. Die starke Präsenz des Adels auf der Richterbank, die durch entsprechende Quoren festgeschrieben wurde, deutet auf die Tradition des Hofgerichts als ursprünglich adelig besetztem Schöffengericht beim Herrscher hin. Doch wird für beide Hofgerichte auch die Mitwirkung gelehrter Juristen verbindlich vorgeschrieben, die den Adeligen gegenüber in der Unterzahl waren.

Die im Text angesprochenen *Schöppenstül,* also die *Schöffenstühle,* waren Rechtsprechungsinstanzen mit eher überregionaler Funktion. Der Wortteil «Schöffen» deutet eine der historischen Wurzeln dieser Spruchkollegien an: Sie entwickelten sich aus den mittelalterlichen Schöffengerichten, in denen urteilende Schöffen einem verfahrensleitenden Richter gegenüberstanden, eine Struktur, die man als «Gerichtsdualismus» bezeichnen kann. Im Zusammenhang mit der Ausformung vor allem der mittel- und ostdeutschen Stadtrechtsfamilien entstanden die Schöffenstühle als «Spruchinstanz»[2] für die Anfragen von Schöffengerichten insbesondere zu Problemen der Stadtrechtsauslegung. Funktional entsprachen die Schöffenstühle in diesem Punkt den Oberhöfen. Die gutachtliche Funktion der Schöffenstühle scheint auch im Text auf, wenn dessen Autor auf die «Rechtsfragen» verweist, auf die u.a. auch die Schöffenstühle antworteten (vgl. Z. 10f.). Auch in der Besetzung der Schöffenstühle spiegelte sich das Vordringen des gelehrten Rechts wider, waren hier doch seit dem 16. Jahrhundert ebenfalls zunehmend gelehrte Juristen zu finden. Die Verflechtung der Schöffenstühle mit der Ausformung der Stadtrechtsfamilien zeigte sich im Kursachsen des 16. Jahrhunderts im Blick auf den Leipziger Schöffenstuhl. Bis 1574 war diese Instanz eine Institution der Stadt Leipzig, deren drei Bürgermeister zugleich auch Mitglieder des Schöffenstuhls waren. Das gelehrte Recht wurde durch zwei Doktoren der Leipziger Juristenfakultät repräsentiert. Von vornherein eine landesherrliche Institution war dagegen der Wittenberger Schöffenstuhl, der ausschliesslich aus gelehrten Juristen besetzt war.

Die starke Präsenz des gelehrten Rechts in der kursächsischen Gerichtsverfassung wird noch markanter in der Position der im Text angesprochenen «Juristen-Faculteten», also der juristischen Fakultäten. Seit etwa dem 15. Jahrhundert nämlich wurden die Rechtsfakultäten in Form der *Aktenversendung* zunehmend in die Urteilsfindung einbezogen. Die im Oberitalien der Postglossatorenzeit, also der Zeit der Kommentatoren, entstehende Praxis, gelehrte Juristen bei Gerichtsverfahren um eine gutachtliche Stellungnahme zu ersuchen, fand in der Aktenversendung ihre institutionalisierte Ausprägung. Die juristi-

---

[2] Vgl. GERHARD BUCHDA: «Gerichtsverfassung». In: HRG 1, Sp. 1563–1576, 1572.

schen Fakultäten wurden auf diese Weise ebenfalls zu gutachtenden und urteilenden Spruchkollegien, die freilich nur im Auftrag eines Gerichts oder eines Auftraggebers tätig werden konnten. Mit den Fakultäten von Leipzig und Wittenberg waren in Kursachsen zwei akademische Spruchkollegien tätig, deren Mitglieder teilweise auch in Schöffenstuhl und Hofgericht wirkten. Diese beeindruckende Vielfalt überregionaler Rechtsprechungsinstanzen in Kursachsen schuf allerdings auch erhebliche Probleme, wie sich aus dem vorliegenden Text ergibt: Denn es kam offensichtlich häufig zu gegensätzlichen Entscheidungen und «zweyerley Meinungen» (Z. 44), die die «Erhaltung […] gleichförmiges Rechtens» (Z. 13f.) in Kursachsen ernsthaft in Frage zu stellen schien. Zwar war 1559 mit dem Appellationsgericht Dresden eine oberste Appellationsinstanz geschaffen worden, durch die das in diesem Jahr verliehene *privilegium de non evocando et de non appellando illimitatum* institutionell ausgefüllt wurde. Doch das Appellationsgericht war offenbar nicht dazu in der Lage, die widerstreitende Judikatur von Schöffenstühlen, Hofgerichten und universitären Spruchkollegien zu vereinheitlichen.

2.2 Das Spannungsfeld zwischen dem Prozessrecht des *ius commune* und dem sächsischen Prozess

Die Regelung über den Lehnprozess beruht auf einem Widerspruch zwischen der Verfahrensordnung des «Sachsenrechts» und dem «Proces des gemeinen Rechtens» (vgl. Z. 41–43). In diesem Befund deutet sich das Gegeneinander von zwei Verfahrensordnungen an, das kennzeichnend für die auch im 16. Jahrhundert bestehende Vielfalt der Rechtsordnungen war.

Mit dem «Proces des gemeinen Rechtens» ist in erster Linie das Verfahrensrecht des Reichskammergerichts angesprochen, das erstmals in der Reichskammergerichtsordnung von 1555 umfassend geregelt worden war. Zu den zentralen Merkmalen des auf diese Weise entstandenen sogenannten *Kameralprozesses* zählte insbesondere die Schriftlichkeit des Verfahrens, die Verantwortung der Parteien für die Präsentation des Verhandlungsstoffs und die Gliederung des Parteivortrags in einzelne Artikel. Aufgrund der *litis contestatio*, also der «Streitbefestigung» des Themas durch den Kläger vor Gericht und durch die damit gegebene Unterwerfung unter die richterliche Entscheidung, konnte sich der Beklagte gegen das Vorbringen des Klägers nun auch wehren. Hingegen fehlte es weitgehend an effektiven Sanktionen für die Säumnis des Beklagten. Den Kern des Kameralprozesses bildeten die Regelungen des römisch-kanonischen Prozessrechts, das vor allem durch die päpstliche Dekretalengesetzgebung des 13. Jahrhunderts und die hierauf aufbauende Dekretalistik entwickelt worden war. Die Übernahme dieses Regelungsgefüges in das Verfahrensrecht des Reichskammergerichts belegt deswegen auch besonders nachdrücklich den Prozess der sogenannten *Vollrezeption,* also die grossflächige

Verbreitung des römisch-kanonischen Rechts in Mitteleuropa seit dem 15. Jahrhundert.

Zum Teil andere Regelungen galten demgegenüber im sächsischen Rechtskreis, der durch den um 1230 entstandenen «Sachsenspiegel» des *Eike von Repgow* und die hierzu entstandene «Buch'sche Glosse» geprägt war. Die dadurch vermittelte Kontinuität älterer regionaler Rechtsgewohnheiten zeigte sich besonders deutlich in einem tragenden Prinzip des sogenannten *sächsischen Prozesses:* Anders als im gemeinen Recht galt hier prinzipiell der Grundsatz der Mündlichkeit. Zudem waren die Beteiligten zu einem beschleunigten Prozessvortrag verpflichtet und die Säumnis des Beklagten konnte bei einem schlüssigen Klagvortrag zu seiner sofortigen Verurteilung führen. Das Spannungsverhältnis dieser beiden Prozessrechtsordnungen ist kennzeichnend für die Beziehung zwischen der Sphäre des *ius commune* und des *ius proprium.* Denn beide Regelungskreise überschnitten sich immer wieder und enthielten nicht selten auch unterschiedliche Antworten auf die je gleiche Rechtsfrage. Zwar war dieser Gegensatz in der gerichtlichen Praxis offensichtlich nicht so ausgeprägt, wie dies lange Zeit in der Literatur behauptet worden ist, akzeptierte doch etwa das Reichskammergericht ausdrücklich auch die partikulare «Rechtsvielfalt vor Gericht».[3] Trotzdem deutet sich im Text an, dass beide Rechtstraditionen immer wieder in Gegensatz zueinander geraten konnten.

2.3 Der Dualismus zwischen den Landesherren und den Landständen im Territorialstaat der Frühen Neuzeit

In der Einleitung des Textes wird betont, dass die «Landschaft» auf «etzlichen gehaltenen Landtagen» (Z. 8f.) den Erlass der vorliegenden Constitutionen angeregt und deren Entstehung begleitet hat. Damit treten die Landstände im frühneuzeitlichen Territorialstaat ins Blickfeld.

Erste Ansätze landständischer Aktivitäten lassen sich seit dem 13. Jahrhundert beobachten. Die Entstehung der Landtage beruhte wohl v.a. auf einer Verselbständigung der Hoftag um den Herrscher versammelten adeligen, klerikalen und städtischen Gruppierungen. Bereits 1231 wird in einem Reichsweistum betont, dass die Landesherren bei der Normsetzung an den *meliorum et maiorum terre consensus* gebunden seien, also an die Zustimmung der Höhergestellten des Landes. Diese Regel fand auch im gemeinen Recht ihre Entsprechung. Hier nämlich wurde die römisch-rechtliche Parömie, *quod omnes tangit ab omnibus approbari debet* («was alle angeht, muss auch von allen entschieden werden»), als normative Basis für ein Mitwirkungsrecht der Herrschaftsunterworfenen gedeutet. Wesentlich in der Herrschaftspraxis wurde das ständische Mitbestimmungsrecht bei der landesherrlichen Einführung neuer

---

[3] Vgl. PETER OESTMANN: Rechtsvielfalt vor Gericht. Rechtsanwendung und Partikularrecht im Alten Reich. Frankfurt a.M. 2002 (Rechtsprechung, Bd. 18).

Steuern, auf das schon im «Sachsenspiegel» (Ldr. III 91,3) ausdrücklich hingewiesen worden war. Nicht zuletzt aus diesem Grund wurden die Landstände auch zu Garanten des landesherrlichen Kredites. So konnten sie im Zeichen eines stetig wachsenden herrscherlichen Finanzbedarfs im 16. Jahrhundert zu gleichberechtigten Partnern des Landesherrn aufsteigen und massgeblich zur «Gewährleistung von Herrschaft»[4] beitragen. So kam es auch zum Abschluss von Verfassungsverträgen wie dem Tübinger Vertrag von 1514 in Württemberg, in dem Landstände und Landesherr als gleichrangige Vertragsparteien erschienen. Der landständische Einfluss machte sich jenseits des Steuerbewilligungsrechts auch im Bereich der entstehenden Landesverwaltung bemerkbar: So ist die adelige Mitwirkung an der Gerichtsbarkeit auch ein Ausdruck für die starke Position der Landstände, die nicht selten ihre Vertreter auch in den *Geheimen Rat* des Landesherrn bringen konnten. Als institutionelle Grösse traten die Landstände dem Landesherrn auf den auch im Text erwähnten *Landtagen* entgegen. Auf den Landtagen verhandelten die Stände meist getrennt nach Adel, Klerus und Städten, die jeweils gruppenweise ihre Vertreter bestimmten.

Ihre Grenze der Mitwirkung fanden die landständischen Befugnisse allerdings im grundsätzlichen Anspruch des Landesherrn, neue Normen aus eigenem Recht – wenn auch mit Zustimmung der Landstände – anordnen zu können. Die landesherrliche Gebotsgewalt, die in den Ausdrücken «Befehl und Verordnung» (Z. 3) auch im Text angesprochen ist, wurde von den Landständen prinzipiell nicht in Frage gestellt. Die Kirchen- und Policeyordnungen des 16. Jahrhunderts waren insofern ebenso ein Akt landesherrlicher Herrschaft wie die «Constitutionen» des vorliegenden Textes.

3. Quellenbestimmung

3.1 Textgattung

Der Text lässt sich als Sammlung von Regelungen mit verbindlichem Geltungsanspruch beschreiben.

3.2 Autor

Die Selbstbezeichnung des Autors lässt auf Kurfürst *August von Sachsen* (1526–1586) schliessen, der während seiner Regierungszeit (1553–1586) als Kurfürst zum führenden Mitglied der lutherischen Stände im Reich zählte.

---

[4] Vgl. VOLKER PRESS: Vom «Ständestaat» zum Absolutismus. 50 Thesen zur Entwicklung des Ständewesens in Deutschland. In: PETER BAUMGART/JÜRGEN SCHMÄDEKE (Hg.): Ständetum und Staatsbildung in Brandenburg-Preussen. Ergebnisse einer internationalen Fachtagung. Berlin/New York 1983 (Veröffentlichungen der Historischen Kommission zu Berlin, Bd. 55), S. 319–326, These Nr. 10, S. 320.

3.3 Adressaten

Die Adressaten sind nicht allein die Rechtsprechungsorgane in Kursachsen, sondern darüber hinaus alle Herrschaftsbetroffenen im Land.

3.4 Argumentation

In der Einleitung argumentiert der Autor eher abstrakt, in dem er sich auf die Gerechtigkeit, «Justitie», und das Ziel einheitlicher Rechtsanwendung bezieht. In den beiden nachfolgenden Regelungen wird dagegen auf die wissenschaftliche Autorität der kurfürstlichen Ratgeber verwiesen, also mit Blick auf Autoritäten argumentiert.

4. Historische Verortung

Die eben genannten Regierungsdaten des Autors legen es nahe, den Text in der zweiten Hälfte des 16. Jahrhunderts zu verorten. Dafür spricht auch der Verweis auf den gemeinen Prozess, der möglicherweise als Anspielung auf die Reichskammergerichtsordnung von 1555 zu verstehen ist. Dies spricht dafür, den Text in der Zeit danach anzusiedeln.

5. Historischer Hintergrund

Das 16. Jahrhundert ist geprägt von der fortschreitenden Konfessionalisierung der Herrschafts- und Rechtsordnung. Im Gefolge der Reformation wurde der Gegensatz zwischen Kaiser und Reich zunehmend überlagert durch die Spannungen zwischen protestantischen und katholischen Reichsständen. Der erste grosse bewaffnete Konflikt zwischen beiden Lagern konnte 1555 durch den Augsburger Religionsfrieden beendet werden. Doch die Gegensätze blieben bestehen und mündeten 1618 in den dreissigjährigen Krieg ein, der auch und gerade als Religionskrieg zu sehen ist. Denn das Gegeneinander der Streitparteien war grossenteils auch durch die unterschiedlichen Konfessionen bestimmt. Die gewaltsame Auseinandersetzung prägte auch die Geschichte anderer europäischer Länder wie etwa Frankreichs. Hier nämlich entladen sich die konfessionellen Spannungen 1562–1598 in den Hugenottenkriegen, die 1572 in der Bartholomäusnacht mit der Ermordung von 20000 Hugenotten ihren Höhepunkt erreichen; erst durch die Anerkennung der Hugenotten im Edikt von Nantes 1598 kommt es – ähnlich wie im Reich – zu einem Ausgleich zwischen den Konfessionen. Durch die Aufhebung dieses Edikts 1685 zerstört allerdings *Ludwig XIV.* die mühsam erreichte konfessionelle Balance und löst eine Massenflucht der Hugenotten aus, die ihrerseits zu massiven Schädigungen der französischen Wirtschaft führen sollte.

Die Erfahrung des konfessionellen Bürgerkrieges bildet den Hintergrund für den Entwurf der Souveränitätslehre von *Jean Bodin* (1529/1530–1596). In seinem 1576 erschienenen Hauptwerk «Les six livres de la Republique» formulierte er die Theorie einer höchsten Gewalt. Vor allem gegen die Vorstellungen von einem Widerstandsrecht gerichtet, wendet sich seine Konzeption auch gegen die ständische Mitbestimmung im Staat der Frühen Neuzeit und wird damit zum Ausgangspunkt einer europaweit geführten Debatte über Grund und Grenzen der fürstlichen Gewalt.

In der Herrschaftspraxis weitet sich der Anspruch der Fürsten und Könige daher in der zweiten Hälfte des 16. Jahrhunderts zunehmend aus. Begünstigt wird dieser Prozess zum Teil auch durch die Reformation. Denn in den fürstlichen Territorien protestantischer Konfession führt die Reformation zu einer Verbreiterung der landesherrlichen Position. Der Herrscher übernimmt die Leitung der evangelischen Landeskirche, die hierfür geschaffenen Kirchenordnungen sind regelmässig sein Werk. Nicht selten werden die Kirchenordnungen zum Vorbild der 1530 und 1577 auch auf Reichsebene erlassenen Polizeiordnungen. Mit diesem neuartigen Typ landesherrlich gesetzter Normen erreicht die Regelungsdichte der herrscherlichen Rechtsetzung eine neue Qualität. Unter Berufung auf das *gemeine Wohl* werden Regeln erlassen, die nicht allein tief in die Wirtschaftsverfassung hinein reichen, sondern auch eine Fülle von Anordnungen zur Regelung des Sozialverhaltens wie zu Kleidung, Feiern oder Alkoholkonsum enthalten. Es entspricht dem umfassenden Regelungsanspruch des Landesherren, dass ihm auch die systematische Neuordnung anderer Regelungsbereiche zum Anliegen wird: Unabhängig von der Konfession entstehen mit den sogenannten «Landesordnungen» in den Territorien umfassende Regelungen insbesondere zum Wirtschafts- und Verfahrensrecht sowie zum Recht der Landesverwaltung. In diesen auf das landesherrliche Gebotsrecht gestützten Normen verdichtet sich der herrscherliche Anspruch auf die rechtlich gestaltende Ordnung auch und gerade des entstehenden Staates. So bilden die Landesordnungen auch den ersten Ansatz für die Ausformung des fürstlichen Gesetzgebungsstaates.

Die Umwälzung des abendländischen Weltbildes durch Renaissance und Reformation bleibt auch in der Rechtswissenschaft nicht ohne Wirkungen. Die im 12. Jahrhundert entstandene Orientierung an der möglichst widerspruchsfreien Auslegung der römischen Rechtstexte gerät in die Kritik. Die neu entstehende Lehre, wegen der akademischen Verwurzelung der meisten ihrer Repräsentanten in der Universität Bourges als *mos gallicus* bezeichnet, sieht im römischen Recht nicht mehr eine abstrakt gültige Rechtsordnung. Die römischen Rechtstexte werden vielmehr als Zeugnisse der antiken Rechtskultur verstanden und deswegen von den späteren justinianischen Eingriffen abgegrenzt.

Deswegen gewinnt die Frage nach der ursprünglichen Textgestalt, die in der Legistik mit ihrem aktualisierenden Zugang zu den römisch-rechtlichen Texten noch nicht gestellt wurde, zunehmend an Bedeutung. Der Aufstieg der Philologie zu einer der Leitwissenschaften des 16. Jahrhunderts macht sich damit auch im rechtswissenschaftlichen Diskurs bemerkbar. Das zeigt sich besonders deutlich im Werk von *Jacques Cujas* (1520–1590), der zum Begründer der romanistischen Interpolationenforschung werden sollte. Textkritik in praktischer Absicht betreibt vor allem *Ulrich Zasius* (1461–1535), der Schöpfer der Freiburger Stadtrechtsreformation von 1520. Die Rückbesinnung auf den Text des römischen Rechts ist für ihn der einzige Weg, um dessen Bedeutungsgehalte zu ermitteln und die unüberschaubare Komplexität der Rechtsauslegung zu überwinden, die er durch die Tätigkeit der Glossatoren entstanden sieht.

6. Gegenwartsbezug

Die hier betrachteten Regelungen zielen auf die Herstellung von Rechtsprechungseinheit. Diese Zielsetzung hat nichts von ihrer Aktualität verloren. Im hierarchisch geordneten Staat der Gegenwart ist diese Aufgabe allerdings grundsätzlich der jeweils obersten Gerichtsbarkeit zugewiesen. Gesetzgeberische Eingriffe in die Judikatur durch die Änderung der je ausgelegten Gesetzesnorm sind hingegen auch in der Gegenwart immer wieder zu beobachten.

Deutlich unterschieden von der im Text angesprochenen Situation ist dagegen die Mitbestimmung der Herrschaftsunterworfenen. Denn das Prinzip der ständisch gebundenen Gruppenrepräsentation mit imperativem Mandat ist im Parlamentarismus der Gegenwart dem Konzept der Volksrepräsentation mit freiem Mandat gewichen.

Das im Text angesprochene Spannungsfeld verschiedener Rechtsordnungen findet im Europa der Gegenwart eine teilweise Entsprechung: Denn die immer weiter fortschreitende Ausweitung des Europarechts führt dazu, dass in den Mitgliedsstaaten der EU nationale Rechtssätze nicht selten mit v.a. sekundärem Europarecht kollidieren. Allerdings ist zur Regelung solcher Kollisionsfälle prinzipiell keine besondere Einzelentscheidung erforderlich, da der Vorrang des europäischen Rechts sich bereits aus der (verfassungs-)gesetzgeberischen Entscheidung der Mitgliedstaaten für den Beitritt in die EU ergibt.

III. Quelle und Literatur

Quelle
«Kursächsische Konstitutionen» (1572). In: FRANZ BEYERLE/WOLFGANG KUNKEL/HANS THIEME (Hg.): Quellen zur Neueren Privatrechtsgeschichte Deutschlands, Erster Band, Zweiter Halbband, Landrechte des 16. Jahrhunderts. Bearbeitet von WOLFGANG KUNKEL. Weimar 1938, S. 243ff., S. 257–258, 259, 261, 262–263, 266.

Literatur
HANS SCHLOSSER: Privatrechtsgeschichte, S. 41–48, 72–78.
MARCEL SENN: Rechtsgeschichte I, S. 207–215.
DIETMAR WILLOWEIT: Deutsche Verfassungsgeschichte, S. 93f., 132–136, 183–185.

Handbuchartikel
GERHARD BUCHDA: Kursächsische Konstitutionen. In: HRG 2, Sp. 1304–1310.
WOLFGANG SELLERT: Prozess des Reichskammergerichts. In: HRG 4, Sp. 29–36.
WOLFGANG SELLERT: Prozess, sächsischer. In: HRG 4, Sp. 36–39.
FRIEDRICH BATTENBERG: Schöffenstuhl. In: HRG 4, Sp. 1474–1478.

Vertiefend
HEINER LÜCK: Die landesherrliche Gerichtsorganisation Kursachsens in der Mitte des 16. Jahrhunderts. In: HEINZ MONHAUPT (Hg.): Rechtsgeschichte in den beiden deutschen Staaten (1988–1990). Beispiele, Parallelen, Positionen (Studien zur europäischen Rechtsgeschichte, 53). Frankfurt a.M. 1991, S. 287–322.

AT

10. Text: Staatsmacht und Souveränität als Problem

I. Quellentext

1. *Höchste Gewalt.* – Eine Gewalt heißt dann höchste, souveräne, wenn sie keine höhere anerkennen muß; denn das Wort «höchste» bezeichnet die Negation eines Höheren, dem der zu gehorchen hat, dem man souveräne Gewalt zuschreibt. Dies wird aber von einem Höheren auf Erden oder unter Menschen verstanden; denn mit Gott wird hier kein Vergleich angestellt; denn welcher menschliche Fürst würde sich herausnehmen, auch nur zu versuchen, sich der göttlichen Gewalt zu entziehen, es sei denn, er sei gottlos oder wahnsinnig? Durch die genannte Negation wird also die Unterordnung unter einen höheren sterblichen Menschen ausgeschlossen. Diese Negation kann aber auf verschiedene Weise aufgefaßt werden; damit also der Titel der gegenwärtigen Untersuchung richtig verstanden und gegen andere Fragen, die hier entstehen können, abgegrenzt werde, müssen wir die Eigenart und den Sinn dieser Negation deutlich machen. Zunächst nämlich könnte sie schlechthin jede Unterordnung unter eine menschliche Autorität verneinen sowohl im geistlichen wie im weltlichen Bereich. In einem anderen Sinn verneint sie dagegen nur die Unterordnung im weltlichen, staatlichen Bereich. In der erstgenannten Frage besteht die entscheidende Meinungsverschiedenheit zwischen uns und dem König von England; denn er will niemandem auf Erden Untertan sein, auch nicht in geistlichen Dingen, was wir für einen Verstoß gegen den Glauben und christlichen Gehorsam halten. [...]

2. *Direkte und indirekte Unterordnung.* – Man unterscheidet sodann in der vorliegenden Frage gewöhnlich eine doppelte Unterordnung, nämlich die direkte und die indirekte. Direkte heißt jene, die innerhalb der Grenzen der gleichen Gewalt liegt; indirekt jene, die nur aus der Hinordnung auf ein höheres, einer übergeordneten und erhabeneren Gewalt zugeordnetes Ziel hervorgeht. Denn die eigentlich staatliche Gewalt ist von sich aus nur auf das Wohlbefinden und das zeitliche Glück des menschlichen Gemeinwesens für die Zeit dieses irdischen Lebens hingeordnet, und deshalb wird sie auch zeitliche Gewalt genannt. Deshalb heißt die Staatsgewalt dann in ihrem Bereich die höchste, wenn ihr in diesem Bereich und hinsichtlich ihres Zieles die letzte Entscheidung in ihrem Machtgebiet oder in der ganzen Gemeinschaft, die sie leitet, zusteht; daher hängen von einem solchen souveränen Fürsten alle untergeordneten Behörden ab, die in einem solchen Gemeinwesen oder in einem seiner Teile Gewalt haben, der souveräne Fürst hingegen ist hinsichtlich des Zieles der Staatsleitung keinem Höheren unterworfen. Weil

aber das zeitliche und irdische Glück auf das geistliche und ewige zu beziehen ist, kann es vorkommen, daß die Angelegenheiten des Staates wegen des geistlichen Wohles der Menschen anders zu ordnen und zu leiten sind, als das Staatswohl allein es zu fordern scheint. Dann aber gilt: Obwohl ein zeitlicher Fürst und seine Autorität in ihrem Rechtsbereich nicht direkt von einer anderen Autorität der gleichen Ordnung, die dasselbe Ziel verfolgt, abhängt, kann es doch vorkommen, daß er in seinem eigenen Amtsbereich von einer höheren Autorität, welche die Menschen auf ein erhabeneres, ewiges Ziel hinlenkt, Leitung, Hilfe oder auch Zurechtweisung annehmen muß; diese Abhängigkeit heißt dann indirekt, weil jene höhere Autorität sich auf die zeitliche Angelegenheit nicht an sich und um ihrer selbst willen, sondern gleichsam indirekt und nur zuweilen einmal um eines anderen Zieles willen bezieht. [...]

    6. Die richtige Ansicht. – Nichtsdestoweniger ist zu sagen: Die christlichen Könige haben in ihrem Bereich die höchste staatliche Gewalt, und brauchen keinen anderen direkt Übergeordneten innerhalb des zeitlichen bzw. staatlichen Bereiches anzuerkennen, von dem sie in ihren Amtshandlungen wesentlich abhängen. Es gibt also in der Christenheit nicht einen einzigen höchsten zeitlichen Fürsten der ganzen Christenheit oder all ihrer Königreiche, sondern es gibt so viele Fürsten, wie es Königreiche oder souveräne Staaten gibt. Dies ist unter den Katholiken die gewöhnlichere und allgemeiner anerkannte Ansicht. [...]

II. Interpretation

1. Zusammenfassung

Der Text besteht aus drei nicht vollständig wiedergegebenen Abschnitten, die mit 1, 2 und 6 beziffert sind. Sie beginnen jeweils mit Stichworten wie «höchste Gewalt», «direkte und indirekte Unterordnung» sowie «die richtige Ansicht». Zunächst wird der Begriff der Gewalt negativ als Ausschluss, unter der Gewalt eines anderen zu stehen, definiert. Dabei unterscheidet der Autor den weltlichen vom geistlichen Bereich, worüber zwischen der Ansicht, die er vertritt, und derjenigen des Königs von England eine Differenz bestehe. Begründet wird die Unterscheidung der beiden Bereiche mit den unterschiedlichen Zielsetzungen: Der Fürst leite den Staat im Sinne des zeitlichen Gemeinwohls, die geistliche Autorität dagegen im Sinne des ewigen und überirdischen Ziels aller Menschen, weshalb erstere indirekt von der zweiten Zielsetzung abhänge und es deswegen richtig sei, dass auch der zeitliche Fürst eine Zurechtweisung von der geistlichen Autorität erhalten könne. Daher gebe es nach Ansicht der Katholiken im weltlichen Bereich der Christenheit so viele Staaten wie es Fürsten gebe, aber nur eine geistliche Autorität.

2. Sachliche Aussagen

Die im Text thematisierte Problematik lässt sich unter folgenden Themenschwerpunkten behandeln: Souveränität und Unterordnung, Staatszweck zwischen Zeitlichkeit und Ewigkeit, Meinungsverschiedenheit mit dem König von England.

2.1 Souveränität und Unterordnung (Ziff. 1 und 6)

Der Autor greift eine zu seiner Zeit offensichtlich zentrale, aber kontrovers diskutierte Thematik auf, nämlich die Frage der Souveränität. Zunächst definiert er den Begriff der Souveränität und bezeichnet denjenigen als souverän, der sich keinem Anderen unterordnen und gehorchen muss. Diese Definition knüpft offensichtlich an *Jean Bodins* (1529–1596) Begriffsbildung an.

Der Jurist *Jean Bodin* hatte 1576 den Begriff der Souveränität mit seinem Werk «Les six livres de la république» (lat. 1583) in die politische Diskussion eingeführt. In Buch I Kap. 8 definiert er den Begriff in Anlehnung an das lateinische Wort *majestas* als die absolute und dauernde Staatsgewalt. Sie ist unangefochtene Befehlsgewalt. Mit absolut und dauernd drückt Bodin aus, dass die Staatsgewalt nicht abgeleitet ist. Abgeleitet wäre sie, wenn sie eine zeitlich bloss vorübergehende wäre: Dann handelte der Gewaltinhaber als Stellvertreter eines anderen. Abgeleitet wäre sie aber auch, wenn sie sich aus der Macht des Volks ergäbe und relativ, also nicht absolut wäre, und der Gewaltinhaber sich seinem Volk gegenüber somit zu verantworten hätte. Souveränität kann daher weder durch eine andere Gewalt, noch durch eine Frist, noch durch Gesetz begrenzt sein. An diesem Punkt räumt *Bodin* im Sinn der klassischen Naturrechtslehre ein, dass mit Gesetz nur die menschliche Satzung gemeint sein könne, weil alle Fürsten den Gesetzen Gottes und dem Naturrecht unterworfen seien.

Der Zweck der Herausbildung des Souveränitätsbegriffs war es, die politische Gewalt zu emanzipieren. Denn mittelalterliche Macht war stets abgeleitete Macht. Alle Herrscher standen in hierarchisch strukturierten, aber wechselseitigen Verpflichtungen, die man als Lehnrecht bezeichnet hat. Ihre Macht definierte sich aus einem Netz von Mächtigkeiten. An der Spitze der Hierarchie stand der König, der wiederum seinem Selbstverständnis zufolge als Stellvertreter Gottes – also bedingt – zu handeln vermochte, da er seine Macht aus Gottes Hand ableitete und sich dafür als Schützer der Christenheit verpflichtet sah. Deshalb führte er nicht nur ein Reich in der römischen Tradition, sondern auch ein heiliges Reich mit Bezug auf die Religion.

Als die Reformation die Einheit der Christenheit spaltete, schwand diese Legitimationsbasis. Eine Ableitung der weltlichen Macht nun aus religiöser Macht liess sich daher nicht länger rechtfertigen. Vielmehr musste eine institutionell sichere Macht gerade im Krieg um die Macht aus sich selbst begründet werden. Der Schlüssel dazu hiess Souveränität. Souveränität oder *majestas* bedeutete Machtvollkommenheit, die sich selbst genügte, und die sich von niemandem einen Befehl gefallen liess, sich niemandem gegenüber zu verantworten brauchte und in zeitlicher Hinsicht uneingeschränkten Bestand hatte.

Dies war und ist freilich ein ganz neues Selbstverständnis von Autonomie, das mit dem mittelalterlichen Rechtsverständnis nichts mehr gemein hat, sondern sich aus dem Geiste der selbstbewussten Renaissance und dem antiken Herrscherideal nährt. Darin steckt freilich auch die Problematik des Selbstverständnisses der leichten Verletzlichkeit. Wann immer diese Machtvollkommenheit nur schon ansatzweise in Frage gestellt zu werden droht, war und ist entschieden zu reagieren.

2.2 Staatszweck zwischen Zeitlichkeit und Ewigkeit (Ziff. 2)

Der Autor definiert die staatliche Gewalt als das «zeitliche Glück des menschlichen Gemeinwesens». Alle, die nun daran arbeiten, hängen von dieser dafür verantwortlichen souveränen Gewalt ab, die keiner anderen Instanz oder Person unterworfen sei. Doch dieses Glück sei auf irdische und nicht auf geistliche, sei auf zeitlich begrenzte und nicht auf ewige Ziele hingeordnet.

Hier verlässt der Autor den stringent rationalen Diskurs der Machtbegründung und geht auf die traditionelle Argumentationsebene der aristotelisch-christlichen Wertorientierung über. *Aristoteles* sah nämlich in allem eine Zweckgerichtetheit. Andere antike Autoren, wie etwa *Epikur,* erblickten im zweckgerichteten Streben der Menschen die Suche nach irdischem Glücksgefühl. Die mittelalterliche Rezeption des aristotelischen Gedankenguts entwickelte daraus eine religiös motivierte Sinnsuche des Menschen auf Erden, woran auch der Autor anknüpft und somit den politischen Diskurs um die Macht mit einer Frage nach deren letztem Sinn problematisiert, um zugleich die Macht der katholischen Kirche zu festigen (vgl. Ziff. 6).

Dabei arbeitet er mit dem Mittel einer einfachen Differenzierung zwischen weltlichem und ewigen Bereich, wobei letzterer vorausgesetzt wird. Mittels dieser Unterscheidung gelingt es ihm, die weltliche Souveränität eines Fürsten unangetastet zu lassen, sie aber zugleich auch dadurch zu relativieren, dass er sie auf ein ausser ihrem Machtbereich noch erhabeneres Ziel hinweist. Dadurch legitimiert er den Einspruch jener Autorität, die diese höhere Macht repräsentiert. Es ist unschwer dem Abschnitt 6 zu entnehmen, der mit «richtiger Ansicht» überschrieben ist und von der vorherrschenden Ansicht unter den Katholiken spricht, dass mit dieser geistlichen Autorität der Papst gemeint ist.

Damit richtet sich der Autor offensichtlich gegen zwei neuere Strömungen, nämlich einerseits gegen ein säkulares Macht- und Staatsräsondenken des frühen Absolutismus, wie es etwa *Macchiavelli* mit «Il principe» zu Beginn des 16. Jahrhunderts vertreten hat, und andererseits gegen die Auffassungen vom reformierten Kirchenregiment nach *Luther* oder *Calvin*.

2.3 Meinungsverschiedenheit mit dem König von England (Ziff. 1)

Die Meinungsverschiedenheit mit dem König von England betrifft, wie sich aus den vorstehenden Ausführungen ergibt, die Frage der Leitung der Kirche bzw. des geistlichen Bereiches. Sie liegt in England seit 1534 beim König, wodurch sich die anglikanische von der katholischen Kirche unterscheidet. Die Trennung geht auf *Heinrich VIII.* und dessen Suprematieakt von 1534 zurück.

Heinrich VIII. (1491–1547) war ein entschiedener Gegner der Reformation. Er verfasste eine Schrift gegen *Luther* und erhielt dafür den päpstlichen Titel eines *defensor fidei* (Verteidiger des Glaubens). Doch *Heinrich* hatte ein persönliches Problem zu lösen und erwartete vom Papst ein Entgegenkommen. Er wollte einen männlichen Thronfolger, den ihm seine Ehefrau *Katharina von Aragon* nicht gebar. Obwohl die Ehe nach katholischer Auffassung ein Sakrament ist und somit nicht geschieden werden kann, wollte *Heinrich* sich scheiden lassen. Der Papst jedoch versagte ihm dies. *Heinrich* reagierte eigenmächtig, trennte sich von seiner Ehefrau und rief im folgenden Jahr 1534 die Suprematie des Königs über die anglikanische Kirche aus. Sein Kanzler *Thomas Morus*, der auch der Verfasser der berühmten «Utopia»-Schrift ist, trug diese Politik jedoch nicht mit. Auf Geheiss des Königs wurde ihm der Prozess gemacht; er wurde hingerichtet. In der Folge verstaatlichte *Heinrich* den Grundbesitz der Klöster und Kirche und sanierte auf diese Weise die bankrotte Staatskasse. Insgesamt heiratete er noch fünf Mal: Zwei Ehefrauen liess er hinrichten, eine starb kurz nach der Geburt und von einer liess er sich scheiden, die letzte aber überlebte ihn. Aus Heinrichs Ehen gingen die späteren Königinnen *Maria I.* und *Elisabeth I.* sowie *König Edward VI.* hervor. Etwas von der machtvollen Impression des Beherrschers des geistlichen und weltlichen Bereichs in England veranschaulicht der Frontispiz[1] des «Leviathan» bei *Hobbes*. Der Autor nimmt im Namen der katholischen Kirche entschieden Stellung gegen Heinrichs Position.

---

[1] Vgl. MARCEL SENN: Rechtsgeschichte I, S. 217, Abb. 8.4.

3. Quellenbestimmung und historische Verortung

3.1 Argumentation

Auffällig am vorliegenden Text ist die Argumentationsweise. Der Autor operiert geschickt mit Differenzierungen. Die Argumentation wirkt einfach, schnörkellos, strikt logisch, sogar formallogisch, also typisch rationalistisch. Es gibt auch keinen Bezug auf eine Autorität. Die Argumentation folgt dem rationalen Humanismus, der den eigenen Vernunftgebrauch und somit die logische Argumentation in den Mittelpunkt setzt, während der historische Humanismus, wie ihn etwa *Grotius* (1583–1645) pflegte, Aussagen durch Zitation vor allem älterer Quellen begründet, um damit auszudrücken, dass das Naturrecht Geschichte geworden sei. Die vorliegende Argumentation dagegen ist in und aus sich heraus schlüssig. Und dennoch referiert sie Ansicht und Gegenansicht und kommt zur «richtigen Ansicht», was wieder an die Dialektik der Scholastik erinnert.

3.2 Adressaten

Von der Gedankenführung her versteht jeder intelligente Mensch den Text, vom Inhalt her dürfte der Text aber nur jene Kreise interessieren, die die Diskussion des Anliegens auch angeht, und dies sind offensichtlich Theologen, Kirchenrechtler und die politische Führungselite einschliesslich Diplomaten und Völkerrechtler, da der Text eine klare internationale Botschaft hat.

3.3 Historische Verortung

Offensichtliche Bezüge sind die Souveränitätslehre von *Bodinus* (1576) und der Anglikanismus (seit 1534), die den Text mit Sicherheit in die Zeit nach 1576 datieren lassen. Implizit wird auch klar, dass der Autor ein intelligenter Vertreter der katholischen Gegenreformation sein könnte; auch die Argumentationsmethode, die Ansicht und Gegenansicht vorträgt und dann mit einer richtigen Ansicht schliesst, verweist auf spätscholastische Elemente und somit in Richtung Gegenreformation. Doch da noch von keinem Krieg die Rede ist, müsste der Text vor Ausbruch des dreissigjährigen Krieges von 1618 verfasst sein.

3.4 Sprache

Über die Sprache wissen wir nichts, ausser dass eine moderne Übersetzung vorliegen muss. Aufgrund des Adressatenkreises und der Entstehungszeit um 1600 wird der Text in lateinischer Sprache abgefasst sein, sowohl als wissenschaftlicher als auch politischer Text, der international verständlich sein soll.

3.5 Textgattung

Es handelt sich um eine Abhandlung mit spezifisch weltlichen und geistlichen Aspekten der zeitgenössischen Staatstheorie mit einem deutlich katholisch-theologischen Einschlag.

3.6 Standpunkt des Autors

Es wird sich um einen Juristen oder Theologen im diplomatischen Dienst handeln, der den Standpunkt der europäischen Kirchenmacht (des Katholizismus) vertritt. Da gegenreformatorische Ansichten deutlich sind, könnte es sich um einen Jesuiten handeln, sind diese doch als Berater sowohl in Rom als auch an den Fürstenhöfen im 16. bis 18. Jahrhundert erfolgreich tätig. In jedem Fall versucht der Autor eine Vermittlung zwischen katholischer Kirche und säkularem Staatswesen.

4. Historischer Hintergrund

Zu Beginn des 16. Jahrhunderts befindet sich Europa in einer gewaltigen Umbruchphase. Während hier im Text die rationale Argumentation aufscheint, brodelt es tatsächlich in Europa. Dieses Spannungsverhältnis kommt in der Parömie: *Memento mori – carpe diem* (sei Deiner Sterblichkeit bewusst, geniesse den Tag) voll zum Ausdruck. Das Zerstörende, der Tod ist allgegenwärtig, die Flucht ins Vergnügen des Alltags soll die Existenzangst bezwingen helfen.

Mit dem Augsburger Religionsfrieden von 1555 war nur der Riss in der Einheit des Christentums überdeckt worden. Mit der Reorganisation des Katholizismus durch das Tridentiner Konzil (1545–1563) und der Schaffung des Jesuitenordens (1534, päpstlich bestätigt 1540) wurde die Gegenreformation in ganz Europa vorangetrieben. Die religiösen Spannungen und Wirren durch die verschiedensten religiösen Reformgruppierungen und die Bestrebungen der Rekatholisierung überschatteten Europa noch während mehr als einhundert Jahren. Zwischen den alteidgenössischen Orten sollte dieses Konfliktpotenzial sich sogar erst zu Beginn des 18. Jahrhunderts in den Villmerger-Kriegen entladen. Die Gegensätze führten vielerorts zu Bürgerkriegen wie in den Niederlanden und England; Mitteleuropa wurde in einen dreissig Jahre dauernden Krieg gezogen. Das Muster war überall dasselbe: die Frage nach der Religion wurde von politischen und ökonomischen Interessen begleitet.

Religiöser Fanatismus und säkularer Irrglauben mischten sich in die innerstaatlichen Hexen- und Ketzerverfolgungen, die im Reich in der ersten Hälfte des 16. Jahrhunderts ihren Höhepunkt als Massenphänomen erreichten. Gleichzeitig nutzten insbesondere die seefahrenden Nationen Westeuropas die Gelegenheit einer forschen, meist aggressiven Kolonialisierung einheimischer Völker in Lateinamerika, Afrika und Südasien. Menschenhandel und Sklaverei waren die elenden Begleiterscheinungen der gepriesenen neuen Zeit.

Auf der anderen Seite begann die *clarté* des Rationalismus – eine einfache äussere Ordnungsstruktur – das Bewusstsein der Menschen zu prägen. Entdeckungen in den Natur- und Medizinwissenschaften revolutionierten seit Mitte des 17. Jahrhunderts das Weltbild und Menschenverständnis.

Vor dem Hintergrund dieser Spannungen entstand ein Europa der nationalen und autarken Königreiche, Fürsten- und Herzogtümer mit zentralistischen Verwaltungsstrukturen. Absolutismus und Merkantilismus bildeten die konkrete Souveränität der frühneuzeitlichen Staatenwelt.

5. Gegenwartsbezug

Das 20. Jahrhundert hat die übersteigerten Gefühle und Ideen von Souveränität des Nationalstaats mit zwei Weltkriegen bezahlt, die Europa und den Globus überzogen. Gleichzeitig ist das Problembewusstsein für die international-grenzüberschreitenden Zusammenhänge gewachsen. Denn die Probleme der Kriminalität, des Terrorismus, der Umwelt und der Naturkatastrophen lassen sich nicht unter nationalen Gesichtspunkten sehen und erfolgreich lösen. Auch können, was längst alle wissen, die Wirtschaftszusammenhänge nicht einfach als Problemfelder der Nationalökonomien betrachtet werden. Die Souveränität, wie sie den Staaten der frühen Neuzeit zugekommen ist, sollte heute zur Durchsetzung des Rechts, des Friedens und der Versorgung der internationalen Staatenorganisation selbst – also der UNO – überantwortet werden. Im Zeitalter der Globalisierung werden sich die Aspekte der nationalstaatlichen Souveränität je länger desto mehr auf die Bereiche der Ästhetik nationaler Philatelie, der musikalischen Unterhaltungsindustrie sowie der pfiffigeren T-Shirt-Designs verlagern müssen. Selbst in Sachen Tourismus wird seit Jahren eine globale Standardisierung betrieben, die auch die letzten Differenzen der nationalen und regionalen Eigenheiten immer mehr einebnet.

III. Quelle und Literatur

Quelle
FRANCISCO SUÁREZ: Verteidigung des katholischen und apostolischen Glaubens gegen die Irrtümer der Anglikaner. In: DERS.: Ausgewählte Texte zum Völkerrecht. Lateinischer Text nebst deutscher Übersetzung, hg.v. JOSEF DE VRIES. Tübingen 1965, S. 80–107, insb. 81, 83, 89.

Anmerkung
Suárez Francisco (1548–1617), Spanien und Portugal, Kanonist, Theologe und Philosoph, Jesuit, moderner Thomist. Hauptwerke: «Tractatus de legibus ac legislatore Dei» (1612), «Defensio fidei» (1613). Theoretisch klare Trennung zwischen *ius naturae* und *ius gentium*. Auswirkungen nachgewiesen auf *Descartes, Leibniz* und *Grotius*.

Literatur
CHRISTOPH BERGFELD: Suárez. In: Michael Stolleis (Hg.): Juristen – ein biographisches Lexikon. München 2001, S. 610–611.
FRANK GRUNERT/KURT SEELMANN (Hg.): Die Ordnung der Praxis. Neue Studien zur Spanischen Spätscholastik. Tübingen 2001.
MARCEL SENN: Rechtsgeschichte I, Kap. 8 und 9 I und II.
MARCEL SENN/LUKAS GSCHWEND: Rechtsgeschichte II, Kap. 8.
HANS WELZEL: Naturrecht und materiale Gerechtigkeit, S. 89–113.

MS

11. Text: Hexenverfolgung

I. Quellentext

Ich will Dir sagen an welchem ding es grossen Herren fürnemblich gebreche / und was deren welche alles besitzen / gemeiniglich ermangele, nemblich: Derjenig welcher ihnen die Wahrheit sage [Seneca, De benefic. VI/4, 30].

Die I. Frage: Ob auch in Warheit Zauberer / Hexen / und Unholde seyen?

[Ich antworte:] Ja: Dann ob mir zwar nicht unbewusst / dass etliche / und da-
5 runder auch einige Catholische Gelährte [...] / dasselbige in Zweifel gezogen / obs auch zwar etliche davor halten / oder muthmassen wollen / dass mans in der katholischen Kirchen / nicht zu allerzeit geglaubt habe / dass die Hexen und Unholden ihre warhaffte leibliche Zusammenkunfften hielten [...] ob auch wohl endlich ich selbst / als ich mit underschiedenen [verschiedenen Personen]
10 dieses Lasters schulthaftigen [beschuldigten] / in ihren Gefängnissen vielfältig und offt umbgegangen / und der Sachen nicht allein fleissig und genau / sondern fast vorwitzig nachgeforschet / mich nicht ein- sondern etliche male so betreten befunden / dass ich fast nicht gewusst / was ich diesfals glauben sollte. Nichtsdestoweniger / demnach ich meine hierbey sich erzeugende / zweifel-
15 haffte und verwirrete Gedancken / kürzlich zusammenfasse und erwege / so halte ichs gänzlich darvor / dass in der Welt warhaftig etliche Zauberer und Unholden seyen / und dass dasselbig von niemanden ohne Leichtfertigkeit / und groben Unverstand geleugnet werden könne. [...]

Die II. Frage: Obs in Teutschland mehr Zauberer / Hexen und Unholden gebe / als anderswo?

[Ich antworte:] Diese Frage trifft eine Sache an / so ich nicht weiss. [...] Man
20 meinet und hebt einmahl darvor / dass in Teutschland mehr Zauberer seyen als anderswo. Ursach ist diese: Es rauchet ja in Teutschland fast allenthalben. Wovon und warumb? Darumb weil man in Arbeit ist / die Zauberer und Zauberschen zu verbrennen und auszurotten: Ist dann nicht hieraus klärlich abzunehmen / dass dies Unheil in Teutschland sehr weit eingerissen sey? Und zwar dies
25 Rösten / Sengen / und Brennen / ist ein zeitlang in unserm lieben Vaterlande so gross gewesen / dass wir die Teutsche Ehr bey unseren Ausländischen Feinden / nicht umb ein geringes verkleinert / und (wie die Schrift sagt [2. Mos 5,21]) unseren Geruch bey Pharaone stinckent gemacht haben. Zu diesem wird vor-

gemelter Wahn / dass es bey uns so viel Zauberer geben sollte / aus diesen beiden Hauptquellen / gleichsamb angefruchtet und ernehret: Die erste ist […] der
Unverstand und Aberglaube des gemeinen Volcks […]. Zweyte Grundquell /
ist die Missgunst und Bosheit des gemeinen Pöbels […].

**Die IV. Frage: Ob dann dieses Laster [Zauberei oder Hexerei] under die-
jenige zu zehlen seye / welche man excepta oder ausser der Ordnung nen-
net?**

[Ich antworte:] Ja. Hier mercke dass die Rechtsgelährten zweyerley Arten der
Laster oder Missethaten zu machen pflegen / unnd nennen etliche gemeine
Laster / als da sind: Diebstal / Todtschlag und dergleichen / andere gröbere /
und mehr abscheuliche Laster aber / welche mehr als die vorige / schnurstracks
zum verderben des gemeinen Wesens gereichen / und den gemeinen Nutzen
auff sonder- und fast wunderbare Weise kräncken / als da sind die Laster der
beleydigten Maj[estät] […], der verdamlichen Ketzery […], der Zauberey […],
der Verrätherey und Verbündniss wider Kays. Maj[estät] oder das Heil. Röm.
Reich […], der Münzverfälschung […] und Strassenmordes […] und dergleichen / werden excepta crimina genennet / Gestalt sie dann denselben Nahmen
daher haben / weil sie der ordentlichen disposition und regulen der rechten
nicht eben underworffen seind […].

**Die V. Frage: Obs dann zugelassen sey / gegen diese extraordinari Laster /
den Process nach belieben anzustellen.**

Ich sage nein / dass sich solches nicht gezieme. Ursache: Dann ob zwar diese
Laster [wie ich gesagt] von menschlichen oder gemeinen beschriebenen Rechten ausgeschlossen seind / so seind sie dennoch von demjenigen / was die Vernunfft und das natürliche Recht erfordert / nicht ausgenommen. […] Wofern
wir anderst nicht gar ungerecht sein wollen / so müssen alle Richter ihnen dieses als eine allgemeine unumstössliche Regul vor Augen gestellet sein lassen:
Dass man in keinem Laster / es sey exceptum aut non exceptum, Gemein / oder
ausser der Ordnung / den Process anderst führen könne oder solle / als wie es
die recht regulirte Vernunfft erfordert. […]

**Die XVII. Frage: Ob man auch denjenigen, so dieses Lasters [der Hexerei]
halben / eingezogen [inhaftiert] werden / ihre defension und schutzwehr /
und einen Advocaten zu gestatten schuldig seye?**

Ich schäme mich zwar dieser Frage / aber die Bosheit unserer itzigen Zeiten /
kann mich der Schämbte [Scham] entheben. […]
    I. Antwort: Wann man weiss / dass einer ein solch crimen exceptum be-
gangen habe / so wird nach Ordnung der gemeinen Rechten / dem Thäter keine
defension oder Advocatus gestattet. […] Dahero denn wann einer / oder eine /

da er oder sie eingezogen [inhaftiert] wird / ein solch ausgenommenes Laster /
60 ueber sich nicht leugnet / sondern dessen gestehet / aber solches excusiren,
oder entschuldigen will [...] in solchem Fall man ihme seine defension abschlagen kann. – Aus dieser Ursache: Weil dergleichen entschuldigen / als
nichtswürdig und vergeblich / nicht angenommen werden sollen / insonderheit /
da die Grausamkeit dieses Lasters / durch den gemeinen Consens und Ueber-
65 einstimmung der Doctoren und Rechtslährer / schon vorhin gnugsam an den
Tag gebracht uns erkläret worden ist. [...]
    II. [Antwort:] Da man dess Lasters / noch keinen gründlichen gnugsamen
Bericht und Gewissheit hat / dass dieser oder jener / dasselbig begangen haben
solle / da soll und muss man nach gemeinem schluss / der Rechtsgelährten /
70 dem Beklagten seine defension und einen Advocaten zu lassen. [...] Aber was
ist nöthig diesfalls / auf die Authores sich zu berufen [...] / gebens doch die
natürliche Rechten [...] / dass du dich verthätigen [verteidigen] mögest / so
lang und viel / biss man dich einer ubelthat / uberwiesen hat? [...] Und solches
erfordert auch neben dem natürlichen Recht / die Christliche Liebe. [...]

**Die XX. Frage: Was von der Tortur oder Folterung zu halten? Ob auch
wohl den Unschuldigen offtermahls darbey zu kurtz geschehen könne?**

75 [Ich antworte:] Es hat mit der Peinlichen Frage gemeinlich eine solche Be-
schaffenheit / dass [...] darbey gar offtmahls / und fast ins Gemein / der un-
schuldig mit eingeflickt und in Gefahr Leibs und Lebens gezogen wird / und
welche unser liebes Teutschland so voll Zauberer macht / und dasselbig mit
unerhörten Lastern erfüllet [...] und das umb [der] nachfolgenden Ursachen
80 willen: [...] Ist [...] hoch zu besorgen / dass ihrer [der Gefolterten] viele / damit sie von der Folter erlöst werden / das jenig bekennen / dessen sie niemahls
schuldig worden / und alles das jenig sagen / was ihnen entweder von denen so
sie examiniren, an [die] Hand gegeben wird / oder was sie selbst vorhin bedacht haben. [...]

II. Interpretation

1. Zusammenfassung

Der Text entstammt einem grösseren Werk und setzt sich aus einem Einlei-
tungszitat sowie mehreren Fragen mit entsprechenden Antworten zusammen.
Der Autor bejaht die Existenz von Hexerei und Zauberei (Frage 1), stellt aber
in Abrede, dass dieses Phänomen in Deutschland häufiger sei als im Ausland

(Frage 2). Hexerei und Zauberei werden als ausserordentliche Delikte bezeichnet (Frage 4), für die aber ein Prozess *nach belieben* nicht zulässig sein soll (Frage 5). Weiterhin untersucht der Autor, ob die der Hexerei oder Zauberei beschuldigten Personen Anspruch auf den Beistand eines *Advocaten* haben (Frage 17). Schliesslich wird danach gefragt, inwiefern die Peinliche Frage auch zur Verurteilung Unschuldiger führt (Frage 20).

2. Sachliche Aussagen

Der Text lässt sich drei thematischen Ebenen zuordnen: Fragen 1 und 2 weisen auf die Tradition der Hexenverfolgung mit strafrechtlichen Mitteln. Fragen 4 und 5 sowie 17 lenken den Blick auf die strafverfahrensrechtlichen Elemente der Hexenverfolgung und Frage 20 schliesslich deutet auf die Entwicklung der Folter in der europäischen Rechtstradition hin.

2.1 Hexenverfolgung und Strafrecht

In einem ersten Schritt wird nach der Existenz der *Zauberer, Hexen und Unholde* gefragt. Der Autor erklärt zwar seine Zweifel an diesem Phänomen, kommt aber aufgrund seiner Erfahrungen zu dem Schluss, «dass in der Welt warhaftig etliche Zauberer und Unholde seyen», was nicht ohne «groben Unverstand geleugnet werden könne» (Z. 16–18). Allerdings wird in der Frage 2 betont, dass in Deutschland die Hexenverfolgung streckenweise unerträgliche Züge angenommen habe. Das wird auf die Unvernunft und Bosheit des gemeinen Mannes zurückgeführt.

In diesen Aussagen spiegelt sich eine Entwicklung wider, die zwar bereits im Spätmittelalter eingesetzt hat, ihren Höhepunkt aber erst zu Beginn des 17. Jahrhunderts erreicht: Zwar finden sich bereits im antiken römischen Recht (Verbot des schadenstiftenden Zaubers) wie auch im klassischen kanonischen Recht, insbesondere im «Decretum Gratiani» (um 1140 entstanden) erste Ansätze für die strafrechtliche Ächtung magischer Handlungen. Etwas zwiespältig ist auch der Befund in den Stammesrechten, wird hier doch bereits der Glaube an die Hexerei bestraft. Doch im deutschen Rechtskreis finden sich auf der Ebene des Reichs Strafandrohungen für die Zauberei in der «Treuga Heinrici». Möglicherweise wird damit allerdings eine regional bereits länger bestehende Tradition fortgeschrieben: Denn in den Aufzeichnungen des Landrechts durch den «Sachsenspiegel» (LandR II 13 § 7) und den «Schwabenspiegel» (L 174b) werden Zauberei und die Vergiftung von Christen ihrerseits mit dem Verbrennen auf dem Scheiterhaufen geahndet.

Erst für die Zeit des ausgehenden 14. Jahrhunderts sind Hexenverfolgungen durch die *Kirche* belegt. Im Lauf des 15. Jahrhunderts formt sich dabei die

Vorstellung eines «Sabbatszenarios» *(Rüping/Jerouschek)* aus, das auch im Text mit dem Hinweis auf die «warhaffte leibliche Zusammenkunfften» der Hexen angesprochen ist (Z. 8). Damit ist der Flug zum Hexensabbat gemeint, auf dem in quasiliturgischer Form dem Teufel Gefolgschaft gelobt, dieser Pakt durch die Kopulation mit dem Teufel oder einem von ihm dazu Ausersehenen bekräftigt und im Gegenzug die Hexe mit magischen Kräften ausgestattet wird. In diesem Bild wird die Normenwelt der Kirche – insbesondere das erste Gebot, die untrennbare Verknüpfung von Sexualität und Fortpflanzung sowie die liturgische Form kirchlicher Andacht – als negative Folie benutzt. Hexerei ist in dieser Vorstellung buchstäblich die Verkörperung der Antichristlichkeit. So ist es wenig erstaunlich, dass die katholische Kirche im 15. Jahrhundert die Hexereinquisition einrichtet (s.u. 2.2). Die Publikation des «Malleus Maficarum» («Hexenhammer») 1487 durch *Heinrich Kramer* formt ein erstes geschlossenes Konzept der Hexenverfolgung. Während in der «Constitutio Criminalia Carolina» (CCC) von 1532 im Einklang mit der römischrechtlichen Tradition lediglich der Schadenszauber unter Strafe gestellt wird, ist in den kursächsischen Konstitutionen 1572 die Hexerei selbst als Teufelspakt unter Strafe gestellt.

Diese Normen bilden im Inquisitionsverfahren die Grundlage für eine mehr als hundertjährige Flut von Hexenprozessen, die europaweit zu mehr als 100.000 gerichtlich veranlassten Tötungen führt, die zu 75 % Frauen treffen. Ein geographischer Schwerpunkt der Hexenverfolgung liegt dabei im Gebiet des Reiches, während in Italien und Spanien eine vergleichsweise geringe Verfolgungsdichte nachgewiesen ist. Diese regional unterschiedliche Verteilung wird auch in Frage 4 thematisiert. Dabei zeichnet sich bereits an diesem Punkt eine ausgesprochen kritische Position des Autors gegenüber dem Sinn der Hexenverfolgungen ab, wird doch der Missgunst der Bevölkerung eine wichtige Rolle für die Verfolgungsintensität beigemessen.

2.2 Strafverfahren und Hexerei

Hexenprozesse als Ausprägung des Inquisitionsverfahrens gestaltet. Diese Verfahrensform, deren Grundstrukturen bereits im römischen Recht zu finden sind und die in Ansätzen bereits in der Karolingerzeit belegt ist, wurde im Bereich des kirchlichen Rechts durch das Lateranum IV eingeführt und 1231 durch *Gregor IX.* nochmals verschärft. Entscheidend ist dabei die Kompetenz des Richters, selbständig und ohne vorherige Klage zu ermitteln, wobei seit 1231 im Häresieverfahren auch die Folter zulässig war. *Friedrich II.* übernahm diesen Regelungsansatz ins weltliche Recht. Durch die sogenannte «Hexenbulle» von Papst *Innocenz VIII.* («Summis desiderantes affectibus») wurde das Inquisitionsverfahren 1484 auch zur Grundlage für die Hexenverfolgung.

In der verfahrensrechtlichen Ausgestaltung der Hexenprozesse spiegelt sich die Position der Kirche zur Hexerei besonders deutlich wider: Für Hexenprozesse wurde nämlich das in der Kanonistik ausgeformte summarische Verfahren angewendet. Danach sollte bei *crimina excepta*, bei besonderen Delikten, *summarie et de plano, sine strepitu et figura judicii* verhandelt werden – also ohne «Gerede» und förmliches Gerichtsverfahren. Die Regeln über das summarische Verfahren schufen damit eine Art prozessrechtlichen Sonderregimes, durch das die verfahrensrechtliche Position des Betroffenen regelrecht zu einem nullum schrumpfte.

Insbesondere vor diesem Hintergrund sind Fragen 4 und 5 zu sehen. Ganz auf der Linie der gemeinrechtlichen Tradition ordnet der Verfasser Hexerei und Zauberei in die Reihe der *crimina excepta* ein. Das Inquisitionsverfahren als solches und die hierzu formulierten Begrenzungen werden also nicht in Frage gestellt. Der Autor bewegt sich vielmehr ganz auf der Linie der vorstehend skizzierten prozessrechtlichen Tradition von Inquisitionsprozess und summarischem Verfahren. Doch setzt er in Frage 5 einen Kontrapunkt gegen die überkommene prozessrechtliche Doktrin, indem er für den Prozess ein geordnetes Verfahren verlangt. Dafür beruft sich der Autor allerdings nicht auf positives Recht, sondern auf «die Vernunfft und das natürliche Recht» (Z. 47f.). Wohl in Anknüpfung an (freilich nicht näher konkretisierbare) mittelalterliche Naturrechtsvorstellungen wird damit ein normativer Grundstandard formuliert, der keinem Beschuldigten genommen werden darf. Allerdings wird dieser Regelungsansatz in Frage 17 sogleich wieder eingeschränkt: Zwar plädiert der Verfasser dafür, den Betroffenen grundsätzlich einen Rechtsbeistand zu gewähren, doch soll dies nur für die Tatsachenfeststellung, nicht aber für die materielle Beurteilung der Tat gelten. Allerdings bewegt sich der Verfasser, wie er selbst betont (Z. 54–55) damit ebenfalls ganz auf der Linie der gemeinrechtlichen Tradition. Auffällig ist freilich, dass er sich gerade im zweiten Punkt nicht allein «auf die Authores» des römisch-kanonischen Prozesses beruft, sondern wiederum die «natürliche Rechten» und ausserdem das Gebot christlicher Nächstenliebe anführt (Z. 71–74). Einmal mehr wird hier also die Vorstellung eines christlichen Naturrechts gegen die Tradition des gemeinen Rechts ins Feld geführt. Der Verfasser ist aber noch weit entfernt von der naturrechtlichen Systematisierung des Strafrechts, wie sie insbesondere durch *Johann Samuel Friedrich von Boehmer* (1704–1772) mit den «Elementa iurisprudentia criminalis» (1732) geleistet werden sollte.

2.3 Folter und Hexenprozess

Ziel des Strafverfahrens ist seit dem vierten Laterankonzil von 1215 das *Geständnis des Beschuldigten*. Dieses Konzil nahm dem Gottesurteil seine Beweiskraft (4 Conc. Lat c. 18). Eine Bestrafung allein aufgrund von Indizien war dagegen in der Regel nicht möglich, es sei denn, es handelte sich um Delikte eher geringerer Schwere. Für Hexerei und Zauberei war dagegen das Geständnis wesentlich. Um dieses Geständnis zu erlangen, wurde die Folter eingesetzt.

Aus diesem Grund finden sich im frühen 13. Jahrhundert nach langer Zeit wiederum Belege für die Anwendung der Tortur (implizit etwa im Folterverbot der Wiener Neustadt). Allerdings war die Folter keine Erfindung des hohen Mittelalters. Vorläufer finden sich in der römischrechtlichen Sklavenfolter und der in fränkischer Zeit nachgewiesenen Straffolter. Als Instrument der Geständniserzwingung wird die Folter auch Teil des Hexenprozesses und findet dabei regelmässig Anwendung, auch wenn sie nicht immer zu Geständnissen führte und sich stattdessen die sogenannte *Verdachtsstrafe* ausbildete.

Vor diesem Hintergrund ist auch Frage 20 zu sehen. Hier wird nämlich die Folter nicht als Strafe, sondern als Teil des Gerichtsverfahrens und Instrument der Wahrheitsfindung gedeutet. Doch der Verfasser geisselt die Anwendung der Folter, da sie zu entgegengesetzten Ergebnissen als den angestrebten führe: Denn es sei nicht möglich, mittels der Folter die materielle Wahrheit zu ermitteln. In diesem Plädoyer gegen die Folter wird am deutlichsten, wie skeptisch der Verfasser gegenüber der Praxis der Hexenprozesse ist: Hier wie auch in Frage 2 wird die Fülle von Hexereifällen als Folge der forensischen Praxis gedeutet, die eine Fülle von Unschuldigen trifft und zu Hexen und Zauberern stempelt.

Mit dieser Kritik steht der Autor allerdings nicht allein. Denn im Lauf des 17. Jahrhunderts gewann das sogenannte *Torturinterlokut* in Lehre und Rechtsprechung an Boden, das die Möglichkeit gab, die richterliche Anordnung der Folter prozessual anzugreifen.

3. Quellenbestimmung

Der Text ist in seiner Argumentationsstruktur ganz in der Tradition der scholastischen Quästionentechnik abgefasst, auch wenn er sich materiell als Plädoyer gegen die Praxis der Hexenprozesse versteht.

Der Autor wendet sich, wie insbesondere das einleitende Motto zeigt, an ein breiteres Publikum, will aber auch und gerade den Richter des Hexenprozesses ansprechen, wie insbesondere Frage 5 deutlich macht.

Der Autor selbst ist zwar offenbar mit dem juristischen Diskurs vertraut, selbst aber kein Rechtsgelehrter, da er sich von dieser Gruppe immer wieder abgrenzt. Möglicherweise handelt es sich um einen Theologen, der mit Hexenprozessen befasst gewesen ist, wie er in der ersten Frage berichtet.

4. Historische Verortung

Die Entstehungszeit der Schrift ist nur schwer zu bestimmen. Der Verweis auf Naturrecht und Vernunft legt es nahe, dass der Text jedenfalls in der Nähe der naturrechtlichen Phase einzuordnen ist. Die Kritik an den überall brennenden Scheiterhaufen für vermeintliche Hexen und Zauberer lässt vermuten, dass der Autor im Umfeld einer besonders intensiven Welle von Hexenprozessen tätig ist. Das spricht dafür, den Text im frühen 17. Jahrhundert zu verorten.

5. Historischer Hintergrund

Die Hexenprozesse gerieten im Lauf des 17. Jahrhunderts immer häufiger in die Kritik. *Benedict Carpzov* (1595–1666), der von der Aufklärung (freilich zu Unrecht) als Repräsentant inhumaner Strafrechtspflege verketzert und zum Urheber tausender Todesurteile wegen Hexerei gestempelt wurde, plädierte nachdrücklich für den *favor defensionis*. Sein entschiedenes Eintreten für die Berücksichtigung von Verfahrenspositionen des Angeklagten führten ihn sogar zu der These, es müsse selbst dem Teufel – so er denn zum Angeklagten werde – das Recht auf Verteidigung zustehen. Zu den ersten öffentlichen Kritikern der Hexereiverfahren und der Anwendung der Folter gehört der Jesuit und Beichtvater *Friedrich von Spee,* doch sein Plädoyer gegen die Folter fand erst zu Beginn des 18. Jahrhunderts einen populären Unterstützer in *Christian Thomasius* (1655–1728) mit der Schrift «Über die Folter» (1705), einem flammenden Appell gegen die Praxis der Folter, in der die Kritik *Spees* nochmals verschärft wurde. Dem entsprach es, dass *Thomasius* sich auch gegen die Hexenverfolgung wandte, sei doch Hexerei und Zauberei nicht rational beweisbar. Zwar sind Hexenprozesse noch bis ins 18. Jahrhundert in Einzelfällen belegt, doch die Begrenzung der Folter durch *Friedrich II.* 1740 markiert gleichwohl einen entscheidenden Wendepunkt in der Geschichte des Strafverfahrensrechts, das jetzt im Zeichen der Aufklärung humanisiert wird.

Der vorliegende Text entstand in einer Phase grundlegenden Umbruchs: Die erste Hälfte des 17. Jahrhunderts erlebte mit dem dreissigjährigen Krieg eine beispiellose kriegerische Auseinandersetzung, die vor allem in Mitteleuropa zu schweren Verlusten der Zivilbevölkerung führte. Die verfassungsrechtliche Konsequenz dieses Krieges für das Reich wurde 1648 durch den Westfälischen Frieden und den dieses Dokument in Reichsrecht überführenden Jüngsten Reichsabschied fixiert: Normativ wurde die Reichsgewalt stark geschwächt, erlangten die Reichsstände doch sogar das Bündnisrecht. Gerade das Kaisertum schien hierdurch und durch die starke Position des Reichstages erheblich an Bedeutung zu verlieren. Doch in der Verfassungspraxis des Reichs konnte sich der Kaiser mit Hilfe vor allem des Reichshofrates als keineswegs zu unterschätzendes Organ des Rechtsschutzes etablieren und seinen Einfluss insbesondere im deutschen Südwesten ausbauen.

Der etwa seit der Mitte des 17. Jahrhunderts einsetzende Aufstieg des Natur- und des Vernunftrechts hatte nachhaltige Konsequenzen auch für das Strafrecht. Denn die Legitimation der Strafe löste sich nunmehr von der christlichen Tradition. Es entspricht diesem Wandel, dass seit dem 18. Jahrhundert allgemein für die generelle Straflosigkeit der Hexerei plädiert wurde. Damit war die Strafe selbst nicht mehr Reaktion auf die Verletzung der göttlichen Ordnung, sondern diente dem Gemeinwohl (*salus publica*). Der utilitaristische Zug des Strafrechts führte auch zum Postulat, die Strafe müsse dem Delikt angemessen sein *(Grotius, Montesquieu)*. Die überkommene Vorstellung, die Strafe müsse den vom Täter gesetzten Unwert widerspiegeln, wird deswegen zunehmend kritisiert. Das gilt um so mehr, als durch den Gedanken der Humanität generell die Ausübung hoheitlich veranlasster Grausamkeit in Frage gestellt wird. Auch die Todesstrafe gerät deswegen in die Kritik, die vor allem durch *Cesare Beccaria* (1738–1794) formuliert wird.

6. Gegenwartsbezug

Das Bekenntnis des Verfassers zur tatsächlichen Existenz von Zauberei und Hexerei wirkt für den heutigen Betrachter auf den ersten Blick befremdlich. Denn in einer technisierten Welt ist für den Glauben an Hexerei und Zauberei kein Raum. Trotzdem zeigt sich im Blick auf die Unterhaltungskultur der westlichen Gesellschaften eine offensichtlich tiefverwurzelte Affinität zum Übersinnlichen: Der enorme Erfolg von Filmen des Science-Fiction- und Märchen-Genres, der beispiellose Absatz einer Romanserie über die Abenteuer eines heranwachsenden Zauberers und seiner Freunde oder die grosse Popularität von Fernsehserien, in denen übersinnliche Phänomene zum Thema gemacht werden, lassen auf eine Sehnsucht nach dem Übersinnlichen schliessen. Freilich belegt dieses Phänomen zugleich auch einen deutlichen Unterschied zur Situation, in der der vorliegende Text entstanden ist: Hexerei und Zauberei sind in der (Post-)Moderne zum festen Bestandteil der Kultur geworden, in den Rechtsordnungen der Gegenwart sind diese Phänomene weithin ohne Belang.

Die Anerkennung eines strafverfahrensrechtlichen Mindeststandards selbst in extremen Situationen ist durch die Menschenrechtserklärungen festgeschrieben und in den modernen Rechtsordnungen auch auf verfassungsrechtlicher Ebene garantiert. Trotzdem ist das Plädoyer des Verfassers für die Wahrung individueller Verfahrensrechte Beschuldigter selbst in extremen Ausnahmefällen gerade in jüngster Zeit noch einmal besonders aktuell geworden. Denn es ist diese Problematik gewesen, die im Zentrum von zwei spektakulären Entscheidung des U.S. Supreme Court stand, in der die Frage nach der prinzipiellen Geltung der prozessrechtlichen Regeln der Vereinigten Staaten auch für die in Guantanamo inhaftierten potentiellen Terroristen in Frage stand (vgl. *Rasul et al. vs. Bush, Hamdi et al. vs. Rumsfeld,* U.v. 28. 6. 2004).

Zwar ist die Folter mittlerweile aus dem Recht des Strafverfahrens verbannt. Doch nicht zuletzt im Zeichen terroristischer Bedrohungen oder in Fällen von Kindsentführungen ist in jüngster Zeit die Frage zur Debatte gestellt worden, ob nicht der Einsatz der Folter in Grenzsituationen gleichwohl zulässig sein könne. *Spees* Vorwurf, die Folterung bringe im Zweifel auch unwahre Geständnisse hervor, hat daher nach wie vor Aktualität.

III. Quelle und Literatur

Quelle
FRIEDRICH SPEE: Cautio criminalis seu de processibus contra sagas liber. Das ist / Peinliche Warschawung von Anstell: und Führung des Processes gegen die angegebene Zauberer / Hexen und Unholden. Frankfurt a.M. 1649. Wieder abgedruckt in: FRIEDRICH VON SPEE: Sämtliche Schriften. Bd. 3. Hg.v. THEO G. M. VAN OORSCHOT. Tübingen/Basel 1992, S. 213, 217–219, 221, 261, 276f. (die Schreibweise wurde z.T. behutsam angepasst).

Zum Autor: *Friedrich Spee von Langenfeld* (1591–1635) wurde als Jesuit mit dem 1631 publizierten Werk «Cautio criminalis» zu einem der ersten Kritiker der Hexenprozesse.

Zur Biographie: WOLFGANG SELLERT: Spee v. Langenfeld, Friedrich. In: HRG 4, Sp. 1745–1748.

Literatur
HINRICH RÜPING/GÜNTER JEROUSCHEK: Grundriss der Strafrechtsgeschichte. Rdnrn. 79–84, 127–131, 139–147, 162–178.
MARCEL SENN: Rechtsgeschichte I, Kap. 8, 9.

Handbuchartikel
ADALBERT ERLER: Inquisition. In: HRG 2, Sp. 370–275.
ROLF LIEBERWIRTH: Folter. In: HRG 1, Sp. 1149–1152.
FRIEDRICH MERZBACHER: Hexenprozesse. In: HRG 2, Sp. 145–148.

Vertiefend

GÜNTER JEROUSCHEK: Friedrich von Spee als Justizkritiker. Die Cautio Criminalis im Lichte des gemeinen Strafrechts der frühen Neuzeit. In: Zeitschrift für die gesamte Strafrechtswissenschaft 108 (1996), S. 243–265.

MATHIAS SCHMOECKEL: Humanität und Staatsraison. Die Abschaffung der Folter in Europa und die Entwicklung des gemeinen Strafprozess- und Beweisrechts seit dem hohen Mittelalter. Köln/Wien/Graz 2000 (Norm und Struktur, 114).

AT

12. Text: Vernunftgesetz und Staat

I. Quellentext

Zweites Buch

Kapitel 1: Über die Menschen im Naturzustand

§ 9 Der Naturzustand ist zwar wegen der Freiheit und wegen des Fehlens jeder Unterordnung sehr verlockend. Doch brachte er, bevor die Menschen sich zu Staaten zusammenschlossen, viele Nachteile mit sich; und zwar sowohl für den fiktiven Fall, dass zunächst jeder einzelne Mensch für sich im Naturzustand
5 lebte, als auch unter dem Gesichtspunkt der Lage der einzelnen Familienoberhäupter. Denn wenn man sich den erwachsenen Menschen in dieser Welt einmal allein und verlassen vorstellt, ohne alle Annehmlichkeiten und Hilfsmittel, durch die menschliche Geschicklichkeit das Leben bequem und leicht macht, dann hat man ein nacktes Tier vor sich, das stumm und hilflos ist, das seinen
10 Hunger mit Wurzeln und Gräsern stillt und seinen Durst mit Wasser löscht, das in Höhlen Schutz vor der Unbill der Witterung sucht, das wilden Tieren ausgesetzt ist und vor jeder Annäherung Furcht hat. Etwas angenehmer kann das Leben für jene Menschen sein, die sich zu Familien zusammengeschlossen haben. Aber auch das darf keinesfalls mit dem Leben in einer staatlichen Ge-
15 meinschaft verglichen werden, nicht etwa wegen der Not, die auch eine Familie, indem sie die Begierden in Schranken hält, in ausreichendem Masse beseitigen, sondern weil dort für die Sicherheit zu wenig gesorgt ist. Und um es kurz zu sagen, im Naturzustand schützt sich jeder nur mit eigenen Kräften, aber im Staat schützen uns die Kräfte aller. Dort ist sich niemand der Früchte seines
20 Fleisses sicher, hier aber dürfen es alle sein. Dort herrschen Leidenschaften, Streit, Furcht, Armut, Hässlichkeit, Einsamkeit, Roheit, Unwissen und Zügellosigkeit. Hier ist das Reich von Vernunft, Frieden, Sicherheit, Wohlstand, Schönheit, Geselligkeit, Bildung und Wohlwollen.

Kapitel 6: Über den inneren Aufbau der Staaten

§ 1 Der nächste Schritt ist, dass wir untersuchen, nach welchem Prinzip Staaten
25 aufgebaut sind, und wie ihr inneres Gefüge zusammenhält. Dabei ist an erster Stelle ganz klar, dass gegen die Übel, die von der Schlechtigkeit der Menschen drohen, kein Ort, keine Waffe und auch kein Lebewesen besseren und wirksameren Schutz gewähren kann als andere Menschen, die sich allerdings wegen

der geringen Reichweite ihrer Macht zum Zwecke der Erreichung des gesteckten Ziels zusammenschliessen mussten.

§ 3 Unter der Vielzahl der Menschen, die sich zu diesem Zweck vereinigen, muss Übereinstimmung über die Anwendung der geeigneten Mittel zum Zweck bestehen. Denn eine grosse Zahl allein richtet nichts aus, wenn keine Einigkeit besteht, sondern unterschiedliche Vorstellungen in entgegengesetzte Richtungen gehen. Das gilt auch, wenn sie zu einer bestimmten Zeit unter dem Druck einer bestimmten Stimmung einer Meinung sind, aber bald wieder, da die Gemütsverfassung und Neigung der Menschen nun einmal wechselhaft sind, in verschiedene Richtungen streben. Und obwohl sie sich durch Vertrag zusichern, all ihre Kräfte auf die gemeinsame Verteidigung zu richten, kann auf diese Weise nicht auf Dauer für die Sicherheit einer grossen Zahl von Menschen gesorgt werden. Vielmehr ist erforderlich, dass etwas Zusätzliches dazu kommt, so dass diejenigen, die einmal im Interesse des gemeinen Nutzens ihre Zustimmung zu Frieden und gegenseitiger Hilfe gegeben haben, daran gehindert sind, später ihre Zustimmung wieder zurückzuziehen, wenn es ihnen so vorkommt, als ob ihr eigener Vorteil mit dem öffentlichen Nutzen nicht übereinstimme.

§ 4 In den geistigen Anlagen des Menschen gibt es in erster Linie zwei Fehler, die verhindern, dass eine grosse Zahl von Menschen, die rechtlich selbständig und voneinander unabhängig sind, für lange Zeit in Bezug auf ein gemeinsames Ziel übereinstimmt. Der erste Fehler ist die Verschiedenheit der Neigungen und Ansichten bei der Beurteilung dessen, was für die Erreichung des Ziels am besten ist. Damit sind bei vielen eine Schwäche beim Erkennen des Vorschlags verbunden, der unter mehreren Vorschlägen der beste ist, und zugleich eine Hartnäckigkeit in der verbissenen Verteidigung einer Sache, die einem einmal, aus was für Gründen auch immer, vorteilhaft erschienen ist. Den zweiten Fehler bilden Trägheit und Abneigung, etwas freiwillig zu tun, was von Nutzen ist, falls nicht ein Zwang ausgeübt wird, der diejenigen, die sich sträuben, gewollt oder ungewollt zur Erfüllung ihrer Pflicht bringt. Dem ersten Fehler wird dadurch begegnet, dass alle Willensübereinstimmung für alle Zeiten bindend erklären. Der zweite Fehler wird durch die Errichtung einer Gewalt ausgeglichen, die befugt ist, allen, die sich dem gemeinen Nutzen widersetzen, eine sofort wirksame erhebliche Strafe aufzuerlegen.

§ 9 Nach dem Beschluss über die Regierungsform ist ein zweiter Vertrag erforderlich, durch den einer oder mehrere bestimmt werden, denen die Leitung des im Entstehen begriffenen Staates übertragen wird. Durch diesen Vertrag verpflichten sich die Leiter des Staates zur Sorge für gemeinsame Sicherheit und Wohlfahrt und die Bürger zum Gehorsam. Gerade dadurch unterwerfen alle ihren Willen dem Willen des Leiters oder der Leiter und übertragen ihm oder ihnen zugleich Heranziehung und Einsatz aller ihrer Kräfte zur gemein-

70 samen Verteidigung. Und erst aus der richtigen Durchführung dieses Vertrages entsteht ein sachgerechter und vollkommener Staat.

Kapitel 18: Über die Pflichten der Bürger

§ 15 [...] Man hört aber auf Bürger zu sein, wenn man mit ausdrücklicher oder stillschweigender Zustimmung des Staates wegzieht und sein Glück an einem andern Orte sucht. Bürger sind auch diejenigen nicht länger, die wegen eines
75 Verbrechens in die Verbannung geschickt werden, und des Bürgerrechts verlustig gehen; und auch diejenigen nicht, die vom Feind mit Gewalt überfallen und zur Unterwerfung unter die Herrschaft des Siegers gezwungen werden.

ENDE.
Gott allein sei Ehre!

II. Interpretation

1. Zusammenfassung

Der vorliegende Text stammt aus einem zweiten Buch, das in Kapitel und Paragraphen eingeteilt ist. Aus den Kapiteln 1, 6 und 18 sind einige Paragraphen wiedergegeben. Die Kapitel sind betitelt und weisen damit zugleich das inhaltliche Programm des Texts aus: Über den Menschen im Naturzustand, über den inneren Aufbau des Staates, über die Pflichten der Menschen und über die Pflichten der Bürger. § 18 ist zugleich der letzte, endet dort doch das Buch mit: Gott allein sei Ehre.

2. Sachliche Aussagen

Die im Text angesprochenen Themenfelder können mit folgenden Schwerpunkten behandelt werden: Naturzustand und Staat, Natur des Menschen und staatlich gesichertes Glück sowie Staatsgründung und Staatserhaltung.

2.1 Naturzustand oder Staat (I § 9)

Der Autor konstruiert Natur und Staat als Gegensätze. Die Natur verlockt durch Freiheit und fehlende Unterordnung. Es scheint nur so, dass dieses Reich der Ungebundenheit auch zulasse, dass ein jeder machen kann, was er will. Denn faktisch ist selbst der Erwachsene, auf sich alleine gestellt: hilflos (Z. 9) und ein nacktes (ungeschütztes) Tier. Dies bedeutet, dass jeder sich selber schützen muss (Z. 18) und insofern er dies wirklich vermag, ist er der Früchte seines Fleisses sicher (Z. 19f.). Im fiktiven Naturzustand kann sich dagegen nichts auf Dauer entwickeln: Der Faule wird den Fleissigen, der sich erschöpft von der Arbeit ausruht, seiner Früchte berauben. Dies wird unweigerlich zu Hass und Rache führen. Die Kräfte werden also zur Kriegsführung statt zur Produktivität verwendet. Deshalb herrschen im Naturzustand Streit, Furcht, Armut (Z. 21); nichts kann hier gedeihen, blühen, es bleibt alles in rohem Naturzustand. Diesem Reich setzt der Autor den Zustand im Staat entgegen, wozu alle zum Selbstschutz beitragen (Z. 19), und daher ein Reich von Frieden, Sicherheit und Wohlstand (Z. 22f.) besteht, wo jeder seine Früchte gesichert und ruhig geniessen kann (Z. 19f.). Somit steht dem Reich der Vernunft und Bildung und das Reich der Leidenschaften und Unwissenheit entgegen.

Dieser Gegensatz von Freiheit und Leidenschaft auf der einen und Vernunft, Sicherheit sowie Wohlstand auf der anderen Seite bildet ein Paradigma des Vernunftrechtszeitalters. Es dient der Erklärung der Notwendigkeit des Staats (nicht der Legitimation, die nämlich durch Vertrag erfolgt, wovon in § 9 nicht die Rede ist). Dabei gilt der Naturzustand der Einzelnen ausdrücklich (wie bei den meisten Vernunftrechtlern) als eine Fiktion (Annahme), um die Erklärung der Notwendigkeit «aufzubauen» (zu konstruieren), weshalb die Menschen in Staaten leben müssen (Z. 28–30). Diese natürliche Notwendigkeit des Zusammenleben-Müssens, um überhaupt leben zu können, ist die Grundlage der Vergesellschaftung.

Die Vermittlung zwischen Naturzustand und Staatsleben leistet die Familie. Die Familie ist sowohl die natürliche als auch die reale Lebensordnung der Rechtswirklichkeit. Die Familie bildet seit der Antike im Modell des Stufenbaus von der Zelle der Ehe (Paarbeziehung) über das Dorf (mehrere Familien) die wirtschaftliche Grundlage des Stadtstaates (vgl. *Aristoteles*, «Politik»). Unser Autor sagt auch, die Familie gebe vieles, insbesondere vermöge sie Bequemlichkeiten zu verschaffen und die Versorgung zu gewährleisten, aber sie bedeute nicht jene Sicherheit, die einzig der Staat garantieren könne (Z. 14–17).

Das Mittelalter kannte den Staat als Institution noch nicht, mit freilich einer so gewichtigen Ausnahme wie des sizilianischen Beamtenstaats und der Stadtrepubliken Norditaliens im 13. Jahrhundert. Das Reich war ein lehnmässig organisiertes und hierarchisch strukturiertes Gesellschaftsgebilde, von Adel und Kirche repräsentiert und garantiert. Erst die Konfessionalisierung im 16. Jahrhundert sprengt die Homogenität des Reichs und partikularisiert es nach dem neuen Ordnungsprinzip *cuius regio eius religio*. Mit Hilfe des überkonfessionell geltenden Aristotelismus und dem gesellschaftlich gegebenen Element «Familie» lässt sich die Realität vorerst noch kitten. Die realpolitische Entwicklung des Reiches zwischen den beiden grossen Friedensschlüssen, dem

Augsburger Religionsfrieden von 1555 und dem Westfälischen Frieden von 1648, mündet in einen weitgehenden Funktionsverlust. Der letzte Reichsbeschluss, der sogenannte «Jüngste Reichsabschied», von 1654 ist ebenso Zeugnis dafür wie die Einschätzung eines jüngeren, modern denkenden Verfassungsrechtlers, *Samuel Pufendorf,* der 1667 – freilich noch anonym – das Reich als ein monströses Gebilde charakterisiert.

Die Familie liefert somit zwar noch die traditionelle Erklärung für den ständischen Aufbau des Staates, sie wird aber zugleich zum Kritikpunkt selbst, insofern sie die Qualitäten von Souveränität und Schutz eines Staates nicht gewährleisten kann. Sie dient in dem Sinn noch zur Profilierung des Staats. Damit tritt freilich, wenn auch nur fiktiv, der Einzelne – das Individuum – auf die Plattform der Politik. In ihm verkörpern sich die neuen Ideen von Freiheit und Gleichheit. Sie werden noch als Elemente der Unordnung gedeutet und erscheinen bedrohlich. Sie müssen daher in eine neue Ordnung – den Staat – gebracht werden. In der ständisch gestuften Gesellschaft sind die Menschen von Geburt zwar noch unterschieden und ungleich. Doch das Prinzip des ständischen Geburtsstandes wird dem natürlichen Geburtsstandsprinzip aller bald weichen.

Bei Geburt, also von der menschlichen Natur her betrachtet, sind alle Menschen gleich. Damit kommen ihnen auch gleiche Rechte sowie Pflichten zu. Das neue Naturrecht wird damit zum Ausdruck der Rechtsgleichheit schlechthin und verweist auf die Notwendigkeit, die herrschenden ständischen Strukturen auszugleichen.

Die neue Sicherheitsstruktur «Staat» verspricht die gleichberechtigte Entfaltung aller Individuen. Sie soll ferner gewährleisten, dass alle Individuen leistungsorientiert arbeiten und die Früchte ihres Fleisses geniessen können. Gerade dies vermochte die alte ständische Ordnung nicht, da sie in wirtschaftlicher Hinsicht Privilegien aller Stände zu schützen hatte. Die Bedrohung, die von der allgemeinen Freiheit ausgehen kann, wird erkannt. In ihr liegt auch ein Potenzial der Selbstzerstörung, nicht nur der Kreativität. Die negativen Kräfte von Leidenschaft bis Zügellosigkeit müssen daher staatlich diszipliniert werden. Der Staat verheisst die allgemeine Prosperität sachgerecht und vollkommen (Z. 70f.).

2.2 Natur des Menschen und staatlich gesichertes Glück (I § 9 und VI § 4)

Der Zusammenschluss und die Selbstorganisation der Menschen als Sozietät ist «naturnotwendig» bedingt (Z. 27–30); das ist das Prinzip der *socialitas*. Der Grund dafür liegt auf der Hand: Der einzelne Mensch ist hilflos und stumm. Diese naturmässige Schwäche (*imbecillitas*), die dem Erwachsenen (wie dem Kleinkind) eigen ist, macht diesen Zusammenschluss notwendig, um zu überleben (Z. 6–14).

Unter diesem Gesichtspunkt ist es völlig richtig, störende Probleme, die von den Menschen ausgehen, beim Aufbau eines Staats nicht durch Drittelemente wie Waffen, (magische, sakrale?) Orte oder andere Lebewesen (Tieropfer?) abzuwehren. Heidnische Rituale oder der Glauben an die Macht der Waffengewalt werden dem Irrglauben gleichgestellt. Der Erfolg kann alleine dadurch eintreten, wenn der Problembereich selbst therapiert bzw. umfunktioniert wird, und dies ist der «imbecile» Mensch, der zu einem «sozialen» Menschen werden soll (Z. 25–30; 38f., 42f.). Hier klingt verdeckt ein bekanntes zeitgenössisches Motto an, das wir von *Hobbes* und *Spinoza* her kennen – die Menschen sind einander Feind (Wolf) oder Freund (Gott): *homo homini lupus seu deus*.

Da für die Errichtung eines funktionierenden Staates ein Rückgriff sowohl auf eine transzendente Gewährleistung (Gott) als auch auf kultischen Aberglauben ausgeschlossen bleibt, muss der Staat nach den Prinzipien der Natur, also nach Naturgesetzen, denen die Menschen unterliegen, gebaut werden, um dauerhaft und somit sicher zu funktionieren. Der neue Immanenzgedanke wird hier folgerichtig zu Ende gedacht. Es gibt nur einen Rekurs auf den Menschen selbst. Wir haben uns auf seine Natur zu konzentrieren, wir haben die Wirklichkeit (wie *Galilei, Newton*) zu analysieren und herauszufinden, wie sie funktioniert. Wir haben also, wie *Hobbes,* den Körper, den Menschen und erst dann den Bürger zu beschreiben. Denn die Gefahr kommt nicht von aussen, sondern aus uns selbst.

Dies hindert freilich nicht, den Bezug zu Gott trotzdem *am Ende* (Z. 79) herzustellen und somit Tradition zu signalisieren. Wenn also die Selbstorganisation von Menschen aus Menschen bewerkstelligt werden soll, dann muss man wissen, wie Menschen funktionieren, damit die Menschen die Probleme, die von ihnen ausgehen, auch selbst in den Griff nehmen können.

Wer also sind diese Menschen? Der Mensch erscheint (trotz der Referenz auf Gott) nicht als Gottes Abbild, sondern als ein Mängelwesen. Menschen erscheinen daher zunächst vor allem als ambivalent: Von ihnen geht die Schlechtigkeit dieser Welt aus, aber sie bilden auch den besten Selbstschutz (VI § 1), sie neigen (weil von Natur aus frei) zur Verschiedenheit und können dabei kaum erkennen, was der richtige Vorteil für sich oder alle ist, und umgekehrt kämpfen sie verbissen für etwas, das es vernünftigerweise nicht wert wäre (VI § 4). Sie sind sowohl physisch (I § 9+ VI § 1) als auch psychisch und intellektuell schwach (VI § 4). Diese Imbezillität der Menschen muss folglich durch eine starke «socialitas», den Staat, überwunden werden.

2.3 Staatsgründung und Staatserhaltung (VI §§ 1, 3 und 9, 18 § 15)

Der Staat wird als «sachgerecht und vollkommen» in Betreff der Sicherheit dargestellt (Z. 71). Diese geradezu apologetische Auffassung des Staats ist aus der Zeit heraus zu verstehen, die darin wirklich einen grossen Fortschritt in Richtung einer menschlichen und friedfertigen Gesellschaft erblicken mochte. Unsere Erfahrungen mit den unmenschlichen Regimes des 20. Jahrhunderts lassen uns solcher Auffassung mit grosser Skepsis gegenübertreten.

Die Art des Zusammenschlusses wird nun in den §§ 3 und 9 von Kap. 6 diskutiert und präzisiert. Der Aristotelismus, dem wir bei der Diskussion der Familie begegnet sind, wird nun durch den Kontraktualismus von *Hobbes* ergänzt.

Der Gesellschaftsvertrag ist Willensausdruck der Menschen zur Selbstorganisation (Z. 31f.). Es liegt ein dreistufiger[1] Vertrag vor. Das heisst, die Lehre vom Gesellschaftsvertrag, die auf *Thomas Hobbes* (1588–1679) zurückgeht, verweist auf ein bereits ausdifferenziertes Modell des Gesellschaftsvertrags, dem zugleich die Schärfe der Diktatmacht, wie bei *Hobbes,* nun genommen wird. Dem Ursprungszweck folgen dann ein Beschluss über die Regierungsform sowie ein weiterer Vertrag zwischen den Staatsleitern und den Menschen, die gemeinsame Sicherheit und Wohlfahrt der Bürger gegen deren Gehorsam zu besorgen (Z. 65–67).

Auch das Problem des Vertrags wird erkannt: Verträge sind unvollkommen oder brüchig (Z. 37–46), denn die Macht des Stärkeren als natürliches Kriegsgesetz bricht den Vertrag und begründet die Herrschaft faktisch neu (Z. 76f.). Dadurch bricht der Naturzustand in die zivilisierte Staatlichkeit wieder ein. Deshalb erweist sich auch der Kontraktualismus wie der Naturzustand als eine Fiktion und deshalb muss die Freiheit vollumfänglich und unkündbar abgetreten werden (Z. 59f.), damit der Keim der Freiheit als Ausdruck der Unordnung (Z. 1f.) getilgt ist. Dies kommt in § 4 am Ende ganz klar zum Ausdruck, dass diese Willenserklärung «für alle Zeiten bindend» zu erfolgen habe. Und der Kontraktualismus findet sein Ende auch dort, wo ein Okkupant seine neuen Gesetze aufzwingt (Z. 76f.).

Die «grosse Zahl» der Menschen (Z. 33 und 40f.), also nicht alle, schliesst einen Vertrag zur Sicherheit und Verteidigung ihrer selbst. Aber dieser Vertrag ist, weil aus der Natur der Menschen hervorgehend (Z. 25ff.), ebenso instabil wie es der anthropologische Charakter selbst ist (VI § 4). Deshalb muss dieser Staat eine «ewige Konstitution» (für alle Zeiten bindend) darstellen, um nicht mehr in Frage gestellt werden zu können. Die Vertrags- bzw. Verfassungsänderung – wenigstens in den fundamentalen Prinzipien – ist ausgeschlossen. Und zweitens muss aus demselben Grund diesem Staat eine Gewalt eingeräumt werden, um den gemeinen Nutzen gegen einzelne Unwillige mittels Sanktionen durchzusetzen. An dieser Stelle zeichnet sich der generalpräventive Charakter der Strafe ab (Z. 62). Eine der schwersten Drohungen dieses Staats ist die Todesstrafe oder die Verbannung (Z. 75). Der Kontraktualismus, wie er hier dar-

---

[1] Die Dreistufigkeit des Vertrags wird in § 7 (hier nicht wiedergegeben) bezeichnet.

gelegt wird, wird von *Hobbes* über *Pufendorf* dem Aufklärungszeitalter mit *Rousseaus* Lehre vom «Contrat Social» vermittelt. Nicht alle Naturrechtler denken in diesen Kategorien. Sie erkennen in dessen labiler Konstruktion ein Problem für die individuelle Freiheit, weshalb *Spinoza, Kant* und auch *Hegel* die traditionell scholastische Begründung des Staatswesens über das Argument der «Natur» weiterentwickeln.

Was hier auch auffällt, ist, dass der Staat als etwas Vollkommenes dargestellt wird, eine Verweisung auf die staatliche Uhrwerk-Mechanik (wie sie bei *Hobbes* und *Friedrich den Grossen* vorkommen) fehlt. Doch dies hat Grund: Auch wenn der Text sonst keinen Bezug darauf nimmt, ist das Walten Gottes über und in allem als letzte metaphysische Instanz die Gewähr. Wie bis ins 18. Jahrhundert üblich kommt dies am Schluss zum Ausdruck: Gott allein sei Ehre! Erst mit Wegfall dieses Fundaments und seines Ersatzes durch lebensweltliches Denken und den Materialismus gerät das staats- und rechtstheoretische Denken in die Kategorien der reinen Machtpolitik. Die Verklärung der Machtpolitik ist typisch fürs 19. Jahrhundert mit seinem Glauben an die militärische Revolutionierung der Gesellschaft *(Napoleon, Clausewitz, Bismarck),* dem Glauben an den Sinn und Zweck der aggressiven Eroberung des Lebensraums mit Aufkommen der Rassenlehren und des Sozialdarwinismus und dem Glauben an den Nutzen der Gewaltherrschaft eines Führers, der im Namen des Gemeinwohls handle. Diese Perversion ist zu durchschauen. Mit dem Absolutismus des 17. und 18. Jahrhunderts hat solches Machtgehabe nur wenig gemein. Nur durch das Missverständnis, Naturalismus und Naturrecht könnten gleichgesetzt werden, ist diese verfehlte Behauptung entstanden. Sachlich kann sie nicht gerechtfertigt werden.

3. Historische Verortung

Wie aus I § 9 hervorgeht ist die Thematik: Natur- und Vernunftrecht. Dabei fallen verschiedene Argumentationsansätze auf: Kap 6 § 1 verweist auf *Hobbes* und *Spinoza,* der Genuss der Früchte des Fleisses etwa auf die frühe Industrialisierung und somit *Locke* (I § 9)), die Fiktivität des Naturzustands auf *Spinoza* bis *Montesquieu* (I § 9, Satz 2), der Traum vom perfekten Staat auf *Friedrich den Grossen,* das Argument der Familie auf den Aristotelismus und die Anrufung Gottes spricht noch für einen Autor, der den christlichen Staat vertritt. Der Text muss daher nach *Hobbes* und vor *Rousseau* und *Kant,* also etwa zwischen 1650 und 1750, geschrieben worden sein. Die Betonung des hilflosen Wesens (imbecillitas) und die Gemeinschaftsbildung als natürlicher Drang (socialitas) sowie die drei Verträge weisen dann eindeutig auf *Pufendorf* hin.

4. Quellenbestimmung

4.1 Autor

Samuel Pufendorf (1632–1694) ist der wirkungsgeschichtlich bedeutendste Naturrechtler des Reichs. Im Gegensatz zu vielen anderen Vernunftrechtlern ist er jedoch nicht Naturwissenschaftler, Theologe oder Philosoph, sondern Jurist. Als Naturrechtler ist er weniger originär als vielmehr ein Synthetiker verschiedener Strömungen. Dadurch erhielt seine Naturechtlehre, die übersetzt wurde, allerdings auch eine breite internationale Rezeption in Frankreich und den USA.

4.2 Textgattung

Ein systematisch klar gegliedertes Werk in zwei Büchern, das eine Theorie des Natur- und Gesellschaftsrechts darstellt. Da keine Zitationen vorhanden sind, wird es sich wohl um *Pufendorfs* Lehrbuch «De officio hominis et civis» von 1673 handeln, das eine Zusammenfassung seines achtbändigen Kompendiums zum Natur- und Völkerrecht darstellt.

4.3 Argumentation und Sprache

Die klare, logisch-lineare Argumentation besticht. Mittels einfacher Sätze und ohne Fremdworte wird verständlich, anschaulich (Z. 9–12) und aus Gegensätzen (I § 9; VI § 1) ein klares Bild gezeichnet. Die Dramaturgie des Gegensatzes ist geschickt gebaut, man kann sich ihr kaum entziehen. Da die Sprache modern ist, wird eine Übersetzung aus der europäischen Gelehrtensprache Latein vorliegen.

4.4 Adressaten

Die Adressaten sind in erster Linie Studierende, aber auch Rechtswissenschafter und Fürsten.

5. Historischer Hintergrund

Nach den religiös motivierten Bürgerkriegen in England, in den Niederlanden und nach Beendigung des dreissigjährigen Krieges in Mitteleuropa musste ein Staatsmodell jenseits religiöser oder transzendenter Bezüge gefunden und entwickelt werden, das für alle Menschen unterschiedlicher Konfessionen, ja auch für Menschen, die überhaupt keiner Religion oder jedenfalls nicht der christlichen Religion angehörten, dennoch als verbindlich erklärt werden konnte. Es musste also ein gemeinsamer Nenner gefunden werden, der den Menschen die

Pflicht oder Treue zur Gemeinschaft und ihren Regeln sicher auferlegte. Denn Unzuverlässigkeit zerstört, wie jeder aus eigener Erfahrung weiss, die Werte und die Funktion einer Gemeinschaft.

Als nicht religiöse Theorien boten sich die Werke antiker Autoren an. Doch auch diese Autoren vermochten nicht mehr als eine Beschreibung, wie ein Stadtstaat funktionieren kann *(Aristoteles),* oder eine Pflichtenlehre *(Cicero)* darzulegen. Verbindlichkeit und Rechtssicherheit konnten daraus nicht erwachsen. Somit war die Macht selbst zum Zentralpunkt der Selbsterhaltung und Selbstentfaltung zu nehmen, wie dies etwa *Machiavelli* im Sinne des historischen Humanismus seinem Fürsten als politische Instruktion mit auf den Weg gab. Doch auch dieses Modell taugte mehr für einen elitären und egozentrischen Fürsten als für die Entwicklung eines Modells der menschlichen Gesellschaft. Das neue Modell sollte vielmehr alle Menschen berücksichtigen und für alle Menschen schlechthin tauglich und somit verbindlich sein. Daher sollte auf die anthropologische Kondition des Menschen abgestellt und seine Natur analysiert werden, um herauszufinden, wie das Selbsterhaltungsstreben aller Menschen gleichmässig gesichert werden könnte.

Wenn die Natur des Menschen ins Zentrum gelangen sollte, so musste mit den neuen Erkenntnismethoden der aufkommenden Wissenschaften wie sie von *Francis Bacon, Galileo Galilei* oder *Isaac Newton* dargestellt wurden, diese Natur analysiert und daraus eine Erkenntnissumme gesetzesmässiger Natürlichkeit menschlichen Verhaltens synthetisiert werden, woran die Regeln des Rechts zu bemessen und auf sie einzurichten waren. In dem Sinn wurde das neue Naturrecht als rationales Recht zum Vernunftrecht und dadurch zugleich zur Korrektur einseitiger Interessen- und Machtpolitik der Fürsten. Aus dem Vernunftrecht entwickelten sich einerseits die Aufklärung und andererseits die Grund- und Menschenrechte der amerikanischen und französischen Revolutionen sowie der bürgerlich-liberalen Verfassungen des 19. Jahrhunderts.

6. Gegenwartsbezug

Die Frage, ob das Naturrecht noch Geltung habe, entspringt einer verfehlten Problemsicht. Eine Rechtstheorie, die das Recht in Bezug auf den Menschen sieht, wird letztlich auf die Natur dieses Verhältnisses von Regeln und Menschen zurückkommen müssen. Und wenn dabei von Grund- oder Menschenrechten die Rede ist, werden diese naturrechtlich begründet werden müssen, denn sie basieren nicht auf einem Willensentschluss sondern auf einer Einsicht, dass sie richtig und notwendig sind. Überdies bedeutet Naturrecht nichts anderes als Denken im Sinne einer wahrhaftigen Gerechtigkeitsidee, und deshalb ist Naturrecht stets ein hinterfragendes Denken. So wird aus der Erfahrung mit Staats- und Sicherheitskonzepten des 20. Jahrhunderts dem allzu rigorosen Sicherheitsdenken eher skeptisch zu begegnen sein. Sicherheit ist nur ein Aspekt des Lebens. Jedes überzogene Sicherheitsbedürfnis ist der Freiheit der Individuen und damit dem höchsten Gut des Menschen abträglich.

III. Quelle und Literatur

Quelle
SAMUEL PUFENDORF: Über die Pflicht des Menschen und des Bürgers nach dem Gesetz der Natur [1673]. Übersetzt und hg.v. KLAUS LUIG. Frankfurt am Main/Leipzig 1994.

Literatur
MARCEL SENN: Rechtsgeschichte I, S. 235ff.
MICHAEL STOLLEIS: Geschichte des öffentlichen Rechts in Deutschland I, Kap. 5.
HANS WELZEL: Naturrecht und materiale Gerechtigkeit, S. 139ff.
DIETMAR WILLOWEIT: Deutsche Verfassungsgeschichte, S. 163–172.

Handbuchartikel
REINHARD ZIPPELIUS: Naturrecht. In: HRG 3, 933–940.

MS

13. Text: Naturrecht und Gesellschaft

I. Quellentext

Caput I

§ IV.

Bey dem Menschen nun, als einer mit der Vernunft und andern grossen, edlen und vorzüglichen Eigenschafften begabten Creatur, kommt nicht allein das allgemeine Recht und die Freyheit aller Creaturen, nach ihrer Natur zu leben, vor, sondern noch ein anderes Recht, das in seiner Billigkeit bestehet, krafft
5 dessen ein Mensch die Rechte anderer Menschen erkennet, und sich für verbunden hält, denselben nicht zuwider zu handeln. Da wird das Recht pro lege genommen, das eine Verbindlichkeit (obligationem) supponiret. Wann man also von dem Recht der Natur redet, so will es so viel sagen, dass ein Mensch nicht allein befugt seye, nach der ihm anerschaffenen Natur zu leben, sondern
10 dass ihm auch von Natur angebohren seyen prima principia von einer Gemüths-Billigkeit in Ansehung anderer Menschen. Es bestehet also das Recht der Natur aus zwey Haupt-Theilen. Der erste begreifft die angebohrenen Rechte einer Freyheit und Befugnis. Der andere die angebohrne Verbindlichkeit in Ansehung der Rechte anderer Menschen. Der erste Theil supponirt eine völlige
15 Freyheit, ohne Zwang; der andere eine Einschränckung solcher Freyheit, und eine Verbindlichkeit. Der erste Theil kann gar füglich ein Ius naturae, der andere Lex naturae gennenet werden.

§ VIII.

[...] Ein jeder Mensch wird zur Welt gebracht durch einen Vater und Mutter, und also in einer societate domestica, davon er alle Hülfe zu seiner Erhaltung
20 hat, biss er erwachsen, und im Stand ist, sich selber zu helfen. Allem diesem hat die Natur selbst, durch den natürlichen Trieb und die Affection der Eltern gegen ihre Kinder genugsam prospicirt. Diese societas domestica, welche durch die Erzeugung mehrerer Kinder und Kindeskinder sich in kurtzer Zeit gar leicht sehr vermehret, und in eine grosse zahlreiche Familie von etlichen
25 tausend Personen erwächst, ist genugsam fähig, sich selbst durch Treibung allerley Handwerck und Künste alle Bequemlichkeit, und unter der Direction eines oder etlicher Patrum familias innerliche Ruhe und Friede, auch wohl in Ansehen anderer dergleichen benachbarter Familien, äusserliche Sicherheit zu verschaffen. So lange dann dieser Zustand währet, und jede nur unter den

patribus familias in ihrer Freyheit lebet, kann man es statum naturalem nennen. So bald aber eine solche grosse oder kleine Familie von einer andern entweder überwältiget oder sonst auf andere, auch gutwillige Art, unter den Gehorsam einer Beherrschung (imperii) gebracht wird, folglich ihre natürliche Freyheit verlieret, so hört der status naturalis auf, und fängt der status civilis an. Da wird dann auch, anstatt des natürlichen und angebohrnen Rechts und Freyheit, ein anderes menschliches Recht und Gesetz des Beherrschers, mit allem darzu gehörigem Zwang und Strafen, eingeführt. Das imperium societatis civilis macht also den Unterschied unter dem statu naturali oder Stand der Natur, und dem statu civili der Bürgerlichen Gesellschaften.

Caput III

§ II.

Vor allen Dingen kommt hier zu untersuchen vor das principium Hobbesii, und die Frage: ob der Mensch von Natur insociable, und mehr zur Feindseligkeit als Gewogenheit gegen andere Menschen geneigt seye? Dann wann dieses also wäre, so hörte alles Recht, das dem Menschen in das Hertz geschrieben seyn solle auf, und wäre vergebens von demselben weiter zu reden. Diese Frage nun auszumachen, muss man auf die natürlichen und angebohrnen Instinctus Achtung geben. [Hier legt der Autor zwei Fälle vor, die Freundlichkeit und Mitleid als menschliche Verhaltensweise belegen und führt aus:] Dies sind meine Neigungen, und ich glaube, es seyen die Neigungen aller Menschen, [...] so wie auch die Rachbegierde angebohren ist, und nicht ruhet, ehe sie befriediget ist.

§ V.

Die Gerechtigkeit kennt folgende Regel: Was du nicht willst, das dir geschehe, das tue auch keinem andern an. [Dazu erwähnt der Autor drei Fälle] III. will ich den Fall setzen von einer Beleydigung, die z.E. von einem Strassen-Räuber an einem mir ganz unbekannten und völlig indifferenten Menschen durch Beraubung und tödtliche Verwundung begangen, und worüber ich zum Schieds-Richter erwählet worden bin. Ich würde dem Räuber ohnfehlbar zu Gemüthe führen den Unfug, den er an dem unschuldigen Menschen, der ihm nichts zu Leyde gethan, erwiesen. Ich würde zu ihm sagen: Stelle dich an des verwundeten Platz: Wie würde es dir gefallen, wann ein anderer dich so tractirte: Du hast verdient, dass man dirs eben so macht, als du es ihm gemacht hast &c. Alles dieses sind deutliche Merckmahle eines angebohrnen sensus aequitatis und Gemüths-Billigkeit, krafft deren ich in meinem Gemüth fühle eine Neigung zur Gerechtigkeit, und dass einem jeden Menschen gleiches Recht, und dem andern eben so viel als mir gebühre, folglich dass so wenig ich von andern will beleydiget werden, so wenig soll ich hinwiederum andere beleydigen.

Caput IV

§ V.

Der vornehmste Nutzen des Rechts der Natur äussert sich heut zu Tag in dem statu civili der Menschen. Der status naturalis eines einzelnen Menschen der extra omnem societatem lebt, ist gar ausserordentlich, selten und kaum gegeben. [...] Der Nutzen nun in dem statu civili besteht darinn, dass jeder Mensch, der ein membrum societatem civilis, oder ein civis wird, seine natürliche instinctus und den angebohrnen sensus aequitatis mit sich bringt, der ihn fähig macht, die Gesetze der Obrigkeit anzunehmen, und sich dardurch bewegen, lencken und obligiren zu lassen, welches ohne diese angebohrne sentiments wohl gar nicht zu wege gerbacht werden würde. Es macht auch eben dieser eingepflantzte sensus aequitatis die menschlichen Gesetzgeber fähig, gerechte Gesetze und Verordnungen zu machen. Dann alle menschliche Gesetze müssen sich auf aequitatem naturalem und auf die Haupt-Regel: *Was du nicht willst, das man dir tue, das tue du keinem andern* gründen.

§ VI.

Gleichwie nun das Recht der Natur in dem gantzen statu civili einen so grossen Nutzen hat, also ist auch das studium desselben in der Jurisprudenz von grösstem Nutzen. Dann daraus lernt man den allerersten Ursprung und die wahre Natur alles Rechts und alle Verbindlichkeit unter den Menschen. Man lernt darinn die Application der Fundamental-Regel: was du nicht willst &c. die der wahre Probirstein von Recht und Unrecht unter den Menschen ist, nach welchem alle Gesetze, die von Menschen gegeben werden, zu beurtheilen sind.

§ VII.

Man möchte einwenden, das Recht der Natur, wie ich es abgehandelt habe, seye gar zu kurtz und also nicht sufficient, so viele Rechts-Fragen und Streitigkeiten, die unter den Menschen vorfallen können, zu entscheiden. Darauf antworte ich, dass eben darinn einer der grössten Vorzüge dieses Rechts bestehe. Dann es ist nicht allein das Recht selbst, sondern auch die Application desselben auf alle und jede vorkommende Fälle, so deutlich, so leicht und so universaliter allen gelehrten und ungelehrten Menschen bekannt, dass man nur allemahl seine angebohrne Neigungen in sich selbst prüfen und schliessen darf: Was du nicht willst, das dir geschehe, das sollst du einem andern nicht thun. Was ich in dem obigen bissher zur Erläuterung beygebracht habe, ist ein Ueberfluss, und vornehmlich zur Ueberzeugung derer, denen dieses Systema neu vorkömmt, und insonderheit der studirenden Jugend, so weitläuffig ausgeführt worden. Dann sonst wäre es nicht einmahl nöthig, das Recht, so einem jeden Menschen in das Hertz geschrieben worden, in solch formam artis zu bringen oder zu doziren.

Hinweise

Die Textwiedergabe wurde leicht modifiziert. Weggelassen wurden die lateinisch abgefassten «Einleitungsfragen» zu den §§.

Glossar

Caput: Teil; pro lege: für Gesetz; supponiren: unterstellen; societas domestica: häusliche Gemeinschaft; prospiciren: vorsorgen; societas conjugalis: Ehegemeinschaft; Inclination: Neigung; z.E.: zum Exemplum, Beispiel; sensus aequitatis: Gerechtigkeitsgefühl; insinuiren: aufdrängen; vim obligandi: Verpflichtungsmacht; metus mali: Angst vor dem Übel; in Venere: «Venus» für Hurerei; extra omnem societatem: ausserhalb jeder Gemeinschaft; forma artis: Kunstform.

II. Interpretation

1. Zusammenfassung

Der Text enthält mehrere Paragraphen aus einem in grössere Abschnitte gegliederten Werk, das an einer Stelle (Z. 65) als «Recht der Natur» bezeichnet wird. Der Text handelt von unterschiedlichen Arten des Naturrechts (C. I/4), beschreibt die bürgerliche Gesellschaft als Ergebnis einer Entwicklung aus einem *status naturalis* zu einer von Herrschaft geprägten *societas civilis* (I/8) und grenzt sich gegen das hobbesianische Menschenbild ab (III/2). Als Inhalt der Gerechtigkeit formuliert und begründet der Text die Regel: «Was Du nicht willst, das Dir geschehe, das tue keinem anderen» (III/5, s.a. IV/5, 6,7). Schliesslich begründet der Text die These, dass das Naturrecht mittlerweile vor allem im *status civilis* von Nutzen ist (IV/5), seine Analyse deswegen auch Teil der Rechtswissenschaften sein soll (IV/6) und dass das Naturrecht ohne Schwierigkeiten auf alle Rechtsfälle anwendbar sei (IV/7).

2. Sachliche Aussagen

Jedem Paragraphen lässt sich eine je eigene Aussage zuordnen, die im folgenden zu erklären sind.[1]

2.1 Die Zweiteilung des Naturrechts in *ius naturae* und *lex naturae*

In C. I/4 werden zwei «Haupt-Theile» des Naturrechts unterschieden, die sich beschreiben lassen als individuelle Freiheitsbefugnis einerseits, als «das allgemeine Recht und die Freyheit aller Creaturen» (Z. 2f.) und als «Verbindlichkeit» gegenüber der Rechtssphäre anderer Menschen andererseits (vgl. Z. 7). Die erstgenannte Befugnis, die als *«ius naturae»* bezeichnet wird (Z. 16) steht damit in einem Spannungsfeld zur *«lex naturae»* (Z. 17), die diese Freiheitssphäre wieder einschränkt.

Die Formulierung «Freyheit aller Creaturen» verweist auf den Freiheitsbegriff des Vernunftrechts, wie er vor allem durch *Baruch de Spinoza* (1632–1677) und *John Locke* (1632–1704) thematisiert worden war. Allerdings zeichnen sich hier auch Ansätze der römischrechtlichen Naturrechtstradition ab, in der das *ius naturale* alles das war, was «die Natur allen Lebewesen gelehrt hat» (vgl. Inst. 1,2 pr.). Doch auch die aristotelische Tradition ist präsent, wie die Kennzeichnung des Menschen «als einer mit der Vernunft [...] begabten Creatur» (Z. 1f.) zeigt, die auch bei Autoren wie *Hugo Grotius* (1583–1645) und *Samuel Pufendorf* (1632–1694) noch nachklingt. Auf Pufendorfs Naturrechtslehre verweist bei erster Betrachtung auch die Kategorie der Verbindlichkeit: Doch während Pufendorf alle Freiheitsrechte aus einer als *officium* bezeichneten Verpflichtung ableitet, stehen sich hier Verpflichtung und Berechtigung kategorial gleichberechtigt gegenüber.

2.2 *Status naturalis* und *status civilis*

In C. I/8 beschreibt der Autor einen *status naturalis*, in dem sich die Menschen jeweils als *societas domestica* zusammenfinden, die in ihrer vergrösserten als «eine grosse zahlreiche Familie» (Z. 24) bezeichnet wird. Herrschaft wird in dieser Phase durch «Direction eines oder etlicher Patrum familias» (Z. 31f.) ausgeübt. Dabei herrscht sowohl innerhalb wie auch im Verhältnis zu anderen Familien Ruhe und Frieden. Das ändert sich, wenn «eine solche grosse oder kleine Familie» friedlich oder kriegerisch unterworfen wird (Z. 31ff.), dadurch «unter den Gehorsam einer Beherrschung (imperii)» gesetzt wird (Z. 33) und damit ihre Freiheit verliert. Die Ableitung von ursprünglicher Gesellschaftsbil-

---

[1] Natürlich wäre es auch möglich, übergeordnete Themenkreise zu bilden wie in einigen anderen der hier vorgestellten Interpretationsvorschläge. Doch das im Text angedeutete Vorgehen hat den Vorteil, dass der Text auf diese Weise in der Situation der Klausur einfacher abzuarbeiten ist.

dung aus der Familienbildung steht ebenfalls wieder ganz in der Tradition der aristotelischen Politik. Römischrechtliche Traditionen scheinen in der Herrschaftsableitung aus der *patria potestas* auf.

Der Zustand, in dem statt natürlicher Freiheit «ein anderes menschliches Recht und Gesetz des Beherrschers, mit allem darzu gehörigem Zwang und Strafen, eingeführt» wird (Z. 35–37), ist der *status civilis*. Die Präsenz von Herrschaft als *«imperium societas civilis»* (Z. 39) unterscheidet also Naturzustand und *status civilis*.

Kennzeichnend für diese Textpassage ist der Übergang von einem Natur- in einen Gesellschaftszustand. Auch hierin bewegt sich der Text in der Linie der frühneuzeitlichen Lehre: War hoheitliche Herrschaft im Mittelalter ohne den Rückbezug auf die göttliche Legitimation nicht zu begründen gewesen, so rückt mit der Säkularisierung und den aufkommenden Naturwissenschaften in der Frühen Neuzeit die Vorstellung von einem (fiktiven) Naturzustand als Ausgangspunkt der Menschheitsgeschichte in den Vordergrund. Allerdings unterscheidet sich der vorliegende Text in einem wesentlichen Punkt von der Tradition des Naturzustandsdenkens, wie sie insbesondere durch *Thomas Hobbes* (1588–1679) und *Samuel Pufendorf* begründet worden war: Wurde der Gesellschaftszustand und die hier bestehende Herrschaftsordnung durch einen Vertrag begründet, so vollzieht sich der Übergang der Gesellschaftsordnungen hier allein durch einen Akt von Unterwerfung. Auch die zur Beschreibung von Herrschaft benutzte Terminologie weicht ab von der überkommenen Tradition, wird doch insbesondere auf den seit *Jean Bodin* (1529/30–1596) dominierenden Souveränitätsbegriff verzichtet.

2.3 Die Kritik am Menschenbild des *Thomas Hobbes*

In C. III/2 wendet sich der Autor gegen die Vorstellung von *Thomas Hobbes*, der Mensch sei von Natur aus feindlich gegenüber anderen (*homo homini lupus*). Die Ablehnung dieses pessimistischen Menschenbildes wird begründet mit der allen Menschen angeboren Freundlichkeit und der Fähigkeit zum Mitleid.

Diese Aussagen schliessen inhaltlich an die Überlegungen zum natürlichen Vergemeinschaftungsstreben der Menschen an und sind historisch beurteilt scholastischen und insofern auch aristotelischen Ursprungs. Historisch bewegt sich der Autor damit in der durch *Baruch de Spinoza* und *Samuel Pufendorf* begründeten Tradition der kontinentalen Kritik an *Thomas Hobbes*. *Spinoza* widersetzte sich *Hobbes'* anthropologischer Ausgangsthese vom (selbst)zerstörerischen menschlichen Machtstreben und rückte die gemeinschaftsbezogene Anlage des Menschen in den Vordergrund. *Pufendorf* verwarf vor allem die Konstruktion des hobbesianischen Herrschaftsvertrages und verwies ebenfalls auf den Hang des Menschen zum Zusammenschluss in Familien und Verbänden.

2.4 Die goldene Regel der Gerechtigkeit

In C. III/5 führt der Autor die sogenannte Goldene Regel ein, die u.a. durch das Beispiel eines Räubers verdeutlicht wird, dem seine Tat in gleicher Weise vergolten wird. Die Geltung dieser Regel wird begründet durch den Verweis auf einen «angebohrnen sensus aequitatis» (Z. 60f.).

Diese Aussage schliesst wiederum an die Skizze eines insgesamt positiven Menschenbildes an: Der Mensch ist gleichsam von Natur aus gerecht. Mit der hier und im folgenden mehrfach aufgegriffenen Goldenen Regel stellt sich der Autor in eine Tradition, die Teil der Menschheitsgeschichte insgesamt ist. In den vorchristlichen Religionen wie dem Judentum (vgl. Lev. 19,18) oder dem Buddhismus (Udana-Varga 5,18), aber auch in der antiken griechischen Philosophie *(Sokrates, Epiktet)* finden sich Normbildungen, die dieser Regel entsprechen. Ins neue Testament des Christentums übernommen (Matth. 7,12), gelangte die Goldene Regel insbesondere durch das kanonische Recht des 12. Jahrhunderts in Form des «Decretum Gratiani» als Element des Naturrechts in die europäische Rechtstradition. In der Demonstration der Goldenen Regel am Strafrecht scheint sich der Ansatz des Autors mit dem kategorischen Imperativ *Immanuel Kants* (1724–1804) zu berühren. Doch während die Regelbildung bei Kant ein Ausdruck autonomer Entscheidungsbefugnis ist, überwiegt vorliegend die Argumentation aus einer subjektiv verstandenen Empirie des Menschseins, wie auch der Nutzenaspekt zeigt *(Senn)*.

2.5 Gesetzesgehorsam im *status civilis*

In C. IV/5 analysiert der Autor die Frage nach dem «Nutzen des Rechts der Natur» (Z. 65) in der Situation der Vergesellschaftung. Der *sensus aequitatis* macht es dem Menschen möglich, die positiven Gesetze zu befolgen, wenn diese ihrerseits «auf aequitatem naturalem» (Z. 76) und die hieraus abgeleitete Goldene Regel beruhen. Gesetzesgehorsam basiert also nicht auf Zwang, sondern auf innerer Überzeugung, die vermittelt wird durch ein allgemeines Gerechtigkeitsempfinden. Auf diese Weise gelangt der Autor auch zur Forderung nach gerechter Gesetzgebung, denn ungerechte Gesetze sind mit dem angeborenen Gerechtigkeitssinn nicht vereinbar und würden deshalb nicht befolgt.

In Teilen bewegt sich der Autor auch hier in der überkommenen naturrechtlichen Tradition. Kennzeichnend für die dort entwickelten Regelungen zum Verhältnis von Gesetzesrecht und Naturrecht ist nämlich die Forderung, dass die menschlich geschaffenen Regeln mit dem Naturrecht überein zu stimmen hätten. Freilich ist es auch im vorliegenden Zusammenhang einmal mehr der eher empiriegeleitete Ansatz des Verfassers, in dem er sich von seinen Vorbildern unterscheidet.

Bezeichnend für die etwas solitäre Position des Autors in der frühneuzeitlichen Naturrechtslehre ist aber wiederum seine Begründung für den menschlichen Gesetzesgehorsam: Statt auf einen – fiktiven – vertraglichen Unterwerfungsakt wird auf den menschlichen Gerechtigkeitsinstinkt zurückgegriffen.

2.6 Naturrecht und Jurisprudenz

Der besonderen Bedeutung des Naturrechts im *status civilis* entspricht seine Bedeutung im Gefüge der Rechtswissenschaften: In C. IV/6 plädiert der Verfasser nachdrücklich für die Einbeziehung der Naturrechtslehre in die Rechtswissenschaft.

Mit dieser Forderung stand der Verfasser im 17. und 18. Jahrhundert nicht mehr allein. In dieser Phase wurde das Naturrecht unter der Führung von *Hobbes*, *Spinoza*, *Suarez*, *Pufendorf*, *Thomasius* und *Wolff* zum Gegenstand einer Flut von Publikationen gemacht. Diese Entwicklungen blieben aber auch für die Gestaltung der rechtswissenschaftlichen Lehre nicht ohne Auswirkungen: Denn zunehmend entstanden an den deutschen Universitäten Lehrstühle für Naturrecht, deren berühmtester der Lehrstuhl für Natur- und Völkerrecht an der 1694 neu gegründeten Universität in Halle war, den *Thomasius* und *Wolff* innehatten.

2.7 Die Einfachheit der Goldenen Regel und ihre universale Anwendbarkeit

Im letzten Paragraphen dieses Textauszuges begründet der Autor die These, dass das Naturrecht in Gestalt der Goldenen Regel auf alle Rechtsfälle anwendbar ist. Denn die Einfachheit dieser Regel mache ihre «Application [...] auf alle und jede vorkommenden Fälle... universaliter allen gelehrt und ungelehrten Menschen» möglich (Z. 89–91). Das gilt um so mehr im Blick auf das allen Menschen angeborene Gerechtigkeitsempfinden. Seine bisherigen Ausführungen sieht der Autor daher auch weniger als Belehrung, denn als Instrument der «Ueberzeugung [...] insonderheit der studirenden Jugend» (Z. 95f.).

Einmal mehr belegt dieses Plädoyer die ambivalente Position des Autors innerhalb der naturrechtlichen Tradition der Frühen Neuzeit: Zwar bekennt er sich zur Anwendungsorientierung des Naturrechts. Doch wenn er sich gegen den Vorwurf wehrt, seinen Lesern könne «dieses Systema neu» erscheinen (Z. 95f.), dann stellt er sich damit zumindest implizit gegen die komplexen Systementwürfe der Naturrechtler, in denen das Naturrecht in eine Fülle von einzelnen Normen zerlegt wurde. An die Stelle systematischer Komplexität möchte er die Einfachheit einer einzelnen Grundregel setzen.

3. Quellenbestimmung und historische Verortung

Der Text ist am ehesten einem lehrbuchartigen Traktat zuzurechnen. Er wendet sich, wie insbesondere der letzte Paragraph deutlich macht, an Studierende, Rechtsgelehrte und wohl auch Rechtspraktiker, denen die universale Anwendbarkeit der Goldenen Regel nahe gebracht werden soll.

Die Sprache ist deutsch, bedient sich allerdings immer wieder lateinischer Fachausdrücke. Daran lässt sich erkennen, dass der Autor wahrscheinlich ein Jurist und Naturrechtslehrer ist. Die Argumentation ist topisch strukturiert, wie auch der – im Eingang erwähnte, aber nicht abgedruckte – Fragenkatalog deutlich macht, doch als ein System im Sinne des Rationalismus entwickelt.

Inhaltlich bewegt sich der Autor zwar in der Tradition der spätscholastischen Naturrechtslehre, doch die zentrale Argumentationsfigur bildet der Freiheitsbegriff wie er erst durch die Aufklärung propagiert wird. Sein Werk ist nach dem Erscheinen des hobbesianischen «Leviathan» entstanden. Da er sich der deutschen Sprache bedient, ist der Autor der Phase nach 1700 zuzuweisen.

4. Historischer Hintergrund

In der Zeit um 1700 dominierte in Mitteleuropa die naturrechtliche Systembildung die rechtswissenschaftliche Debatte. Institutionelles Zentrum der Naturrechtslehre in *Deutschland* waren in dieser Zeit vor allem die Universitäten Heidelberg und Halle: Hatte *Pufendorf* im späten 17. Jahrhundert noch in Lund und Berlin gewirkt, so waren in Halle *Thomasius* und später *Wolff* tätig. Dabei bauten diese Autoren auf der Naturrechtslehre der spanischen Spätscholastik und der Naturrechtslehre auf, die durch *Hugo Grotius* rezipiert und damit in die Tradition des europäischen Rechtsdenkens gelangt war.

Allerdings war auch das ius commune, also das römisch-kanonische Recht, weiterhin präsent. Das zeigte sich besonders deutlich an der Tätigkeit von zwei Rechtsgelehrten, die ebenfalls in Halle wirkten: *Samuel Stryk* (1640–1710), 1692 massgeblich an der Gründung in Halle beteiligt, gab mit dem Werk «Specimen usus moderni pandectorum» (1690) einer Epoche der Rechtsgeschichte den Namen. Wie viele andere Juristen seiner Zeit war er darum bemüht, das römische Recht mit den lokalen Rechten zu verbinden und damit in einer Zeit immer neuer territorialer Normbildungen dessen Anwendbarkeit zu sichern. Die Übergänge zwischen *usus modernus* und Naturrecht verkörperte *Johann Gottfried Heineccius* (1681–1741), der sich zunächst der Darstellung des deutschen und römischen Rechts verschrieb, 1737 aber mit den «Elementa iuris naturae et gentium» ein Naturrechtslehrbuch vorlegte.

In der Zeit nach 1700, insbesondere in der zweiten Hälfte des 18. Jahrhunderts, setzte allmählich der Übergang zur Moderne ein, was in der Literatur auch mit der Kennzeichnung der Periode zwischen 1750 und 1850 als «Sattelzeit»[2] umschrieben worden ist: Die um 1750 in England durch die Erfindung der Dampfkraft ausgelöste Industrielle Revolution sollte auch auf dem Kontinent aufgrund der durch sie bewirkten Mechanisierung von Arbeitsabläufen zu einer grundlegenden Veränderung der Wirtschafts- und Arbeitsverfassung führen. Die Auseinandersetzung zwischen England und seinen Kolonien auf dem nordamerikanischen Kontinent mündete 1776 in deren revolutionäre Ablösung vom englischen Staat ein. Hier wie auch in den alteuropäischen Monarchien wurden die Ideen der Aufklärung wirksam, deren Postulate von *Immanuel Kant* im berühmten Postulat verdichtet wurden, *sapere aude*.

Gleichwohl blieb die mitteleuropäische Herrschaftsordnung im 18. Jahrhundert normativ von der spätmittelalterlich-frühneuzeitlichen Tradition geprägt: Kaisertum und Reichstag standen sich auf Reichsebene gegenüber. In Mittelosteuropa dominierte die *Gutswirtschaft,* deren Realitäten weit entfernt vom aufklärerischen Freiheitspathos waren. Die Herrschaftspraxis der absolutistischen Landesherren war ursprünglich kaum von naturrechtlichen Erwägungen, sondern stattdessen von einer gemeinwohlorientierten Gesetzgebungsherrschaft gekennzeichnet. Die Entstehung umfassender Kodifikationen (ALR 1794, ABGB 1811) beruhte nicht zuletzt auch auf dieser Tradition, liess allerdings der im vorliegenden Text geforderten universalen Anwendbarkeit der Goldenen Regel kaum mehr Raum. Denn alle Kodifikationen waren geprägt von einer starken gesetzgeberischen Regelungsdichte.

5. Gegenwartsbezug

Der Text thematisiert Fragen, die auch in der Debatte der Gegenwart erörtert werden: Das Verhältnis zwischen positivem Recht und einem übergeordneten natürlichen Recht ist bis in die jüngste Zeit heftig umstritten. Praktisch geworden sind diese Fragen erneut in der Auseinandersetzung um die bundesdeutsche Rechtsprechung zu den sogenannten Mauerschützen, die unter Berufung auf Prinzipien der «materiellen Gerechtigkeit» trotz einer positivrechtlichen Legitimation ihres Tuns zur strafrechtlichen Verantwortung gezogen wurden.

Im Zeichen der fortschreitenden Globalisierung stellt sich die Frage nach der Legitimation von hoheitlicher Herrschaft erneut. Das gilt erst recht im Hinblick auf die terroristischen Bedrohungen der westlichen Gesellschaftsordnungen, die der Frage nach dem Grund und den Grenzen staatlicher Gewaltausübung eine neue Qualität gegeben haben.

---

[2] REINHART KOSELLECK: Einleitung, in: OTTO BRUNNER/WERNER CONZE/REINHART KOSELLECK (Hg.): Geschichtliche Grundbegriffe. Historisches Lexikon zur politisch-sozialen Sprache in Deutschland, Bd. 1, Stuttgart 1972, S. XIII–XXVII, XIV.

Das vom Autor entwickelte Bild des Menschen im Spannungsfeld von individueller Freiheit und sozialer Gebundenheit findet sich wieder in den Verfassungsordnungen der europäischen Staaten. Freilich ist die vorliegend vorausgesetzte Balance zwischen Freiheit und Verantwortung im Zeichen der Reorganisation der sozialen Sicherungssysteme bisweilen fraglich geworden.

III. Quelle und Literatur

Quelle
JOHANN JACOB SCHMAUSS: Neues Systema des Rechts der Natur. Göttingen 1754. Neu hg.v. DIETHELM KLIPPEL, mit einer Einleitung von MARCEL SENN: Freiheit aus Instinkt. Zum anthropologisch begründeten Rechtspostivismus von Johann Jacob Schmauss (1690–1757). Goldbach 1999 (Naturrecht und Rechtsphilosophie. Studien und Materialien Bd. 5), S. VII–XXV.

Literatur
HANS SCHLOSSER: Privatrechtsgeschichte, S. 76–125.
MARCEL SENN: Rechtsgeschichte I, Kap. 7, 8.
DIETMAR WILLOWEIT: Deutsche Verfassungsgeschichte, S. 213–215.

Handbuchartikel
EKKEHART KAUFMANN: Billigkeit. In: HRG 1, Sp. 431–437.
WOLFGANG SELLERT: Schmauss, Johann Jacob. In: HRG 4, Sp. 1454–1458.
REINHOLD ZIPPELIUS: Naturrecht. In: HRG 3, Sp. 933–940.

AT

14. Text: Fürstenstaat und Rechtsstaatlichkeit

I. Quellentext

Erstes Kapitel: Die meisten Fürsten verdanken ihre Macht den Gesetzen

In Anbetracht der Tatsache, dass die Fürsten fast alle ihre Macht den Gesetzen verdanken, ist es verwunderlich, dass sie den Gesetzen meist so wenig Pflege zuteil werden lassen und diesem Palladium ihrer königlichen Gewalt fast keine Aufmerksamkeit schenken. Sind denn aber nicht Fürst und Gesetz in der Vorstellung der Menschen miteinander so eng verbunden, dass sich weder ein Fürst ohne Gesetz noch ein Gesetz ohne Fürsten denken lässt? In der Tat, Fürsten ohne Gesetze und Gesetze ohne Fürsten geniessen keine Geltung. [...]

Ich kann nicht umhin, eine zwar abgedroschene, aber zum Thema des Aufsatzes passende Textstelle des Justinian zu wiederholen, die voller Weisheit fordert, dass die Herrscher nicht nur eine glückliche Hand in der Kriegsführung, sondern vor allem in der Bewahrung des Friedens haben sollten.

Zweites Kapitel: Fürsten sollten die Rechtsgelehrsamkeit hochhalten [...]

Die Herrscher der antiken Welt haben sehr viel besser gewusst, worin ihre Pflichten bestehen. So lässt sich geschichtlich belegen, dass sich die Regierenden vergangener Zeitalter weit mehr um die Pflege des Rechts kümmerten, als es heute üblich ist. [...]

Hieraus wird zur Genüge deutlich, dass die Gesetzgebung und die Rechtsgelehrsamkeit Herrschern immer zur Ehre gereicht, obwohl, wie wir oben schon beklagten, nicht zu leugnen ist, dass die Machthaber der antiken Welt darin mehr Ruhm gesucht und verdient haben als heutige Fürsten. [...]

Wird nicht auch dem Kaiser Augustus nachgesagt, dass er, als er die Gültigkeit der Kodizille und Fideikommisse bestätigen wollte, gelehrte Männer [...] um sich versammelt und sie gefragt habe, ob diesem Geltung verschafft werden könne und ob es mit dem Recht übereinstimme. [...]

Darüber, dass gewisse Gesetze früher einmal billig und gerecht gewesen, mit dem Wandel der Zeiten indessen unbrauchbar geworden seien, schreien und klagen zwar alle; aber niemand verbessert sie. Daher kommt es, dass die höheren Gerichte, wenn sie sehen, dass einige Gesetze veraltet und doch nicht abgeschafft sind, die Kühnheit aufbringen, gegen sie zu entscheiden. Somit werden Urteile gefällt, die an sich die billigsten von der Welt sind, aber dem klaren Buchstaben des Gesetzes zuwiderlaufen. [...] Dergleichen unzeitgemässe

Gesetze anzuzeigen und abzuändern, oblag bei den alten Athenern den Nomotheten. Bei allem Hass und Tadel, mit dem die höheren Gerichte hier bei uns verfolgt werden, wenn sie unter irgend möglicher Beachtung der Gesetze gegen die noch nicht abgeschafften, aber überkommenen Gesetze Recht sprechen, sollte man auch einmal bedenken, dass eine andere Lösung unter den gegebenen Umständen gar nicht möglich ist. [...]

Ich wünschte daher, dass man jenes Amt der Nomotheten in der Weise wiedereinführt, dass man diese kritische Prüfung der Gesetze in jedem Obergericht einem ganz allein anvertraute, den man, damit ein kluger Kopf nicht über Hunger zu klagen hätte, dafür auch etwas entlohnen müsste. Auf Anraten dieses – nennen wir ihn – Gesetzeskritikers, der auch die Feder zu führen und die Vorschlagsberichte zu fertigen hätte, müsste sodann das Kollegium selbst dem Archinomotheten, der einen vertrauten Zutritt zu den Fürsten haben sollte, jährlich ein Verzeichnis der änderungsbedürftigen Gesetze überreichen. Dieser müsste die Angelegenheit dann seinerseits dem Geheimen Staatsrat vortragen. Solange solches aber noch nicht eingeführt ist, wird es erlaubt sein müssen, bisweilen von den seltsamen, unzeitgemässen Gesetzen abzuweichen und sich auf den bekannten Rechtsgrundsatz zu berufen, dass, wenn der Anlass zu einem Gesetz wegfällt, auch das Gesetz zu gelten aufhört, – ein Grundsatz, der zu einer allgemeinen Abschaffung veralteter Gesetze führen muss.

Viertes Kapitel: Schriftsteller, die sich mit der gesetzgebenden Rechtsgelehrsamkeit befasst haben.

[…] Das jüngste Werk über diese Materie stammt von Charles de Secondat, Baron de la Brède et de Montesquieu und heisst «De Anima Legum». Dieser vortreffliche Schriftsteller erfreut seine Leser durch eine ganze Menge ungewöhnlich geistvoller Bemerkungen und Beispiele; andererseits ist nicht zu leugnen, dass sein Werk doch einige Mängel aufweist, die seinen Ruhm beeinträchtigen. Ich übergehe hier die schlecht zusammenhängende Ordnung seines Systems und das entweder gar nicht vorhandene oder wenigstens häufiger erschütterte Gefüge seiner Lehren, da die historischen Fehler, ferner die falschen oder wenigstens nicht ausreichend gesicherten logischen Beweise, vor allem aber die unrichtigen Allegata[1] einem jeden viel mehr in die Augen stechen. [...]

In Anbetracht der Tatsache, dass sich der grösste Teil seines Buches sehr ausgiebig damit befasst, in welchem Umfange die Gesetze den unterschiedlichen klimatischen Verhältnissen der Länder angepasst sein müssen, ist es verwunderlich, dass der Verfasser in den zwanzig Jahren, die er für die Quellensuche und die Abfassung seines Werkes verwendet haben will, nicht auf jene bemerkenswerte Stelle von Gellius gestossen ist, die er seinem ganzen Werke, gleichsam als Zusammenfassung, mit grossen Lettern hätte voranstellen sollen.

---

[1] Zitate.

[...] Doch meine Absicht ist es nicht, dieses im übrigen wirklich scharfsinnige Buch vor den Augen der gelehrten Welt verhasst zu machen. Ich rate jedoch dazu, es wie einen Roman zu lesen, wie Platons Politeia oder das philosophische Werk von Descartes.

Kapitel zehn: Ist der Fürst an die von ihm erlassenen Gesetze gebunden?

[...] Ich komme nicht umhin, die Ansicht zu vertreten, dass die Landesherren den Gesetzen mit Ausnahme der Reichsgesetze, die alle deutschen Fürsten gleichsam als Glieder eines Körpers, des Heiligen Römischen Reiches deutscher Nation, beachten müssen, eigentlich nicht unterworfen sind, denn Gesetz wird der Befehl eines Höheren genannt, den die Landesherren aber gerade nicht über sich haben. Wer kann sie zwingen, wenn sie nicht freiwillig gehorchen wollen, oder [...] wer hat soviel Macht, sie gegen ihren Willen zu zügeln?

Braucht der Fürst denn aber bloss darum, weil ihn keine weltliche Macht zwingen kann, auch der ewigen Stimme der Gottheit und dem Rechte, dem allen Menschen unterliegen, nicht zu gehorchen?

Wenn es auch gleich an Mitteln fehlt, die Fürsten zur Beachtung ihrer eigenen Gesetze anzuhalten, so unterwirft doch wenigstens dieses eine, nicht aus dem prätorischen Edikte,[2] sondern vielmehr aus der Natur selbst abgeleitete Billigkeitsgebot, dass nämlich das Recht, welches du auf andere angewandt sehen willst, auch für dich selbst anerkennen musst, die Fürsten gleichsam ihren eigenen Gesetzen.

II. Interpretation

1. Zusammenfassung

Der vorliegende Text umfasst mindestens zehn Kapitel und ist an einigen Stellen gekürzt. Er behandelt Fragen der Gesetzgebung und Gesetzesbindung des Fürsten. Die erste These lautet, dass Ansehen und Macht eines Fürsten, die er bei den Menschen geniesst, von der Güte seiner Gesetzgebung abhänge. Die zweite stellt die Bedeutung der Rechtsgelehrsamkeit für die Gesetzgebung und die Gesetzeskritik durch die Gerichte in den Vordergrund. Er untermauert beide Thesen mit Beispielen aus der antiken Rechtswelt; er nennt *Justinian* und *Augustus* sowie die Griechen, die ein Amt des kritischen Nomotheten gekannt haben sollen und erwähnt *Platons* «Politeia». Als aktuelle Literatur erwähnt er

---

[2] Kundmachung eines römischen Gerichtsmagistrats, der der Öffentlichkeit mitteilt, welche Klagen, Einreden und Rechtsmittel er anerkennt.

die Prinzipienlehre von *Descartes* sowie *Montesquieus* Werk. Im zehnten Kapitel wird die Gesetzesbindung des Fürsten erörtert und bejaht.

2. Sachliche Aussagen

Thesenartig lassen sich die Themenschwerpunkte des Quellentextes wie folgt benennen: Gesetzgebung und Fürstenmacht, Rechtsgelehrsamkeit und Fürstenmacht, Fürstenmacht und Gesetzesanpassung sowie Fürstenmacht und Gesetzesbindung.

2.1 Gesetzgebung und Fürstenmacht

Die Bedeutung der Überschrift zu Kapitel 1 kann nicht genug deutlich hervorgehoben werden: Die Fürsten verdanken ihre Macht den Rechtsgesetzen, nicht ihrer Vollkommenheit, nicht ihrer Würde oder ihres Könnens, auch nicht der Gnade Gottes, sondern alleine den Rechtsgesetzen, die sie selber erlassen, was – wie hernach differenziert ausgeführt wird – heisst, dass die Qualität ihrer eigenen Gesetzgebung das Fundament ihrer Macht bildet. Das ist ein Paukenschlag im Fürstenstaat, vergleichbar dem Paukenschlag in der gleichnamigen Sinfonie von *Haydn* aus dem Jahre 1791, der seine durchlauchte Zuhörerschaft damit aufforderte, nun gut zuzuhören. Dies zeugt in beiden Fällen von Selbstbewusstsein und Könnerschaft auf der einen, Toleranz und Akzeptanz auf der anderen Seite.

Die Aussage ist klar: Die politische Macht des Fürsten wird durch die Qualität seiner Gesetzgebung begründet. Hier wird das Immanenzprinzip strikt formuliert. Es besagt, dass alles säkular begründet werden muss. Im Gegensatz zum Transzendenzprinzip, das sämtliches Geschehen stets auf einen ausserirdischen Gott bezieht, muss die Welt immanent, d.h. aus sich (der Welt) selbst heraus begründet werden. Wenn Recht somit als eine spezifische Sache der menschlichen Lebewesen aufgefasst wird, wie dies seit *Aristoteles' animal sociale* der Fall ist, dann ist der Mensch auch selbst das Mass dieses Rechts. Deshalb entscheidet die Vorstellung der Menschen, ob Fürst und Gesetz genug eng aufeinander bezogen sind. An dieser weltimmanenten öffentlichen Meinung hat sich der Fürst nun messen zu lassen; er hat sich nicht mehr nur vor Gott zu verantworten. Von dieser öffentlichen Meinung hängen Geltung und Ansehen seines Fürstenamts ab. Deshalb ist das gute Gesetz das Palladium (der Schutzwall oder Selbstschutz) ihrer hohen Gewalt. Die Macht der Fürsten muss sich bewähren; sie ist keine Prärogative (Vorrecht) mehr. Dies erinnert an das «politische Testament»[3] *Friedrichs des Grossen* von 1752, wo vom Fürstenberuf und vom Herrscher gesprochen wird, der der erste Diener seines Volkes sei,

---

[3] Eine Art Regierungsprogramm.

aber auch an *Friedrichs* französisch verfasste Abhandlung über die Gesetzgebung von 1749, wo von einem Gesetz und einer Regierungskunst die Sprache ist, die einen bestens funktionierenden Staat ausmachen.[4]

Der Nutzen liegt in der Stabilität des Staats, was Sicherheit und Frieden bedeutet, und Ausdruck wahrer Macht eines Herrschers ist. In diesem Kontext werden die beiden bedeutendsten Kaiser der römischen Antike erwähnt, *Augustus* der grosse Friedenskaiser Roms zu Beginn der Monarchie in Rom (zur Zeit vor Christi Geburt) sowie der bedeutendste Gesetzgeber der Spätantike Kaiser *Justinian* in Byzanz im 6. Jahrhundert, der das bisherige römische Recht des Westreichs sammeln liess und es als Gesetz erliess («Corpus Iuris Civils»). Es sind also klassische, nicht zeitgenössische Vorbilder, die der Autor erwähnt, um damit allen Fürsten Deutschlands dieselbe Chance der Identifikation mit dem «guten» Herrscher zu ermöglichen. Diese Beispielgebung erfolgt an dem spät- oder neuhumanistischen Bildungsideal und ist somit unprätentiös, weil schon die Botschaft wuchtig genug ist: Wer Macht will, mache, wenn er kann, gute Gesetze, die den Menschen nützen.

2.2 Rechtsgelehrsamkeit und Fürstenmacht

Gute Gesetze machen können, setzt Kenntnisse und Erfahrungen voraus, die der Autor im zweiten und vierten Kapitel als Rechtsgelehrsamkeit bezeichnet. Bereits das erste Kapitel spricht von der Weisheit des Kaisers *Justinian,* der sich um die Rechtspflege und den Frieden vorbildlich kümmerte, sowie der Geschicklichkeit des Kaisers *Augustus,* der die Rechtsgelehrten befragte, bevor er ein Gesetz erliess. Der Seitenhieb auf die «heutigen Fürsten», die dies vernachlässigten, erfolgt also im gleichen Atemzug.

Nun muss der Autor zeigen, was er unter Rechtsgelehrsamkeit versteht. Zum einen verändern sich die gesellschaftlichen Verhältnisse, sodass einmal erlassene Gesetze revidiert werden müssen, und von daher wäre es ratsam, ein Amt des Gesetzeskritikers wie in der griechischen Antike einzurichten. Zum anderen bedarf es der Instruktionsliteratur, die er zugleich rezensiert.

Die Förderung der Rechtskenntnisse der Fürsten, die Gesetze geben, ist eine Konsequenz aus dem Immanenzprinzip. Da sich alles aus dem Immanenzprinzip des säkularen Denkens herleitet, ist auch das Recht letztlich geschichtlich. Weder Recht noch Fürst existieren kraft Berufung auf höhere Macht, eigenem Machtwillen, sondern aufgrund des Verständnisses für die konkreten Zusammenhänge, wie ein Staatswesen gut funktioniert. Erst wenn ein Staatswesen natürlich funktioniert, wird das allgemeine Wohl gehoben. Der Fürst, der als Staatsmanager die Rahmenbedingungen durch seine Erlasse schafft, erhält dafür Anerkennung. Seine Autorität beruht somit auf diesem Anerken-

---

[4] Wiedergegeben in MARCEL SENN: Rechtsgeschichte I, S. 249f.

nungsverhältnis, für das er verantwortlich ist. Also müssen Fürsten sich dieses Wissen aneignen und d.h., sie müssen geschult werden.

Die Bildung der Fürsten als oberste Entscheidungsträger war stets ein Anliegen. Seit dem hohen Mittelalter bestand eine Unterweisungsliteratur, die die Politik auf die christliche Moral verpflichtete (z.B. der Fürstenspiegel von *Thomas von Aquin*). Mit *Macchiavellis* Instruktionsbuch «Il principe» (publiziert posthum 1532) wandelte sich das Instruktionsziel zur rigiden Machtpolitik. Doch mit beiden Traditionen bricht das Aufklärungszeitalter: Gute Politik ist weder Morallehre noch Machtpolitik.

Doch was gibt es für Literatur zur Gesetzgebungslehre? Das Urteil ist wenig schmeichelhaft. *Montesquieus* berühmtes Werk von 1748, «L'esprit des lois», rügt er wegen offensichtlicher Mängel an System, Logik und zahlreichen historischen Irrtümern, zudem wirft er Montesquieu auch Plagiate – also Diebstahl von geistigem Eigentum Dritter – vor. Offensichtlich befriedigt es nicht die Ansprüche, wie sie *Descartes* in seiner allgemein anerkannten Prinzipienlehre über das logische Denken im 17. Jahrhundert aufgestellt hat. Aber auch die «Politeia» *Platons,* mit deren Nennung er eine entwicklungsgeschichtliche Linie von der Antike über den Platonismus des 16. Jahrhunderts zum modernen Rationalismus zieht, befriedigt nicht. Er disqualifiziert alle drei Werke als «Romane», d.h. sie sind keine wissenschaftlichen Werke, sondern Literatur. Seine Kritik geht von einem Wissenschaftsbegriff aus, der stark historisch (Kap. 2) und systematisch (Kap. 4) geprägt ist. Für ihn heisst Ausbildung der Fürsten daher nicht Schulung in der Philosophie, sondern Schulung im Rechtsdenken. Die Experten in Sachen Recht sind auch nicht die Philosophen, sondern die Rechtslehrer des Naturrechts und römischen Rechts. In Preussen wird der Thronfolger *Friedrich Wilhelm* durch den Juristen *Carl Gottlieb Svarez* (1746–1798) instruiert, in Österreich durch *Franz von Zeiller* (1751–1828). Beide sind aktiv an der jeweiligen Kodifikation ihres Staats beteiligt.

2.3 Fürstenmacht und Gesetzesanpassung

Ebenfalls folgt aus dem Immanenzgedanken die Notwendigkeit der Anpassung der Gesetze. Auch der Gerechtigkeitsbegriff ist geschichtlich. Denn «billige» (gerechte) Gesetze werden durch Veränderung der Rahmenbedingungen, unter denen sie erlassen wurden, in der neuen Lage, auf die anzuwenden wären, ungerecht. Und nochmals Unrecht geschehe dann, wenn die Gerichte, die die veralteten Gesetze doch anzuwenden hätten, gegen den klaren Gesetzeswortlaut Recht sprächen, selbst wenn im Einzelfall durchaus richtige Ergebnisse im Sinn der öffentlichen Akzeptanz resultierten.

Das Problem, das der Autor hier thematisiert und wofür er aber den Begriff noch nicht hat, ist dasjenige der Gewaltenteilung. Gerichte sind Gesetzesanwender und keine Gesetzgeber. Daher wird den Fürsten, die die Gesetzgebung in ihren Händen halten, empfohlen, nach antikem Muster zu verfahren und ein Amt des Gesetzeskritikers zu schaffen. Um diesem «rechtsstaatlichen» Defizit abzuhelfen, schlägt der Autor die Institution der Nomotheten nach griechischem Vorbild vor. *Platons* Alterswerk «Nomoi» steht Pate hierfür, auch wenn es im Text nicht genannt, sondern die berühmtere «Politeia» erwähnt wird. Doch diese Nomotheten sind nicht selbständig; sie vermitteln nur zwischen Volk, Gericht und dem Fürsten sowie seinem Staatsrat. Denn die Fürsten sind die Gesetzgeber.

Die Beschreibung der Funktionsweise des Gesetzeskritikers erinnert entfernt an eine Institution, die bis ins 18. Jahrhundert vorhanden war, aber vielerorts abgeschafft wurde, nämlich die Institution der Spruchkollegien an den Juristenfakultäten. Sie korrigierten zwar nicht die Gesetze, sondern sie unterwiesen die Urteiler in der Rechtsfindung. Vor dem Hintergrund der aufkommenden Kodifikationen in Bayern, Preussen und Österreich wurde diese Institution der Spruchkollegien jedoch obsolet. Während Bayern in den fünfziger Jahren bereits eine Kodifikation hatte, wurde in Österreich und Preussen daran noch hart gearbeitet. Es kann also durchaus sein, dass der Autor hier auf eine Lücke zwischen mangelhafter Rechtsanwendung zufolge völlig veralteter Gesetze, wie etwa im Strafrecht, wo noch die «Carolina» von 1532 die Rechtsgrundlage bildete, und den erst geplanten Kodifikationen Bezug nimmt, insofern die bisherige Institution der juristischen Spruchkollegien praktisch fehlt und die Gerichte somit auf sich selbst gestellt sind, was zu einer pragmatischen Rechtsprechung entgegen der gesetzlichen Grundlagen führt.

2.4 Fürstenmacht und Gesetzesbindung

Die Rechtsgesetze sind – schon die Überschrift zum ersten Kapitel besagt es deutlich – das Nervenzentrum eines guten Staatswesens.

Daher stellt sich nun eine politisch brisante Frage (Überschrift zu Kapitel 10) an die höchste staatliche Autorität: «Ist der Fürst an die von ihm erlassenen Gesetze gebunden?» Es war bisher keine Frage, dass der Fürst, der Gesetze erlässt, an seine eigenen Gesetze nicht gebunden sei, weil sie Ausfluss seiner Machtvollkommenheit sind. Diese Ansicht bezeichnet man als Absolutismus.[5] Unser Autor kann diesem Zeitgeist freilich auch nicht widersprechen, doch trägt er eine Ansicht vor, die in die Zukunft weist und die bereits das Rechtsstaatsprinzip im Ansatz erkennen lässt. Der Autor setzt dieses Prinzip dem Absolutismus entgegen.

Die Gesetzgebung im Zeitalter des Absolutismus war ein Steuerungsinstrument in der Hand des Fürsten. Er beherrschte alles, auch das Recht. Das Rechtsstaatsprinzip verlangt indessen den Vorrang des Rechtsgesetzes. Alle

---

[5] Von lat. solvere, solutus; lösen, gelöst. Im übertragenen Sinne: Der Fürst ist nicht an die Gesetze gebunden.

politische Gewalt, auch die des Herrschers, wird einzig durch Gesetze gewährleistet, weshalb diese den absoluten Vorrang haben. Der Autor kehrt also die Argumentation zugunsten der Gesetzesherrschaft um.

Denn wenn (nach Kap. 1) Fürst und Gesetz (nicht Gewalt) eng miteinander verbunden sind, dann besteht die Wirksamkeit folgerichtig darin, dass der Fürst sich selbst verpflichtet, auch seine eigenen Erlasse einzuhalten und seinen Staat nicht bloss durch seine Machtmittel sondern vielmehr durch sein Vorbild zu führen.

An dieser Stelle antizipiert der Autor den kategorischen Imperativ *Kants*: Recht, das du auf andere angewendet sehen willst, musst du auch für dich selbst zuerst anerkennen, denn es muss für alle gleichermassen gelten (können). Freilich, die Konvergenz beider Standpunkte liegt nur in der gleich strukturierten Formel gestützt auf Einsicht, ihre Differenz bedingt aber das Kantsche Diktat des Imperativs, denn der Autor versteht seinen Standpunkt als Postulat, *Kant* hingegen spricht von der Notwendigkeit der Geltung.

Damit ist die Vorbildwirkung thematisiert, die Ausfluss der Pädagogik des Aufklärungszeitalters ist. Der aufgeklärte Fürst wird sich wie der – idealisierte – Herrscher der Antike (vgl. Kap. 1) erweisen und das Gesetz über alles, auch über seine privaten Interessen stellen, und durch seine Selbstbindung (nicht durch Befehl) die Gefolgschaft erzeugen. Hier verschmelzen Aufklärung und Absolutismus zum aufgeklärten Absolutismus.

3. Historische Verortung

Es ist offensichtlich, dass der Text sich auf *Montesquieus* im Jahre 1748 erschienenes Werk «De l'esprit des Lois» bezieht, aber noch im Zeitalter des aufgeklärten Absolutismus verfasst ist und somit vor dem Ende des Heiligen Römischen Reiches von 1806 anzusiedeln ist, wie er in Kap. 10 ausführt. Der Hinweis auf die «Gottheit» an gleicher Stelle bildet ein deistisch-freigeistiges Element mit freimaurerischem Prägung, das ebenfalls auf die Einordnung des Texts zur Zeit *Lessings, Goethes, Mozarts* und *Haydns* hinweist, die alle dieser Vorstellungswelt zuneigten. Auch ist noch nicht von der französischen Revolution die Rede, sodass der Text sogar vor 1789 geschrieben sein muss. Der Text wird somit zwischen 1748 und 1789 verfasst worden sein.

4. Quellenbestimmung

4.1 Autor

Der Autor ist offensichtlich ein Rechtswissenschafter der Spätaufklärung, der den Vorrang der Rechtsordnung vor der Fürstenmacht propagiert. Diese Auffassung ist kühn und weist auf ein starkes Selbstbewusstsein des Autors als Aufklärer hin. Die Kritik an *Montesquieus* Werk weist überdies auf ein historisch-systematisches Rechtsdenken hin, wie es in der zweiten Hälfte des 18. Jahrhunderts etwa durch die Göttinger Schule *(Pütter, Runde, Reitemeier)* vertreten wurde.

4.2 Textgattung

Es handelt sich um einen Traktat, eine Abhandlung also, und zwar um eine rechtswissenschaftliche, ja sogar rechtspolitische Kritik an den bestehenden Zuständen im Fürstenstaat. Eine solche Kritik konnte nur durch Zustimmung des Fürsten verfasst und veröffentlicht werden, ansonsten es sich um einen anonymen Traktat handeln müsste.

4.3 Adressaten

Adressaten sind die Fürsten, ihre Räte, aber auch die Rechtswissenschaft und das Bildungsbürgertum.

4.4 Argumentation

Die Argumentation ist nicht nur inhaltlich plausibel und selbstbewusst, sondern auch intelligent und elegant, mutig und sogar pfiffig.

5. Historischer Hintergrund

Das historische Fundament, auf dem der Text beruht, ist die ständische Gesellschaft und der aufgeklärte Absolutismus, wie sie zwischen 1750 und 1790 im Heiligen Römischen Reich Deutscher Nation konkret vorhanden waren.

Das Reich des 18. Jahrhunderts war in rund 300 politische Zellen zersplittert und verfügte nur mit Preussen, Sachsen, Böhmen, Bayern und Österreich über grossflächige Gebiete.[6] Es funktionierte über seine Institutionen, den Reichshofrat in Wien, den ständigen Reichstag in Regensburg, zwei Kanzleien in Wien und Mainz sowie das Reichskammergericht in Wetzlar sowie eine in den Territorien und Reichsstädten basierte Staatswirtschaft (Merkantilismus).

---

[6] Vgl. Abb. 8.3 in MARCEL SENN: Rechtsgeschichte I, S. 213.

Der Zentralismus des Absolutismus spielte sich auch mehr auf der zweiten Ebene, den Territorien im Reich, ab. Gesellschaft und Wirtschaft wurden von breiten Bevölkerungskreisen daher als weitgehend intakt empfunden und akzeptiert. Dass die Staatshaushalte sowohl des Reiches als auch der Länder ziemlich verschuldet waren, kümmerte die Untertanen wenig, weil niemand gerne auf Vorteile verzichtet. Denn die ständische Gesellschaft brachte auch zahlreiche soziale Sicherheiten; in Frage gestellt wurden indessen konkrete Privilegien, die zu starken finanziellen Belastungen führten oder zu wenig Freiräume gewährten. Das Bürgertum hingegen verlangte vermehrte Gleichstellung und empfand geburtsständische Privilegien der Oberschicht als störend.

Anders war die Situation in Frankreich. Der französische Staat war in den achtziger Jahren nahezu bankrott. Die oberen Stände plünderten ihr eigenes Volk geradezu aus. Die soziale Lage war gespannt. Eine Revolution wie sie sich in Frankreich in den neunziger Jahren vollzog, wäre im Reich wohl kaum denkbar gewesen. Erst die Ereignisse in Frankreich von 1789 trieben insbesondere die Intellektuellen auch im Reich an, mit den Revolutionszielen zu sympathisieren und von einer menschlicheren Gesellschaft zu schwärmen. Doch Ideal und Realität sind zweierlei. Man wollte mit Sicherheit die neue Freiheit, aber man wollte auch die alte soziale Sicherheit beibehalten. In dem Sinne sollte das Reich von innen heraus erneuert werden. Doch das Reich wurde durch Napoleon 1806 gestürzt.

6. Gegenwartsbezug

Die Themen lassen sich mit Bezug auf die vorerwähnten sachlichen Aussagen des Texts bilden und wurden, weil nahe liegend, zum Teil schon angesprochen. Zentral ist sicher die Thematik der Rechtsstaatlichkeit, wie wir sie aus dem 19. Jahrhundert kennen. Alle Macht und Gewalt muss dem Grundgesetz verpflichtet sein. Betreiben jedoch die politischen Führungskräfte, wie dies in einigen Ländern Europas, aber auch andernorts gegenwärtig der Fall ist, Politik für ihre eigenen Interessen, dann ist das rechtsstaatliche Fundament bedroht. Es geht nicht an, dass Gesetze zur eigenen Privilegierung geschaffen werden, die Unabhängigkeit der Gerichte irgendwie beeinträchtigt oder in hängige Verfahren durch Dekrete eingegriffen wird, politische Konkurrenten mittels Polizei und Gerichte zum Schweigen gebracht werden oder der Wahlkampf durch bestimmte Wirtschaftsverbände finanziert werden, denen man sich dadurch verpflichtet. Denn sobald das Rechtssystem nicht mehr funktioniert, sei es, dass das Recht in einer Regelungsflut unter und vergessen geht, die Gerichte nur noch im Halbstundentakt die Klagen im Schnellverfahren erledigen und die Bürger sich über die Politik und die Politiker nur noch beklagen, statt selber politisch nach Recht zu handeln, dann hat sich ein politisches System überlebt.

Wichtig wäre es, dass eine Gesellschaft nicht nur nach politischen Grundsätzen und Rechtsregeln funktioniert, sondern dass der Zusammenhalt zwischen den Menschen auf Vertrauen und Wohlgesinnung selbstverständlich aufruhen darf. Dazu gehört, dass der soziale Ausgleich neben dem Leistungsprinzip im Staat einen gelebten Stellenwert hat.

III. Quelle und Literatur

Quelle
KARL FERDINAND HOMMEL: Principis Cura Leges oder Des Fürsten Höchste Sorgfalt: Die Gesetze (1765). Aus dem Lateinischen übersetzt von Rainer Polley, Karlsruhe 1975, S. 55, 58, 62, 68, 70, 76f., 80, 142f.

Anmerkung
Hommel war u. a. Rechtsprofessor an der Universität Leipzig. Er verfasste das Gutachten im Auftrag des damals vierzehnjährigen Kurfürsten von Sachsen *Friedrich August* und dessen Onkel Prinz *Xaver,* der die Regentschaft als Administrator für seinen Neffen ausübte. Es handelt sich um eine für jene Zeit typische Instruktionsschrift zur Ausbildung der heranwachsenden Regentengeneration. Der vorgelegte Text ist eine deutsche Übersetzung eines noch lateinisch verfassten Vortrags.

Literatur
MARCEL SENN: Rechtsgeschichte I, Kap. 10 sowie Kap. 9, S. 249–251.
MARCEL SENN/LUKAS GSCHWEND: Rechtsgeschichte II, Kap. 1 und 2.
DIETMAR WILLOWEIT: Deutsche Verfassungsgeschichte, S. 200–228.

Handbuchartikel
HEINZ HOLZHAUER: Hommel. In: HRG 2, 230–233.
HERMANN KRAUSE: Gesetzgebung. In: HRG 1, 1606–1620.
MICHAEL STOLLEIS: Rechtsstaat. In: HRG 4, 367–375.
H. THIEME: Reich, Reichsverfassung. In: HRG 4, 506–518.
H. W. THÜMMEL: Spruchkollegium. In: HRG 4, 1781–1786.

MS

15. Text: Herrscher und Kodifikation im aufgeklärten Absolutismus

I. Quellentext

Einleitung

1. Von den Gesetzen überhaupt.

§. 1. Das allgemeine Gesetzbuch enthält die Vorschriften, nach welchen die Rechte und Verbindlichkeiten der Einwohner des Staats, so weit dieselben nicht durch besondre Gesetze bestimmt worden, zu beurtheilen sind. […]

§. 5. Die von dem Landesherrn in einzelnen Fällen, oder in Ansehung einzelner Gegenstände, getroffenen Verordnungen können in andern Fällen, oder bey andern Gegenständen, als Gesetze nicht angesehen werden. […]

Auslegung der Gesetze.

§. 46. Bey Entscheidungen streitiger Rechtsfälle darf der Richter den Gesetzen keinen andern Sinn beylegen, als welcher aus den Worten, und dem Zusammenhange der selben, in Beziehung auf den streitigen Gegenstand, oder aus dem nächsten unzweifelhaften Grunde des Gesetzes, deutlich erhellet.

§. 47. Findet der Richter den eigentlichen Sinn des Gesetzes zweifelhaft, so muß er, ohne die prozeßführenden Parteyen zu benennen, seine Zweifel der Gesetzcommißion anzeigen, und auf deren Beurtheilung antragen.

§. 48. Der anfragende Richter ist zwar schuldig, den Beschluß der Gesetzcommißion bey seinem folgenden Erkenntniß in dieser Sache zu Grunde zu legen; den Parteyen bleiben aber die gewöhnlichen Rechtsmittel dagegen unbenommen.

§. 49. Findet der Richter kein Gesetz, welches zur Entscheidung des streitigen Falles dienen könnte, so muß er zwar nach den in dem Gesetzbuche angenommenen allgemeinen Grundsätzen, und nach den wegen ähnlicher Fälle vorhandnen Verordnungen, seiner besten Einsicht gemäß, erkennen. […]

2. Allgemeine Grundsätze des Rechts.

Verhältniß des Staats gegen seine Bürger.

§ 74. Einzelne Rechte und Vortheile der Mitglieder des Staats müssen den Rechten und Pflichten zur Beförderung des gemeinschaftlichen Wohls, wenn zwischen beyden ein wirklicher Widerspruch (Collision) eintritt, nachstehn.

§ 75. Dagegen ist der Staat denjenigen, welcher seine besondern Rechte und Vortheile dem Wohle des gemeinen Wesens aufzuopfern genöthigt wird, zu entschädigen gehalten. […]

Zweyter Theil – Dreyzehnter Titel

Von den Rechten und Pflichten des Staats überhaupt

Allgemeine Grundsätze

§ 1. Alle Rechte und Pflichten des Staats gegen seine Bürger und Schutzverwandten vereinigen sich in dem Oberhaupte desselben.

§ 2. Die vorzügliche Pflicht des Oberhaupts im Staate ist, sowohl die äußere als innere Ruhe und Sicherheit zu erhalten, und einen jeden bey dem Seinigen gegen Gewalt und Störungen zu schützen.

§ 3. Ihm kommt es zu, für Anstalten zu sorgen, wodurch den Einwohnern Mittel und Gelegenheiten verschafft werden, ihre Fähigkeiten und Kräfte auszubilden, und dieselben zur Beförderung ihres Wohlstandes anzuwenden.

§ 4. Dem Oberhaupte im Staate gebühren daher alle Vorzüge und Rechte, welche zur Erreichung dieser Endzwecke erforderlich sind. […]

II. Interpretation

1. Zusammenfassung

Es handelt sich um einen Auszug aus einem grösseren Text mit zahlreichen Paragraphen. Der Textauszug umfasst insgesamt vier Abschnitte. Im ersten Abschnitt wird das Verhältnis zwischen dem vorliegenden Gesetzbuch zu anderen Gesetzen bestimmt und festgelegt, dass *Verordnungen* des Landesherren nicht als *Gesetz* gelten. Im zweiten Abschnitt finden sich Regelungen über die richterliche Auslegung von Gesetzen. Der dritte Abschnitt regelt die Situation, in der Rechte von Staatsmitgliedern mit Befugnissen *zur Beförderung des gemeinschaftlichen Wohls* kollidieren. Der letzte hier abgedruckte Abschnitt schliesslich ordnet die Position des Staatsoberhaupts im Staatsgefüge.

2. Sachliche Aussagen

Im Text lassen sich drei grössere Themenkreise ausmachen: Die in § 1 benutzte Bezeichnung «allgemeines Gesetzbuch» verweist auf einen Themenkreis, der sich mit den Worten «Die Kodifikation als Phänomen der europäischen Rechtsgeschichte» beschreiben lässt (2.1). Die Regelungen über die richterliche Gesetzesauslegung, insbesondere über die Verpflichtung der Richter, bei einer etwaigen Gesetzeslücke eine «Gesetzescomission» anzurufen, lenkt den Blick auf «die Position des Richters im Gesetzgebungsstaat des Absolutismus» (2.2). Mit den Anordnungen über die Kompetenzen und die Stellung des «Landesherrn» und damit des «Oberhaupts im Staate» ist der Themenkreis «Die Bindung des Monarchen an das Recht» angesprochen (2.3).

2.1 Die Kodifikation als Phänomen der europäischen Rechtsgeschichte

Der Ausdruck «Kodifikation» kennzeichnet eine dem Ziel der Vollständigkeit verpflichtete, systematisch angelegte gesetzgeberische Ordnung eines Rechtsgebietes, die in einem Gesetzbuch, einem *codex* zusammengefasst ist. Eine so verstandene Kodifikation regelt insbesondere die Geltung des Rechts, das bereits vor seiner Kodifizierung bestanden hatte und wissenschaftlich überarbeitet wurde. Kodifikationen in diesem Sinn bewirken jeweils eine markante gesetzgeberische Zäsur in der Entwicklung eines Rechtsgebietes.

Die erste Kodifikation in der Rechtsgeschichte Europas schuf Kaiser *Justinian I.* (527–565): Der 529 erstmals promulgierte und 534 revidierte «Codex Iustinianus» fasste in zwölf Büchern die Kaisergesetze seit *Hadrian* zusammen; andere, nicht erfasste Rechtsnormen aus diesem Bereich sollten künftig nicht mehr gelten. Keine Kodifikation waren dagegen die 533 promulgierten «Digesten». Denn dabei handelte es sich nicht um die systematische Zusammenstellung von Gesetzen, sondern um Auszüge aus der juristischen Literatur des antiken Rom. Die «Digesten» lassen sich eher als *Kompilation* deuten, als (gesetzgeberische) Auswahl aus einer Masse bestehender Texte, die aber nicht den Anspruch auf abschliessende Ausschliesslichkeit erhebt. Das gleiche gilt für die 533 publizierten «Institutionen», die sich als Elementarlehrbuch darstellen, also ebenso wie die «Digesten» keine Gesetzestexte enthielten.

Lange Zeit blieb die justinianische Kodifikation vereinzelt. Zwar stellten sich die frühmittelalterlichen Könige bei der Abfassung der Stammesrechte in den Prologen der *leges* häufig in die Kontinuität der antiken Kaisergesetzgebung. Doch wurde bei den Stammesrechten nicht der Anspruch auf umfassendsystematische Vollständigkeit erhoben. Es fehlte in dieser Phase an einer wesentlichen Voraussetzung kodifikatorischer Gesetzgebung: Eine Rechtswissenschaft, die die konzeptionelle Grundlage für eine Kodifikation hätte liefern können, bestand nicht. Das änderte sich erst im 13. Jahrhundert. Die seit dem

11. Jahrhundert entstehende Wissenschaft des römischen und des kirchlichen Rechts war ganz der systematischen Erschliessung grosser Massen von Rechtstexten verpflichtet, wie etwa die «Concordia Discordantium Canonum», als das «Decretum Gratiani», oder die «Glossa Ordinaria» zum wieder entdeckten römischen Recht belegen. Kodifikationen setzen allerdings auch einen kodifizierenden Gesetzgeber und damit institutionell geordnete Herrschaftsmacht voraus. Diese Voraussetzungen waren im 13. Jahrhundert vor allem in der Amtskirche gegeben. Denn die *plenitudo potestatis* der Päpste gab den Nachfolgern *Petri* auch und gerade eine umfassende Normsetzungsbefugnis, von der sie seit *Alexander III.* in Form der Dekretalen auch intensiv Gebrauch machten. Die erste Kodifikation des Kirchenrechts entstand 1234 mit dem «Liber Extra» *Gregors IX.* (1227–1241). Es enthielt eine systematisch geordnete und zum Teil rigoros gekürzte Auswahl von Kanones und Dekretalen. Die nicht in den Liber Extra aufgenommenen Rechtstexte hatten nach dem Befehl *Gregors IX.* künftig keine Verbindlichkeit mehr. Dieser kodifikatorische Gesetzgebungsanspruch setzte sich fort im 1298 promulgierten «Liber Sextus» von Papst *Bonifaz VIII.* (1294–1303). Mit den 1231 promulgierten «Konstitutionen von Melfi» *Friedrichs II.* von Hohenstaufen entstand im weltlichen Bereich ein umfassendes systematisch geordnetes Gesetzgebungswerk, das jedenfalls teilweise den Anspruch auf abschliessende Geltung erhob. Insgesamt dominierte im weltlichen Bereich allerdings das römische Recht in der ihm durch die Legistik gegebenen Form. Das änderte sich erst, als das römische Recht seine abstraktzeitlose Gültigkeit zu verlieren begann. Entscheidend für den (Neu-)Aufstieg der Kodifikationsidee wurde dabei die Ausbreitung des Natur- und Vernunftrechtsdenkens und die Entstehung des absolutistischen Gesetzgebungsstaates. In der 1678 erschienen «Praefatio novi codicis» von *Gottfried Wilhelm Leibniz* (1646–1716) verdichtete sich die Vorstellung von einem abschliessend geltenden, systematisch geordneten Gesetzbuch erstmals besonders plastisch.

Die Verbindung von dem durch Vernunftrecht und Rationalismus geprägten systematischen Wissenschaftlichkeitsverständnis des 17. Jahrhunderts sowie dem aufklärererischen Gedankengut im staatlichen Herrschaftsselbstverständnis des aufgeklärten Absolutismus des 18. Jahrhunderts machte der Ausbreitung der Kodifikation den Weg endgültig frei. Das im 18. Jahrhundert immer wieder beschworene Ideal des «wohlgeordneten Staates» fand seit der zweiten Hälfte des 18. Jahrhunderts seine Entsprechung in der Arbeit an den Kodifikationen. Das 1794 promulgierte «Allgemeine Landrecht für die Preussischen Staaten» (ALR), der 1804 eingeführte «Code Civil» (CC) und das 1811 in Kraft tretende «Allgemeine Bürgerliche Gesetzbuch für die gesammten Deutschen Erbländer der österreichischen Monarchie» (ABGB) spiegelten freilich auch die gesetzgeberische Auseinandersetzung mit der französischen Revolution wider. Doch trotz aller daraus und aus den unterschiedlichen Rechtstraditionen resultierenden Verschiedenheiten waren alle drei Kodifikationen doch durch grundlegende Gemeinsamkeiten miteinander verbunden: Sie grenzten sich vom gemeinen Recht ab, waren am Ideal gesetzgeberischer Vollständigkeit ausgerichtet und in ihren Inhalten nachhaltig vom Gedankengut des Natur- und Vernunftrechts geprägt. Das zeigt sich auch im vorliegenden Text in der (teilweisen) Beschreibung der Herrschaftsunterworfenen als «Bürger», in der Verpflichtung aller «Mitglieder des Staates» auf die «Beförderung des gemeinschaftlichen Wohls» (Einl. § 74) und in der Ausrichtung der herrscherlichen Befugnisse an den «Endzwecken» des Staates (II 13 § 4). Neben diesen sogenannten «naturrechtlichen Kodifikationen» entstanden im 18. Jahrhundert aber auch kodifikatorische Gesetzgebungen mit stärkerer Ausrichtung an der Tradition des gemeinen Rechts wie der «Codex Maximilianeus bavaricus civilis» 1756, die «Costituzioni piemontesi» 1770 und der «Codice estensi» 1771. An der Wende zum 19. Jahrhundert hatte der Kodifikationsgedanke auch England erreicht, wo *Jeremy Bentham* (1748–1832) in seiner grundsätzlichen Kritik am Common Law eine regelrechte Theorie der Kodifikation entwickelte. Auf dem Kontinent wandte sich dagegen *Savigny* 1814 entschieden gegen den Kodifikationsgedanken, doch sein Appell blieb auf lange Sicht ohne Resonanz: Mit dem Zürcherischen Privatrechtlichen Gesetzbuch 1854–1856, dem sächsischen BGB 1865, dem schweizerischen Obligationenrecht 1881, dem BGB 1896 und dem ZGB 1907 wurden weite Teile des für die industrielle Revolution besonders wichtigen Privatrechts kodifikatorisch geregelt.

2.2 Die Position des Richters im Gesetzgebungsstaat des Absolutismus

Die vorliegenden Bestimmungen über die richterliche Gesetzesauslegung ziehen der richterlichen Gesetzesinterpretation enge Grenzen: Dem Richter wird die, modern gesprochen, historische und teleologische Auslegung verwehrt (Einl. § 46). In zweifelhaften Fällen ist er auf das Votum einer (landesherrlichen) Gesetzgebungscommission verpflichtet (Einl. §§ 47, 48). Bei der Ausfüllung gesetzlicher Lücken ist der Richter an das Gesetzbuch gebunden (Einl. § 49), der Rückgriff auf allgemeine, gesetzesunabhängige Grundsätze etwa des Naturrechts ist ihm verwehrt. Unabhängig hiervon hat der Landesherr stets die Möglichkeit, «in einzelnen Fällen» durch «Verordnungen» zu entscheiden (Einl. § 5), also den Fall jederzeit an sich zu ziehen. Das damit entfaltete richterliche Leitbild nähert sich der Vorstellung eines «herrscherlichen Subsumtionsautomaten» an.[1] Der herrscherliche Gesetzgebungsbefehl soll unter keinen Umständen durch dessen richterliche Umsetzung verfälscht werden, der Richter bleibt an den herrscherlichen Gesetzgebungswillen zurückgebunden, während der Herrscher stets selbständig richterlich handeln kann.

---

[1] Vgl. REGINA OGOREK: Richterkönig oder Subsumtionsautomat. Zur Justiztheorie im 19. Jahrhundert. Frankfurt a.M. 1986 (Rechtsprechung 1).

Diese richterliche Abhängigkeit vom Landesherrn war kennzeichnend für den absolutistischen Territorialstaat des 17. und 18. Jahrhunderts. Zwar entstand hier, ausgelöst durch die Vollrezeption des römischen Rechts seit dem 15. Jahrhundert, eine zunehmend professionalisierte Gerichtsbarkeit, in der die am gelehrten Recht geschulten Richter dominierten. Trotzdem behielt sich der Landesherr die im Mittelalter entstandene Funktion des obersten Richters vor. Sie fand ihre Ausprägung vor allem im *ius evocandi*, also der landesherrlichen Befugnis, Gerichtsverfahren unmittelbar an sich zu ziehen. Mit der Ausformung der Landesherrschaft zur Souveränität verfestigte sich diese Position des Herrschers. Er nahm für sich die – in der zeitgenössischen Rechtslehre allgemein akzeptierte – Befugnis in Anspruch, durch *sentienta ex plenitudine potestatis*, durch *Machtspruch*, in Einzelfällen selbst zu entscheiden. Diese Befugnis war in ihrer Entstehung von der Vorstellung inspiriert, dass es die besondere Aufgabe des Monarchen war, im Einzelfall der *aequitas* zum Durchbruch zu verhelfen. Hinzu traten Traditionen der gemeinrechtlichen Konzeption vom Herrscher als *lex animata*, also der Verkörperung des Gesetzes, wie sie bereits in der Praxis der hoch- und spätmittelalterlichen päpstlichen Gerichtsbarkeit greifbar sind. Im 17. und 18. Jahrhundert gehörte diese Position des Landesherrn zur Normalität der territorialen Gerichtspraxis. Das zeigt sich in der mehrfach beklagten Flut von «Suppliken», Eingaben, durch die die Parteien eines Gerichtsverfahrens beim Landesherrn um die Abänderung einer ihnen ungünstigen Entscheidung ersuchten. Doch der Monarch griff bisweilen auch aus eigenem Antrieb in Gerichtsverfahren ein. Berühmtes Beispiel eines solchen Vorgangs ist der «Müller-Arnold-Prozess», in dem *Friedrich II.* von Preussen 1780 nicht nur der (unbegründeten) Klage eines Müllers gegen einen Adligen stattgab, sondern darüber hinaus auch die zunächst urteilenden Richter ins Gefängnis werfen liess und zum Schadensersatz an den Müller verurteilte. In der drakonischen Strenge dieser Massnahmen wird freilich auch ein kennzeichnendes Merkmal der Herrschaftspraxis des absolutistischen Staates im allgemeinen und des preussischen Absolutismus im besonderen deutlich: Ebenso wie die Beamten der allgemeinen Verwaltung standen auch die Richter unter strenger herrscherlicher Aufsicht und waren damit stetes Objekt des landesherrlichen Misstrauens. Nicht zuletzt gingen Staaten wie Preussen im späten 18. Jahrhundert dazu über, Ausbildung und Dienstausübung der Richter ebenso intensiv zu regeln wie die Rolle der übrigen Staatsbediensteten.

Doch die richterliche Unselbständigkeit und das herrscherliche Machtspruchrecht gerieten seit dem Ende des 18. Jahrhunderts zunehmend in die Kritik. Das zeigten etwa die öffentliche Reaktion auf das Handeln *Friedrichs II.* oder die (erfolglosen) Versuche, in das ALR ein Verbot von Machtsprüchen einzufügen. Die liberal geprägten Rechtsstaatslehren des 19. Jahrhunderts haben den Machtspruch, der jetzt auch als «Kabinettsjustiz» bezeichnet wurde, als besonders verwerfliches Kennzeichen absolutistischer Staatlichkeit gebrandmarkt.

2.3 Die Bindung des Monarchen an das Recht

Zwar kommen dem Staatsoberhaupt im vorliegenden Text alle staatlichen Herrschaftsbefugnisse zu («alle Rechte [...] des Staats gegen seine Bürger», II 13 § 1). Doch der Herrscher ist nicht frei. Denn der Monarch herrscht nicht *über* den Staat, sondern ist lediglich Oberhaupt *im* Staat. Der Monarch ist also in das rechtlich geordnete Staatsgefüge eingebunden, auch wenn ihm alle Staatsgewalt beigelegt wird. Im vorliegenden Text ist eine normative Begrenzung dieser Staatsgewalt angesprochen: Der staatliche Zugriff auf die Rechtssphäre der Bürger ist nur im Interesse des Gemeinwohls und auch dann nur gegen Entschädigung möglich (Einl. §§ 74, 75). Der Monarch wird also nicht als *legibus absolutus* beschrieben, sondern bleibt an – wenn auch nur wenige – Rechtsnormen gebunden.[2]

Diese Vorstellung von einer zumindest grundsätzlichen Beschränkung herrscherlicher Macht durch das Recht ist tief in der europäischen Rechtstradition verankert. Zwar werden dem Herrscher seit dem Hochmittelalter immer wieder umfassende Machtbefugnisse zugeschrieben. Doch fast immer wird in solchen Überlegungen der herrscherlichen Machtbefugnis auch eine normative Grenze gezogen. Das zeigt bereits die im späten 12. Jahrhundert einsetzende kanonistische Debatte über die Grenzen der päpstlichen *plenitudo potestas*. Denn auch wenn die Herrschaftsmacht des Papstes in kanonistischer Sicht umfassend sein sollte, so war sie doch gleichwohl durch die Bibel, durch die Lehren der Kirchenväter und durch die Rechtsnormen der oekumenischen Konzile begrenzt. Doch auch in der Souveränitätslehre *Jean Bodins* (1530–1596) wird trotz aller Betonung herrscherlicher Omnipotenz auf die Bindung des Souveräns an das Naturrecht und an die *leges fundamentales* verwiesen. In den natur- und vernunftrechtlichen Staatsentwürfen wird dann vor allem die individualrechtliche Position der Herrschaftsunterworfenen weiter ausgebaut, wie etwa in den Konzeptionen *Samuel Pufendorfs* (1632–1694) und *Christian Wolffs* (1679–1754).

In der verfassungsgeschichtlichen Praxis ist der Territorialherr des Spätmittelalters und der Frühen Neuzeit in erster Linie an die Übereinkünfte mit den Ständen gebunden, die deswegen auch als «Herrschaftsverträge» bezeichnet werden. Ein frühes Beispiel für eine solche Urkunde ist die englische «Magna Charta libertatum» von 1215. Die Loslösung von solchen Formen ständischer Mitwirkung an der landesfürstlichen Herrschaft war kennzeichnend für die Epoche absolutistischer Herrschaft. Trotzdem war allgemein anerkannt, dass herrscherliche Eingriffe in Freiheit und Eigentum der Untertanen nicht

---

[2] Vgl. auch Text 13.

ohne weiteres möglich gewesen waren. Ein *Eigentumsrecht* an allen Gütern seiner Untertanen, ein *dominium eminens*, hat kein Monarch je ernsthaft für sich in Anspruch genommen.

Trotzdem entstehen erst im späten 18. Jahrhundert Vorstellungen von einer umfassenden normativen Bindung der monarchischen Gewalt, nachdem bereits 1689 als Ergebnis der *Glorious Revolution* die «Bill of Rights» die Bindung des englischen Königs an die parlamentarische Mitbestimmung festgeschrieben hatte. Mit der französischen Verfassung von 1791 wurde der Monarch erstmals in ein dem Anspruch nach vollständiges Gefüge von Rechtsnormen eingebunden. Diese Verfassung sollte ihrerseits zum Vorbild für die Verfassungsurkunden der sogenannten konstitutionellen Monarchie des 19. Jahrhunderts werden. In diesen Verfassungen wurde die Position des Monarchen durch das sogenannte «monarchische Prinzip» formuliert. Hiernach war zwar der Herrscher – ebenso wie im vorliegenden Text – «das Haupt des Staats», in dem sich «alle Rechte der Staatsgewalt vereinigten». Trotzdem konnte er diese Rechte nur nach Massgabe der Bestimmungen ausüben, die in den jeweiligen Verfassungsurkunden festgesetzt waren. Damit war der Herrscher nicht nur – wie vorliegend – in den Staat, sondern in die Verfassung eingebunden. Die Rechtsbindung des Herrschers wurde nicht mehr durch die Bindung des Staates an das Recht vermittelt, sondern unmittelbar durch die Verfassung festgeschrieben.

3. Historische Verortung

Der Text ist in der Zeit vor den Verfassungen der konstitutionellen Monarchie entstanden, denn es fehlt die ausdrückliche *Verfassungsbindung* des Herrschers. Der Bezug auf Elemente des natur- und vernunftrechtlichen Denkens und die Selbstbezeichnung als «allgemeines Gesetzbuch» sprechen dafür, den Text in die Phase der naturrechtlichen Kodifikationen, also in die Zeit des ausgehenden 18. Jahrhunderts einzuordnen.

4. Quellenbestimmung

4.1 Textgattung

Es handelt sich um einen Auszug aus einem umfassenden Gesetzbuch (Kodifikation).

4.2 Autor

Der Autor ist dem Text nicht zu entnehmen. Doch ist zu vermuten, dass es sich um einen Herrscher handelt, der bei der Abfassung der vorliegenden Kodifikation durch Juristen unterstützt wurde.

4.3 Adressaten

Die «Bürger und Schutzverwandten» des Staates, für die das Gesetzbuch gilt, sind Adressaten des Textes.

4.4 Argumentation

Im Text wird kaum argumentiert, es dominiert der autoritative Gesetzesbefehl. Eine Ausnahme bilden allerdings die Bestimmungen in II 13 §§ 2–4: Hier werden nämlich die Rechte des Staatsoberhauptes aus einer Bestimmung der Staatszwecke abgeleitet. Dabei werden in §§ 2 und 3 die Pflichten des Oberhaupts beschrieben und hieraus dann deduktiv die entsprechenden Rechte abgeleitet. Das erinnert an die Argumentation *Christian Wolffs,* der die Pflicht zur *perfectio* als konzeptionelle Basisgrösse annahm und von hier aus auf die zur Pflichterfüllung notwendigen Rechte schloss.

5. Historischer Hintergrund

Die Zeit des 18. Jahrhunderts ist geprägt von einem häufig unvermittelten Miteinander von *Tradition, Reform und Revolution.*

In Mitteleuropa bestand mit dem Heiligen Römischen Reich ein Herrschaftsgefüge, dessen Institutionen wie etwa das Kaisertum zum Teil bereits mehr als 1000 Jahre Bestand hatten. Die im letzten Viertel des Jahrhunderts einsetzende sogenannte «ständische Renaissance» führte zum Wiedererstarken von Vorstellungen über die Landstände, die sich bis ins 16. Jahrhundert zurück verfolgen lassen. In der Schweiz besteht die «Alte Eidgenossenschaft» mit der «Tagsatzung» als ein Bündnissystem der einzelnen Stände untereinander, wie sie sich im 16. Jahrhundert entwickelt hatte.

Doch es entfaltet sich auch eine intensive Reformtätigkeit: Die aufgeklärt-absolutistischen Herrscher betreiben eine teilweise radikale «Religions-, Bildungs- und Gleichheitspolitik».[3] Die Religions- und Gewissensfreiheit wird durch den monarchischen Staat garantiert, gleichzeitig werden allerdings die Religionsgemeinschaften zum Teil strikter staatlicher Kontrolle unterworfen. In einigen Staaten wie in Böhmen, Mähren und Baden gehen die Herrscher auch daran, die Leibeigenschaft zu beseitigen, die allerdings grundsätzlich nicht in

---

[3] DIETMAR WILLOWEIT: Deutsche Verfassungsgeschichte, S. 216.

Frage gestellt wird. Das zeigt sich auch in Preussen, wo *Friedrich II.* die Leibeigenschaft lediglich in den königlichen Domänen abzuschaffen vermag, während sie in den östlichen Landgütern im übrigen erhalten bleibt.

Die erste Revolution des 18. Jahrhunderts findet in England statt: Die Fortentwicklung von Mathematik und Physik bildet die Grundlage für eine Kette technischer Erfindungen, durch die insbesondere die Dampfkraft für die mechanisierte Produktherstellung nutzbar gemacht werden kann. Die seit etwa Mitte des 18. Jahrhunderts in England einsetzende Industrialisierung bedeutet eine fundamentale Umgestaltung der Produktionsverhältnisse und ist deshalb seit dem 19. Jahrhundert als «Industrielle Revolution» bezeichnet worden. Mit der «Declaration of Independence» vom 4. Juli 1776 der 13 amerikanischen Staaten gegenüber dem britischen Mutterland setzt die erste politische Revolution des 18. Jahrhunderts ein. 1789 folgt die Revolution in Frankreich. Beide Revolutionen verwirklichen auch den Gedanken des verfassungsrechtlichen Schutzes individueller Rechte, der seit dieser Zeit zum festen Bestand der westlichen Rechts- und Verfassungstradition gehört.

6. Gegenwartsbezug

Die Rechtsordnung der Gegenwart ist im Bereich vor allem des Zivilrechts stark durch kodifikatorische Gesetzgebungen geprägt. Das zeigt etwa die Einbeziehung der ehemals verstreuten deutschen Verbraucherschutzgesetze in das BGB durch die Schuldrechtsreform 2002.

Allerdings zeigen sich in letzter Zeit immer wieder Tendenzen zur «Dekodifikation»: Regelungsbereiche, die nach ihrem Inhalt zu einer bestimmten Kodifikation zählen würden, werden gleichwohl in eigenen Gesetzen oder sogar untergesetzlichen Normen erfasst. So sind durch das schweizerische Konsumkreditgesetz 2003 die ehemals im Obligationenrecht enthaltenen Regelungen über den Abzahlungsvertrag gesetzgeberisch verselbständigt worden. Eine andere Form der Dekodifikation lässt sich am «Corporate Governance Kodex» beobachten, der 2002 entstanden ist: Die hierin enthaltenen Regeln für die Unternehmensleitung sind zwar vom Ziel systematischer Ordnung und umfassender Geltung geprägt. Doch der Kodex ist nicht als Gesetz, sondern seiner normativen Qualität nach als unverbindliche Empfehlung gestaltet.

Deutlich anders als im Text ist seit dem Liberalismus und Konstitutionalismus des 19. Jahrhunderts die richterliche Position ausgestaltet, die sich mit den Begrifffen «Unabhängigkeit» und «Garantie des gesetzlichen Richters» umschreiben lässt.

Auch der Verfassungsstaat der Gegenwart kennt die Institution des «Staatsoberhaupts». Noch deutlicher als im Text ist dieses Oberhaupt allerdings in die je geltende staatliche Rechtsordnung eingebunden wie etwa der Bundespräsident in Deutschland oder in der Schweiz.

III. Quelle und Literatur

Quelle
Der Textauszug ist dem «Allgemeinen Landrecht für die Preussischen Staaten» entnommen: HANS HATTENHAUER (Hg.): Allgemeines Landrecht für die Preussischen Staaten. 3. A. Neuwied/Krieftel/Berlin 1996.

Literatur
HANS SCHLOSSER: Privatrechtsgeschichte, S. 26–30, 111–141.
MARCEL SENN: Rechtsgeschichte I, Kap. 10.
DIETMAR WILLOWEIT: Deutsche Verfassungsgeschichte, S. 200–208, 239–250.

Handbuchartikel
WILHELM BRAUNEDER: Allgemeines Bürgerliches Gesetzbuch. In: HRG 1, 2. A., Sp. 146–155.
PIO CARONI: Kodifikation. In: HRG 2, Sp. 907–922.
JÖRN ECKERT: Allgemeines Landrecht. In: HRG 1, 2. A., Sp. 155–162.
WALTER PAULY: Verfassung. In: HRG 5, Sp. 698–708.

Vertiefend
THOMAS FINKENAUER: Vom Allgemeinen Gesetzbuch zum Allgemeinen Landrecht – preussische Gesetzgebung in der Krise. In: ZRG.GA 113 (1996), S. 40–216.
REINHART KOSELLECK: Preußen zwischen Reform und Revolution. Allgemeines Landrecht, Verwaltung und soziale Bewegung von 1791 bis 1848. (Industrielle Welt, Bd. 7) 3. A. Stuttgart 1981, Nd. München 1989.

AT

16. Text: Verfassung, Politik und Rasse

I. Quellentext

Drittes Buch. Die Menschennatur als Grundlage der Politik.
Erstes Capitel: Der Gegensatz von Rasse und Individuum [...]

Die politische Wissenschaft wird, da der Stat vorzugsweise durch den Charakter und den Geist der Völker und ihrer Führer bestimmt wird, eher bei der Psychologie als bei der Physiologie Rath holen. Politisches Denken ist voraus psychologisches Denken.

 5 Der politischen Betrachtung genügt aber jene hergebrachte Unterscheidung nicht. Die gründlichere Psychologie entdeckt noch einen andern Gegensatz in der Menschennatur, welcher dieselbe reicher und mannichfaltiger erscheinen läszt, als jene naive ältere Meinung annimmt.

Bei scharfer Beobachtung der Menschen werden wir einen durchgreifen-
10 den Unterschied gewahr zwischen bestimmten Kräften und Eigenschaften, welche allen Menschen oder gewissen Menschen, Nationen, Stämmen, Geschlechtern, Familien gemeinsam sind und anderen Kräften und Eigenschaften, welche einem bestimmten Individuum für sich eigenartig angehören. Wir können diesen, für den Stat und seine Politik überaus wichtigen Gegensatz so be-
15 zeichnen: In jedem Menschen ist zu unterscheiden seine Rasse und sein Individualwesen. Damit wird die Doppelnatur der Menschen bezeichnet, in deren beiden Seiten nochmals der Gegensatz von Geist und Leib sich wiederholt. Einzelne religiöse Denker, wie z.B. der Apostel Paulus, einige alte Philosophen, wie insbesondere indische Brahmanen, manche Dichter, hatten von die-
20 sem Gegensatze eine mehr oder weniger deutliche Ahnung: aber tiefer erkannt und wissenschaftlich begründet ist er erst in unserer Zeit geworden. Die Richtigkeit dieser Unterscheidung kann jeder an sich selber und an der Beobachtung Anderer prüfen. [...]

Betrachten wir diesen Gegensatz näher sowohl in seinem ursprünglichen
25 Charakter als in seinen Beziehungen und Wirkungen auf das Statsleben.

1. Die Rasse ist ursprünglich in der Körperbildung sichtbar. [...]

2. Man darf aber nicht den Gegensatz von Rasse und Individuum dem Gegensatz von Materie und Geist, Leib und Seele gleichstellen. Die Rasse ist nicht blosz materieller Leib; es sind in ihr auch seelische Kräfte wirksam. Die
30 Rasse besteht wie der Körper in sich wieder aus Leib und Seele. [...]

Auch innerhalb der engeren Rasseverbände der Nationen und Völker, Stämme und Stände, Geschlechter und Familien zeigen sich besondere seeli-

sche Eigenschaften, moralische und geistige Vorzüge und Fehler, die regelmäszig dieselben sind in allen Genossen, wie verschieden die Individuen sein
35 mögen. Der Esprit der Franzosen, die Gemüthlichkeit der Süddeutschen, der Glaubenseifer der Spanier u.s.f. sind seelische Eigenschaften der nationalen Rassen. [...]

Viertes Buch. Die Statsmittel

Erstes Capitel: Macht, Regierungsmacht, Volksmacht.

Alle Mittel, deren der Stat bedarf und die er verwendet, um seine Aufgaben zu erfüllen, lassen sich auf den Einen Begriff der Macht zurück führen. Der Stat
40 ist Macht und braucht Macht. Da der Stat die äuszere Ordnung des Gesammtlebens der Völker ist, und in äuszerlich wahrnehmbaren Anstalten und Werken sich äuszert, so kann er für diese äuszeren Erfolge der Macht nicht entbehren. Ein dauernd machtloser Stat führt höchstens ein Scheinleben und hat kein natürliches Recht der Existenz.

45 Die Religion kann der äuszeren Macht entbehren, weil sie in dem inneren Seelenleben ihren Sitz hat, das Recht nicht, weil es sich nöthigenfalls durch äuszeren Zwang bewähren musz.

Der Opfertod Jesu am Kreuze ist der höchste Ausdruck religiöser Liebe zur Menschheit und religiöser Hingebung an den göttlichen Willen. Der Stats-
50 mann dagegen offenbart seine Genialität durch die Ueberwindung aller Schwierigkeiten und durch den äuszeren Sieg und Erfolg seiner Politik. [...]

Macht nennen wir die nach Auszen gewendete Gesammtkraft, welche Folge und Gehorsam findet oder erzwingt.

Wir unterscheiden aber Regierungsmacht und Volksmacht in demselben
55 Sinne, in welchem wir Regierung und Volk im engeren Sinne unterscheiden, d.h. indem wir die Regierung der Gesammtheit der Regierten gegenüber setzen, als die beiden Bestandtheile des Stats, oder des Volks im weiteren Sinne. [...]

Manche denken sich den Gegensatz der Regierungsmacht und der Volksmacht als einen feindlichen, als wäre jede für sich und könnte nur auf Kosten je
60 der andern sich stärken und vergröszern. Aus diesem Irrthum erklären sich zwei entgegengesetzte politische Fehler:

1) der Fehler, die Regierungsmacht möglichst ins Ungemessene auszudehnen, mit Aufzehrung der Volkskräfte. In diesen politischen Fehler sind viele asiatische Despotien gerathen. [...]

65 2) Der andere entgegengesetzte Fehler ist für die Existenz der Staten weniger verderblich, aber schädigt doch die Entwicklung und den Erfolg ihrer Politik. Es ist diesz die Abneigung gegen jede energische Regierungsmacht und das blinde Vertrauen zu übersprudelnder Volksmacht. Während des Mittelalters bestimmte diese einseitige Politik oft die aristokratischen Stände, welche sich
70 jeder Zusammenfassung der Regierungsmacht widersetzten. Heute zeigt sich

derselbe Irrthum in Europa und in Amerika bei den demokratischen und socialistischen Parteien, und erschwert den Regierungen die Erfüllung ihrer Statspflicht, und die Lösung ihrer politischen Aufgaben.

II. Interpretation

1. Zusammenfassung

Es liegen zwei Texte vor, zunächst ein Kapitel aus einem dritten Buch, betitelt mit «Die Menschennatur als Grundlage der Politik». Dabei geht es um den Gegensatz von Individuum und Rasse, und insoweit bezeichnet der Autor den Menschen als Doppelnatur, was für die Politik von Bedeutung sei. Das andere Kapitel über die Macht ist aus dem vierten Buch, überschrieben mit «Die Statsmittel» und erörtert das Verhältnis von Regierungs- und Volksmacht. Der Autor geht von einem Vergleich von Religion und Recht aus, deren Differenz durch die Entbehrlichkeit bzw. Notwendigkeit von Macht definiert sei. Erfolgreiche Politik ergebe sich, wenn der Staat, die Macht der Regierung mit der Macht des Volks richtig ins Verhältnis setze, so dass daraus weder Despotie noch Sozialismus oder Demokratie wie in Europa und Amerika resultierten.

2. Sachliche Aussagen

Die im Text angesprochene Problematik lässt sich mit folgenden Schwerpunkten analysieren: Politik, Anthropologie und Rasse sowie Staats- und Machtpolitik. Ausserdem gilt es, das Verhältnis von Regierungs- und Volksmacht zu untersuchen.

2.1 Politik, Anthropologie und Rasse

Politik und Anthropologie sind Begriffe aus der antiken griechischen Philosophie. Politik ist der Inbegriff der Technik der Staatsverwaltung, bezogen auf den griechischen Stadtstaat (Polis). Die beiden wirkungsgeschichtlich bedeutendsten Werke dazu stammen von *Platon* («Politeia») und *Aristoteles* («Politika»). Anthropologie meint die Lehre (Logos) vom Menschen (Anthropos).

Die Politikwissenschaft (Politologie) als Humanwissenschaft ist eine Disziplin des 19. Jahrhunderts, die an die Tradition der sogenannten Instruktionsliteratur für die Herrscher des Mittelalters und zur Erhaltung der Staatsmacht, wie sie *Machiavelli* mit «Il Principe» im 16. Jahrhundert vorlegte, anknüpfen.

Auch die moderne Anthropologie ist eine Disziplin des 19. Jahrhunderts. Beide Disziplinen werden hier zusammengeführt, insoweit sich Recht und Politik auf den Menschen beziehen. Der Mensch muss als solcher richtig erfasst werden, damit daraus die richtigen Folgerungen betreffend staatlicher Massnahmen und Regeln gezogen werden können. Doch das Grundproblem solcher normativer Nutzbarmachung anthropologischer Denkansätze ist Folgendes: Man kann aus der Wirklichkeit keine Normen ableiten. Was ist, erklärt nicht, was sein soll. Es lassen sich nur von bisherigen Situationen auf neue und auch vergleichbare Problemstellungen vielleicht Analogieschlüsse ziehen. Besonders problematisch ist es, wenn die moderne Anthropologie im Soge des Naturalismus zur Rassentheorie umfunktioniert wird, wofür der Text Ansätze zeigt.

Die Rassenlehre hatte ihren unrühmlichen Höhepunkt zwischen 1855 und 1945. 1855 kennzeichnet das Erscheinen des (letzen Bandes) von *Joseph Arthur Comte de Gobineaus* (1816–1882) Werk «Über die Ungleichheit der Menschenrassen», 1945 das Ende des zweiten Weltkrieges, der durch rassistische Propaganda angefacht wurde.

Im Zentrum von *Gobineaus* Werk steht die These von der globalen Degeneration, d.h. von der weltweiten Verschmelzung der Rassen. Damit versuchte Gobineau die tatsächliche Vermischung der zivilisatorischen Eigenheiten der nationalen Kulturen zu erklären. Doch träumte er weder von einer reinen Rasse noch war er, wie die meisten seiner Anhänger, ein judenfeindlicher Rassist (Antisemit). Dennoch bezog sich die spätere Literatur auf sein Werk, obschon es um 1850 schon in Amerika und Europa andere rassentheoretische Literatur gab.

Die Rassentheorien sind eine Pervertierung von kulturanthropologischen Ansätzen, wie sie im 18. Jahrhundert als Versuche einer Naturgeschichte der Menschheit entwickelt wurden. Diese Naturgeschichte sollte aber an ihre Umgebung «akklimatisiert» und dadurch individualisiert werden (wie bei *Montesquieu*, «L'esprit des lois»). Damit war ein wesentliches Element für die Lehre vom nationalen Volksgeist gefunden, die dann durch das Nationalitätsprinzip des 19. Jahrhunderts politisiert und auf biologische Grundlagen gestellt wurde. Aus dieser Naturalisierung der Volksgeistlehre wurden (verschiedene) pseudonaturwissenschaftliche Theorien der Rassen gebildet, die populär gemacht wurden. Mit dem zunehmend aggressiveren Nationalismus in Politik wie Ökonomie und sozialdarwinistischen Tendenzen, wonach die Stärkeren im Kampf um Lebensraum obsiegten, etablierte sich ein nationalistischer Hass gegen andere Völker, der zu einem treibenden ideologischen Element in den beiden Weltkriegen von 1914 bis 1918 sowie 1939 bis 1945 wurde. Dass beide Kriege von Deutschland ausgingen und sich in Deutschland unter dem nationalsozialistischen Regime (1933 bis 1945) die grässlichsten Auswirkungen des Rassismus und der Rassentheorien zeigten, sollte den Blick dafür nicht verstellen, dass Rassismus und Rassenlehren ein internationales Phänomen waren. Als

16. Text: Verfassung, Politik und Rasse 189

1945 der zweite Weltkrieg zu Ende war, wurde vielen schlagartig bewusst, dass diese Rassenlehren nicht Wissenschaft, sondern Wahnsinn waren.

Der Autor des vorliegenden Texts setzt die Rassenlehren offensichtlich voraus, indem er sie als «wissenschaftlich begründet» (Z. 21) behauptet, obwohl er sie im selben Atemzug auch als jedermanns Trivialbeobachtung bezeichnet (Z. 23). Diese Differenzlosigkeit belegt den erwähnten populären Wissenschaftsstil, wie er gepflegt wurde. Das Argument der «wissenschaftlichen Begründetheit» soll dem doppelten Zweck dienen, einerseits eine historische Kontinuität zu Autoritäten aufzubauen, wie zum Apostel *Paulus,* um damit die religiös Denkenden anzusprechen, oder zu den indischen Brahmanen, um Philosophie, vor allem aber die Kulturethnologie einzubinden, da diese die (wissenschaftlich fragwürdige) indogermanische Wissenschaft zum rassentheoretischen Arierkult vermittelte. Andererseits sollte davon gerade wieder abgegrenzt werden, weil es sich nach Ansicht des Autors mehr um Ahnung und Dichtung als um Wissenschaftlichkeit der Ansichten handle. Mit dieser suggestiven Zirkulärbegründung soll die Aussage als «wissenschaftlich» konstruiert werden.

Für den Autor ist wichtig, dass Rasse nicht einfach eine äusserliche Sache der Körper- oder Organbildung, sondern der «seelischen Kräfte» ist (Z. 29). Daraus lassen sich charakterliche Eigenschaften bezüglich der Doppelnatur des Menschen ableiten, der sowohl durch seine Rasse geprägt sei, wie er ein Individuum darstelle. Der Aspekt der seelischen Kräfte meine, wie er an Beispielen betreffend Franzosen, Süddeutschen und Spaniern ausführt, nationale Charakteristika; heute würden wir – sofern nachweisbar – eher von «sozialisiert» und wenn nicht nachweisbar von einem «ideologischen Vorurteil» sprechen. Der Autor hingegen versteht unter diesen «seelischen Kräften» Eigenschaften, wie sie noch mit der Lehre vom nationalen Volksgeist im Historismus benannt wurden. Es sind Vorzüge eines Volks, das sich dadurch von anderen Völkern gerade als geistig-seelische Identität bzw. Nation unterscheidet. Dabei spielen Eigenheiten der kulturellen Überlieferung, Sprache, Recht und Religion eine entscheidende Rolle.

2.2 Staats- und Machtpolitik

Im Vergleich von Religion und Recht wird der Machtfaktor als Differenzkriterium aufgestellt. Der Staat selbst ist Macht, bedarf der Macht (Z. 39f.). Mittels dieser Macht sichert er Ruhe und Ordnung in der Gesellschaft und zwischen den Völkern. Das staatliche Recht muss durchsetzbar sein, wogegen Religion eine innerseelische Angelegenheit, eine Sache des Glaubens, sei, wo Macht deplatziert sei. So müsse der Staatsmann eine erfolgreiche Politik und siegreiche Kriege führen, weshalb er mächtig sein und auch Mittel der Macht einsetzen müsse. Jesus hingegen habe seine Liebesreligion gerade durch Verzicht auf eigene und Erleidung von fremder Macht im Opfertod ausgedrückt (Z. 48ff.).

Was der Autor hier am Verhältnis von Religion und Recht demonstriert, ist ein bekannter Gedankengang mit Bezug auf das Verhältnis von Ethik und Recht, den *Immanuel Kant* um 1800 darlegte. Ethisches Handeln folgt einer inneren Triebfeder und lässt sich, soll es ethisch sein, nicht erzwingen, wogegen Recht eigentlich immer legitimer Zwang ist.

Dennoch bezieht sich der Autor zur Konstruktion des Gegensatzes nicht auf Ethik, sondern auf Religion. Sie erscheint ihm in der Diskussion um die Staatsmittel zwecks Aufbau einer anthropologisch fundierten Politik nützlicher, einerseits weil Religion ein wesentlicher Bestandteil der Volksgeistlehre bildet (siehe zuvor), zum anderen wurde bei der Darlegung der Rasselehre bereits ein Bezug zur Religion hergestellt (Z. 18). So lassen sich diese Kräfte der «volksmässigen» Seele in die Rasse als Leib-Seele-Gefäss übertragen und aus dieser «Kraft» die Macht begründen (Z. 54f.).

Auch hier spielt wiederum der Naturalismus eine fundamentale Rolle in der Transformation. Der Naturalismus des 19. und frühen 20. Jahrhunderts hat nichts mit dem modernen Natur- bzw. Vernunftrecht des 17. oder 18. Jarhunderts zu tun. Dies zeigt sich mit Blick auf den Grundlagenbegriff der Natur, die immanente Zielsetzung des Konzepts und den Stellenwert des Individuums. Im Naturrecht ist die Immanenz Gottes in Form der Geometrie und des Intellekts als Prinzip der Natur präsent. Im Menschen wirkt somit etwas Göttliches, das an der Macht stets teilhat und deshalb sind die Individuen prinzipiell gleichwertig. Von daher erhält das Naturrecht eine Ausgleichsfunktion zwischen Völkern und Menschen; das Solidaritäts- und Gemeinwohlprinzip hat hier seine Grundlage. Völker- und Menschenrechte sind das Resultat. Im Naturalismus dagegen herrscht das Prinzip des Stärkeren, der Gewalt. Wer sich durchsetzt, hat Recht. Nicht Solidarität, sondern Krieg ist die Basis der Gesellschaftskonstruktion. Die Individuen sind Teile einer Masse, die sich erst durch ihre Selbstbehauptung gegen Andere zur Geltung bringen. Dasselbe gilt mit Bezug auf die Völker. Kriege sind ebenso normal wie Zerstörungen, auf denen sich die natürlichen Sieger feiern lassen. Von daher kann es keine Verbindung zwischen Naturrecht, das die Würde des Individuums betont, geben, wohl aber zur Vorstellung des Naturalismus, der jedes unauffällige Individuum als blossen Teil einer Masse versteht und ihm daher einen Allgemeincharakter im Sinne der Rasse zumisst.

2.3 Verhältnis von Regierungs- und Volksmacht

Damit nun die politische Gesamtmacht zielgerichtet und erfolgreich funktionieren kann, ist es notwendig das Verhältnis von Regierungs- und Volksmacht richtig aufeinander abzustimmen. Daher sollte das Verhältnis nicht als feindlicher Gegensatz aufgefasst werden, was nur zur Despotie wie in Asien oder zum Sozialismus und zur «übersprudelnden Volksmacht» wie in Europa und Amerika führe.

An dieser Stelle äussert der Autor seinen eigenen politischen Standort. Er kritisiert unter Verweisung aufs Mittelalter (vielleicht, weil er nicht direkt die aktuelle Situation erwähnen kann?) die aristokratischen Stände mit ihren partikularen Interessen. Womöglich hat er das Verhältnis von König und Fürsten im Heiligen Römischen Reich vor Auge, als sich die Könige ihre Wahl oder Unterstützung durch Abgabe von Privilegien zu Gunsten der Fürstentümer und zu Lasten des Reiches sichern mussten. Die deutsche Nationalhistoriographie des 19. Jahrhunderts hat hier vom Ausverkauf der Interessen des Reichs bereits zur Zeit von *Friedrich II.* gesprochen, als er 1231/32 Privilegien an die grossen Fürsten des Reichs gewährte.

Desgleichen rügt er die demokratischen und sozialistischen Parteien in Europa und Amerika, weil sie blind der «übersprudelnden Volksmacht» vertrauten und dadurch das Gewicht einseitig auf die Volksmacht verschöben. Dass diese Kräfte im Text präsent sind, zeigt uns, dass die sozialen Spannungen nicht nur eine Realität sind, sondern dass dagegen bereits politisch organisiert vorgegangen wird.

Der Autor grenzt sich somit gegen demokratische, sozialistische, aristokratische und partikulare Interessenvertretungen zulasten eines zentralen und monarchischen Regierungsprinzips ab. Im Verhältnis zwischen Volks- und Regierungsmacht neigt er eher zum Führungsprinzip (Z. 67, 70–73), weshalb die Grundlagen der politischen Führung auf anthropologischer Basis auch erörtert werden (Z. 5). Die politische Führung soll ihr Volk kennen, damit sie die Staatsmittel den Eigenschaften und Kräften der Rasse (Z. 10f.) anzupassen und richtig einzuschätzen vermag. Dies sollte zum Erfolg der Politik führen.

3. Historische Verortung

Die angesprochenen Themen verweisen ganz klar ins 19. Jahrhundert, eventuell frühe 20. Jahrhundert. Präsent sind die Rassenlehren, die in der zweiten Hälfte des Jahrhunderts erstehen, ferner der Sozialismus (Kommunismus), der ebenfalls in der zweiten Hälfte erstarkt. Die Abgrenzungen gegen Sozialismus, Aristokratie und Demokratie könnte auf die 1871 neu erstandene Monarchie Deutschlands hinweisen, die nicht durch modernistische Tendenzen gestört werden sollte. Reichskanzler *Bismarck* garantierte diese Abgrenzungen einerseits durch eine Gesetzgebung, die einen minimalen sozialen Standard für die Arbeiterschaft schuf, und die andererseits die politischen Umtriebe verbot. Da hier im Text weder von Kriegen noch von neuen Technologien, sondern mehr von aufstrebenden Volkskräften die Rede ist, wird der Text nicht erst kurz vor dem ersten Weltkrieg sondern eher im letzten Drittel des 19. Jahrhunderts entstanden sein.

4. Quellenbestimmung

4.1 Textgattung

Es handelt sich um eine sehr wahrscheinlich grössere Abhandlung zur Realpolitik auf anthropologisch-rassentheoretischer Grundlage.

4.2 Argumentation

Anhand von Anschauungsbeispielen (Geschichte, Religion, Leben) wird der Diskurs durch zugespitzte Gegensätze geführt. Eigentümlich mutet die Orthographie an mit c statt k und sz statt scharf-s.

4.3 Autor und Adressaten

Der Autor kann wohl als Vertreter des Establishments bezeichnet werden, insofern er die Notwendigkeit einer starken Regierung betont und die Regierung mit ihrem Erfolg sieht. Es wird sich um einen Staatsrechtler mit einem religiöskonservativen und promonarchischen Standpunkt handeln. Angesprochen werden damit eine politische Elite, die effektive Führung und das Bildungsbürgertum.

5. Historischer Hintergrund

Das politische Anliegen des 19. Jahrhunderts ist es, die nationale Identität von Staat und Gesellschaft ins Zentrum zu stellen. Die Idee der nationalen Identität ist der kleinste gemeinsame Nenner der europäischen Staaten. Jeder Staat pflegt entsprechend sein spezifisches «Volkstum». In Deutschland etabliert sich das Nationalbewusstsein auch als Folge des Zusammenbruchs des Heiligen Römischen Reiches Deutscher Nation, wovon nach 1806 nur noch die «Deutsche Nation» übrig geblieben wäre, aber erst 1871 wieder eine politische Realität wurde. Was sich mit der Idee des Nationalismus verbinden lässt, hat daher Vorrang und Erfolg.

Drei Elemente prägen den sozialhistorischen Hintergrund der Verbindung von politischer Führungslehre mit anthropologisch-rassentheoretischen Ansichten im 19. Jahrhundert: 1. Die Aufhebung der ständisch strukturierten Gesellschaft durch die französische Revolution, 2. die industrielle Massen- und Billigproduktion sowie 3. der vereinheitlichende Nationalismus, der den weltbürgerlichen Ideen der Aufklärung widerspricht. Sie führen dazu, dass das neue Phänomen der politischen Masse im Sinne der Volksgeistlehre der Historischen Rechtschule nunmehr «nationalisiert» erfasst werden kann. Die Masse wird dadurch selbst zum Mittel des Modernisierungsprozesses in den Bahnen nationaler Politik und Ökonomie. Es ist dann nur noch ein Schritt zur Naturalisierung des Volks in der Rasse.

Auch die Wissenschaften lassen sich ins nationalpolitische Konsolidierungsprogramm einbeziehen und legitimieren sich durch Beiträge zur national definierten Forschung. So stehen im Brennpunkt der Rechtswissenschaft Fragen nach der nationalen Identität, die mit Bezug auf ein gemeinsames Privatrecht, eine nationale Verfassung oder ein nationales Handels- und Gesellschaftsrecht erörtert werden, aber nicht Fragen betreffend die sozialen Anliegen der Masse der arbeitenden Bevölkerung aufgreifen. Obwohl die Verarmung und Verelendung eines Grossteils der Bevölkerung bereits nach 1815 in den zeitgenössischen Kritiken erscheint und zufolge der «kommunistischen Aufstände» Mitte des Jahrhunderts eine Kernfrage der Innenpolitik bilden müsste, ist sie vor 1880 kein national vorrangiges Anliegen. Man wehrt ab, wo und wie man kann. Die Gründe dafür liegen auf der Hand: Zum einen stellen die «Proleten» nur den «Abschaum» der Gesellschaft dar, auf den man mit nationalem Stolz nicht verweisen kann, zum anderen vertreten selbst die Kommunisten die Ansicht, die soziale Frage sei ein internationales und kein nationales Problem des Kapitalismus im Zeitalter der Industrialisierung.

Mit den aufkommenden Rassenlehren und dem Sozialdarwinismus lassen sich innenpolitisch auf Leistung ausgerichtete Herausforderungen formulieren, dass die nationale Qualität im internationalen Konkurrenzkampf entscheidend sei und dass man sich durch eine besondere Leistung, ja sogar durch Kampf seinen Lebensanspruch erobern müsse. Eine gewisse Beruhigung tritt vorerst ein, als das zweite deutsche Kaiserreich 1871 ausgerufen wird, das im Sinne der nationalen Einheit mit Ausnahme des Kommunismus (Sozialismus im Text) alle politischen Parteien konservativer, liberaler und demokratischer Richtung parlamentarisch integriert.

6. Gegenwartsbezug

Es ist keine Frage, dass die hier analysierten Ansätze keine Basis für eine Rechts- und Staatstheorie des 21. Jahrhunderts abgeben können. Eine politische Führungslehre kann wohl anthropologische Erkenntnisse berücksichtigen, aber sich nicht auf den Begriff der Rasse beziehen. Rechtsverhältnisse sind ausschliesslich auf der Basis der Grund- und Menschenrechte zu definieren.

Die Erkenntnisse, die die Generationen aus den beiden Weltkriegen von 1914–1918 und 1939–1945 ziehen mussten, waren wohl die verheerende Wirkung, die von den pseudowissenschaftlichen Anschauungen der Rassenlehren und der Betonung des Führerprinzips ausgingen. Deshalb haben sich nach dem zweiten Weltkrieg in Europa demokratische Rechtsstaaten etabliert.

Entsprechend ist das Verhältnis zwischen Regierung und Regierten zu gestalten. Die Regierungen werden gewählt und abgesetzt bzw. nicht wieder gewählt. Trotz einigen Neo-Rassisten, die viel Lärm um nichts machen, werden rassentheoretische Begründungen keine Zukunft mehr haben. Soweit eine anthropologische Sichtweise auf Politik und Recht das Denken bestimmen sollte, muss der Mensch und nicht eine Rasseprodukt zum zentralen Bezugspunkt genommen werden.

III. Quelle und Literatur

Quelle
JOHANN CASPAR BLUNTSCHLI: Lehre vom modernen Stat. Dritter Theil: Politik als Wissenschaft. Stuttgart 1876, S. 93–99, 173–175.

Literatur
MARCEL SENN: Rassistische und antisemitische Elemente im Rechtsdenken von Johann Caspar Bluntschli: In: Zeitschrift für Rechtsgeschichte. Germanistische Abteilung 110 (1993) 371–405.
MARCEL SENN/LUKAS GSCHWEND: Rechtsgeschichte II, Kap. 3 und 4.
MICHAEL STOLLEIS: Geschichte des öffentlichen Rechts in Deutschland II, S. 430–433.

Handbuchartikel
MARCEL SENN: Bluntschli. In: HRG 2. A., im Druck.

MS

17. Text: Sozialversicherung im Kaiserreich

I. Quellentext

Schon im Februar dieses Jahres haben Wir unsere Überzeugung aussprechen lassen, daß die Heilung der sozialen Schäden nicht ausschließlich im Wege der Repression sozialdemokratischer Ausschreitungen, sondern gleichmäßig auf dem der positiven Förderung des Wohles der Arbeiter zu suchen sein werde.
5 Wir halten es für Unsere Kaiserliche Pflicht, dem Reichstage diese Aufgabe von neuem ans Herz zu legen, und würden Wir mit um so größerer Befriedigung auf alle Erfolge, mit denen Gott Unsere Regierung sichtlich gesegnet hat, zurückblicken, wenn es Uns gelänge, dereinst das Bewusstsein mitzunehmen, dem Vaterlande neue und dauernde Bürgschaften seines inneren Friedens und
10 den Hilfsbedürftigen größere Sicherheit und Ergiebigkeit des Beistandes, auf den sie Anspruch haben, zu hinterlassen. In Unseren darauf gerichteten Bestrebungen sind Wir der Zustimmung aller verbündeten Regierungen gewiß und vertrauen auf die Unterstützung des Reichstags ohne Unterschied der Parteistellungen.

15 In diesem Sinne wird zunächst der von den verbündeten Regierungen in der vorigen Session vorgelegte Entwurf eines Gesetzes über die Versicherung der Arbeiter gegen Betriebsunfälle mit Rücksicht auf die im Reichstag stattgehabten Verhandlungen über denselben einer Umarbeitung unterzogen, um die erneute Berathung desselben vorzubereiten. Ergänzend wird ihm eine Vorlage
20 zur Seite treten, welche sich eine gleichmäßige Organisation des gewerblichen Krankenkassenwesens zur Aufgabe stellt. Aber auch diejenigen, welche durch Alter oder Invalidität erwerbsunfähig werden, haben der Gesammtheit gegenüber einen begründeten Anspruch auf ein höheres Maß staatlicher Fürsorge, als ihnen bisher hat zutheil werden können.

25 Für diese Fürsorge die rechten Mittel und Wege zu finden, ist eine schwierige, aber auch eine der höchsten Aufgaben jedes Gemeinwesens, welches auf den sittlichen Fundamenten des christlichen Volkslebens steht. Der engere Anschluß an die realen Kräfte dieses Volkslebens und das Zusammenfassen der letzteren in der Form korporativer Genossenschaften unter staatlichem Schutz
30 und staatlicher Förderung werden, wie Wir hoffen, die Lösung auch von Aufgaben möglich machen, denen die Staatsgewalt allein in gleichem Umfange nicht gewachsen sein würde. Immerhin aber wird auch auf diesem Wege das Ziel nicht ohne die Aufwendung erheblicher Mittel zu erreichen sein.

Auch die weitere Durchführung der in den letzten Jahren begonnenen
Steuerreform weist auf die Eröffnung ergiebiger Einnahmequellen durch indirekte Reichssteuern hin, um die Regierungen in den Stand zu setzen, dafür drückende direkte Landessteuern abzuschaffen und die Gemeinden von Armen- und Schullasten, von Zuschlägen zu Grund- und Personalsteuern und von anderen drückenden direkten Abgaben zu entlasten. Der sicherste Weg hierzu liegt nach den in benachbarten Ländern gemachten Erfahrungen in der Einführung des Tabakmonopols, über welche Wir die Entscheidung der gesetzgebenden Körper des Reichs herbeizuführen beabsichtigen. Hierdurch und demnächst durch Wiederholung früherer Anträge auf stärkere Besteuerung der Getränke sollen nicht finanzielle Überschüsse erstrebt werden, sondern die Umwandlung der bestehenden direkten Staats- und Gemeindelasten in weniger drückende indirekte Reichssteuern. Diese Bestrebungen sind nicht nur von fiskalischen, sondern auch von reaktionären Hintergedanken frei; ihre Wirkung auf politischem Gebiete wird allein die sein, daß wir kommenden Generationen das neu entstandene Reich gefestigt durch gemeinsame und ergiebige Finanzen hinterlassen. […]

II. Interpretation

1. Zusammenfassung

Es handelt sich um einen Auszug aus einem längeren Text. Der Verfasser spricht von «unserer kaiserlichen Pflicht» und kündigt die Vorlage mehrerer Gesetzentwürfe an, die auf den Schutz von Arbeitern gegen Betriebsunfälle und die Organisation gewerblicher Krankenkassen gerichtet sind. Damit soll sozialdemokratischen Ausschreitungen begegnet werden. Zugleich werden die Einführung eines staatlichen Tabakmonopols sowie die Besteuerung von Getränken in Aussicht gestellt, um auf diese Weise direkte Staats- und Gemeindesteuern in indirekte Reichssteuern umzuwandeln.

2. Sachliche Aussagen

Im Text lassen sich vor allem drei Problemkreise ausmachen: Der Hinweis auf Instanzen wie die «verbündeten Regierungen» (Z. 12), den «Reichstag» (Z. 17) und «unsere Kaiserliche Pflicht», also den Kaiser (Z. 5) sowie auf «das neu entstandene Reich» (Z. 49f.), führt zu einem Fragenkomplex, der sich mit den Stichworten «Gründung und Verfassung des zweiten deutschen Reichs» kennzeichnen lässt (2.1). Die mehrfach betonte Zielsetzung «der positiven Förderung des Wohles der Arbeiter» zur «Heilung der sozialen Schäden» (Z. 4, 2) und die im Text angekündigten gesetzgeberischen Massnahmen lassen sich einem Themenkreis «Die Sozialgesetzgebung im Kaiserreich» zuordnen (2.2). Mit dem Hinweis auf die Situation der Arbeiter, die Überforderung der Staatsgewalt und die Notwendigkeit «korporativer Genossenschaften» (Z. 29) wird ein Problemfeld angedeutet, das sich unter die Überschrift «Genossenschaftliche Organisation im Zeitalter der Industriellen Revolution» stellen lässt (2.3).

2.1 Gründung und Verfassung des zweiten deutschen Reichs

Entstehungsgeschichte und Struktur machen die 1871 errichtete Verfassung des Deutschen Reiches in Teilen zu einem Sonderfall der europäischen Verfassungsgeschichte.

Im Jahr 1806 legte *Franz II.* die Kaiserkrone nieder und erklärte die Auflösung des Heiligen Römischen Reichs Deutscher Nation. Jenseits der deutschen Einzelstaaten bestand damit zunächst keine übergeordnete, verbindende Instanz mehr. Das änderte sich 1815. In diesem Jahr schuf der Wiener Kongress mit dem *Deutschen Bund* einen Staatenbund, der das Vakuum füllen sollte, das durch die Auflösung des Heiligen Römischen Reiches entstanden war. Begrenzt Rechnung getragen wurde auch einer Forderung des bürgerlichen Frühliberalismus, der – inspiriert durch die Erfahrung der französischen Verfassung von 1791 – die Einführung gewaltenteiliger Verfassungen und die Errichtung von Parlamenten verlangt hatte: In Art. 13 der Deutschen Bundesakte wurde die Einführung einer «landständischen Verfassung» in allen Einzelstaaten vorgeschrieben. Gedacht war damit ursprünglich an die Wiederbelebung altständischer Verfassungsstrukturen und nicht an die demokratische Repräsentativverfassung französischen Musters. In der Folgezeit entstanden allerdings in den deutschen Einzelstaaten Verfassungsordnungen, die eher den Forderungen des Liberalismus entsprachen: Zwar wurde der Monarch hierin in seiner Person als «heilig und unverletzlich» gekennzeichnet und als alleiniger Träger der Staatsgewalt beschrieben. Doch er blieb in allen Handlungen an die Verfassung gebunden. Ihm standen regelmässig zwei Kammern gegenüber. Die erste Kammer war ihrer Zusammensetzung nach einem Staatsrat angenähert, unter ihren Mitgliedern fanden sich neben den Prinzen und Standesherren die Vertreter von Kirchen, Universitäten und Städten sowie Personen, die unmittelbar vom Monarchen berufen worden waren. Die zweite Kammer bestand aus zumindest teilweise gewählten Mitgliedern, die als Vertreter des gesamten Volkes tätig sein sollten und diesen Kammern damit eine parlamentarische Funktion gaben. Diese Parlamente wirkten bei der Gesetzgebung und der Steuerbewilligung mit, konnten doch ohne ihre Zustimmung keine Gesetze, also auch keine Steuer- und Haushaltsgesetze, erlassen werden. Eine grundlegende Neuerung bedeutete

bedeutete schliesslich die Einführung von Grund- und Staatsbürgerrechtskatalogen in den neuen Verfassungen, die hierin das Vorbild vor allem der französischen Verfassung übernahmen. Diese Art von Verfassungen ist mit Recht als «Verfassungstyp der deutschen konstitutionellen Monarchie»[1] bezeichnet worden.

Doch ist nicht zu übersehen, dass in der Zeit zwischen 1815 und 1848 in ganz Europa eine intensive verfassungspolitische Diskussion und eine Fülle von Verfassungsgebungen zu beobachten sind, die ihren Höhepunkt in der Zeit um 1830 erreichen: Nach der Julirevolution gibt sich Frankreich in diesem Jahr eine neue Verfassung mit einer starken Position des Parlamentes. In Belgien wird 1831 eine Verfassung errichtet, die auf dem Gedanken der Volkssouveränität basiert und einen Grundrechtsteil enthält. In der Schweiz werden seit 1830 in der Phase der sogenannten «Regeneration» in mehreren Kantonen Verfassungen geschaffen, die, wie etwa in Zürich 1831, die Individualrechte betonen und ein System parlamentarischer Repräsentation einführen. Die Parlamentsreform in England 1832 weitet die Zahl der Stimmberechtigten erheblich aus und stärkt ebenfalls die Position des Parlamentes.

Meistens in Zusammenhang mit revolutionären Unruhen entstehen 1848/49 in Europa neue Verfassungen, die aber nur selten Bestand haben und häufig durch oktroyierte Verfassungen ersetzt werden. Kennzeichnend für diese Entwicklungen ist das Schicksal der 1849 entstandenen Bundesverfassung, die nach dem Sitzungsort der Nationalversammlung als «Paulskirchenverfassung» bezeichnet worden ist: Diese Verfassung sah die Errichtung eines deutschen Reiches vor, dessen Staatsorganisation den Ordnungsstrukturen der vormärzlichen konstitutionellen Monarchie entsprach und die einen Bundesstaat mit starker Zentralgewalt errichten sollte. Besonderes Gewicht war auch den «Grundrechten des deutschen Volks» gegeben worden, sollten sie doch unmittelbar gelten und durch einen Staatsgerichtshof durchgesetzt werden können. Doch als *Friedrich Wilhelm IV.* von Preussen 1849 die ihm angetragene Kaiserwürde ablehnte, bahnt sich rasch das Scheitern des Verfassungswerks an. Das wurde besonders deutlich in der Aufhebung der Grundrechtsbestimmungen der Paulskirchenverfassung, die bereits vorab von der früheren Nationalversammlung erlassen worden waren.

---

[1] Vgl. ERNST-WOLFGANG BÖCKENFÖRDE: Der Verfassungstyp der deutschen konstitutionellen Monarchie. In: WERNER CONZE (Hg.): Beiträge zur deutschen und belgischen Verfassungsgeschichte im 19. Jahrhundert. Stuttgart 1967, S. 70–92; wieder abgedruckt in: ERNST-WOLFGANG BÖCKENFÖRDE/RAINER WAHL (Hg.): Moderne deutsche Verfassungsgeschichte 1815–1914, 2. A. Königstein (Taunus) 1981 (Neue Wissenschaftliche Bibliothek, 51), S. 146–170, weiterhin abgedruckt in: ERNST-WOLFGANG BÖCKENFÖRDE: Recht, Staat, Freiheit. Studien zur Rechtsphilosophie, Staatstheorie und Verfassungsgeschichte. Frankfurt a.M. 1991, S. 273–305.

Gegenüber diesem gescheiterten Versuch einer Staatsgründung «von unten» lässt sich die Entstehung der Reichsverfassung von 1871 als Beispiel für eine Gesamtstaatsbildung «von oben» kennzeichnen: Preussens Sieg im Krieg gegen Österreich und den Deutschen Bund 1866 macht den Weg frei für die Errichtung des «Norddeutschen Bundes» durch Preussen. Nach dem Sieg dieses Bundesstaates und der mit ihm verbündeten Einzelstaaten gegen Frankreich 1870/71 nutzt der Architekt dieser Politik, *Otto von Bismarck* (1815–1898), die nationale Euphorie. Er bewegt die süddeutschen Staaten dazu, dem Norddeutschen Bund beizutreten. Die Verfassung des Norddeutschen Bundes kann damit im wesentlichen unmodifiziert auf die süddeutschen Staaten ausgeweitet werden. Der Unterschied der Verfassungsgebung von 1871 zur Verfassungserrichtung von 1849 wird besonders deutlich in der sogenannten Kaiserproklamation von Versailles am 18. Januar 1871: Im Kreis von Monarchen und hohen Militärs wird *Wilhelm I.* zum «Deutschen Kaiser» ausgerufen. Parlamentarier spielen eine allenfalls untergeordnete Rolle bei diesem Vorgang.

Wie bereits der Norddeutsche Bund wurde auch das neue Reich als «ewiger Bund» der Monarchen und Regierungen gekennzeichnet. Im Gegensatz zur Paulskirchenverfassung nahmen also die Monarchen anstatt des Staatsvolkes das Recht der Verfassungsgebung für sich in Anspruch. Auch in einem anderen Punkt unterschied sich die Verfassung von 1871 deutlich von der Verfassung der Paulskirche, den Verfassungen in den deutschen Einzelstaaten und anderer europäischer Staaten wie etwa der Schweiz (Verfassungen von 1848 und 1874): Die Reichsverfassung enthielt keinen Grundrechtsteil. Sie führte dabei die Organisationsstrukturen des Norddeutschen Bundes fort. Wie bereits dort, so stand auch in der Reichsverfassung dem König von Preussen das «Präsidium des Bundes» zu, das in der Reichsverfassung allerdings mit dem Kaisertitel verbunden war. Anders als in den einzelstaatlichen konstitutionellen Monarchien standen allerdings dem Parlament, also dem aus allgemeinen, direkten und geheimen Wahlen gebildeten Reichstag, nicht der Monarch und seine Regierung gegenüber. Nach der Konstruktion der Reichsverfassung teilten sich vielmehr Reichstag und Bundesrat das Recht der Gesetzgebung. Darauf ist auch im Text verwiesen, wenn dort von den «verbündeten Regierungen» die Rede ist. Auch in diesem Punkt unterschied sich die Reichsverfassung von anderen europäischen Verfassungen. Dort nämlich war die Zentralgewalt regelmässig in ein Staatsoberhaupt, eine parlamentarische Instanz und eine (parlamentarisch verantwortliche) Regierung gegliedert, wie etwa die französische Verfassung von 1875 oder die Schweizer Bundesverfassung von 1874 zeigen. In der Verfassungspraxis des Deutschen Reiches handelte allerdings *faktisch* der allein dem Kaiser verantwortliche Reichskanzler als Reichsregierung. Da der Reichskanzler in Personalunion stets auch preussischer Aussenminister war und damit den Bundesrat dominierte, trat er im Verfassungsalltag des Reiches als Repräsentant der Reichsleitung vor den Reichstag.

2.2 Die Sozialgesetzgebung im Kaiserreich

Die Industrielle Revolution hat zu gewaltigen Veränderungen der Gesellschaftsverfassung beigetragen: Durch die Einführung der industriellen Massenfertigung wurde menschliche Arbeitskraft zu einem billigen Gut. Die staatliche Gesetzgebung liess der industriellen Dynamik in diesem Bereich lange Zeit weitgehend Raum. Im Verhältnis zwischen Arbeitern und Unternehmern war diese Situation fatal, waren doch die Arbeiter den Fabrikherren wirtschaftlich und rechtlich geradezu ausgeliefert. Vom Ideal bürgerlicher Gleichheit war in diesen Beziehungen wenig zu spüren. Diese Situation führte in Europa zu massiven sozialen Spannungen. Ausgehend von England wurde bereits zu Beginn des 19. Jahrhunderts in die Arbeitsverfassung der Fabriken gesetzlich eingegriffen. Dennoch blieb die wirtschaftliche Situation der Arbeiter desolat. Kennzeichnend für die Fabriken des industrialisierten Deutschland war im 19. Jahrhundert insbesondere ein eher «altständisches, der Gutsherrschaft nicht unähnliches Modell»[2] unternehmerischer Herschaft. Hinzu trat der Umstand, dass vor allem in der ersten Hälfte des 19. Jahrhunderts eine gewaltige Landflucht einsetzte und damit das Angebot an Arbeitskräften weiter zunahm. Im Fall wirtschaftlicher Krisen entstand damit für die aufnehmenden Städte ein erhebliches Problem, war doch die kommunale Armenfürsorge in solchen Situationen dem Ansturm der Bedürftigen kaum gewachsen (vgl. auch den Hinweis auf die kommunalen «Armenlasten» im Text, Z. 37f.). Hinzu trat der Umstand, dass die Arbeiter für den Fall von unfall- oder krankheitsbedingter Arbeitsunfähigkeit nicht abgesichert waren und damit ebenfalls von der kommunalen Armenfürsorge finanziert werden mussten. Die verheerende Situation vor allem in den Städten, die sich in Wohnungsnot, Verelendung und nicht zuletzt auch im Anstieg der Kriminalität manifestierte, wird auch im Text angedeutet («soziale Schäden», Z. 2).

Doch auch die bestehende Herrschaftsordnung wurde durch diese Situation gefährdet. Das belegt die Gründung des «Allgemeinen Deutschen Arbeitervereins» durch *Ferdinand Lassalle* 1863 und der marxistisch orientierten «Sozialdemokratischen Arbeiterpartei Deutschlands» durch *August Bebel* und *Wilhelm Liebknecht* 1869. Beide Gruppierungen vereinigten sich 1875 zur «Sozialistischen Arbeiterpartei Deutschlands», die im «Gothaer Programm» eine weitreichende Umgestaltung der Herrschafts- und Wirtschaftsverfassung verlangte. Angesichts des politischen Erfolgs der Sozialdemokratie bei den Reichstagswahlen versuchte *Bismarck,* die Partei und ihre Mitglieder durch das 1878 verabschiedete Sozialistengesetz zu bekämpfen, auf das im Text auch angespielt ist («Repression sozialdemokratischer Ausschreitungen», Z. 3). Allerdings blieben diese Massnahmen ohne Erfolg, da die sozialdemokratischen Kandidaten

---

[2] DIETMAR WILLOWEIT: Deutsche Verfassungsgeschichte, S. 284.

weiterhin gewählt und die Arbeiterschaft durch den staatlichen Druck in eher entschiedenere Opposition zum Staat getrieben wurden.

Nicht zuletzt vor diesem Hintergrund griff die Reichsleitung Überlegungen aus den Reihen der Kirchen und des Bürgertums auf, die seit Beginn der siebziger Jahre auch in den einzelstaatlichen Verwaltungen debattiert wurden. Tragend war dabei die Überlegung, die Arbeiterschaft durch eine staatliche Fürsorgepolitik mit den bestehenden Herrschaftsverhältnissen zu versöhnen und damit der Sozialdemokratie den Rückhalt zu nehmen. Im Zentrum dieser Politik standen zunächst Arbeiterversicherung und Arbeitsschutz. Doch diese Vorhaben stiessen auf den Widerstand insbesondere des politischen Liberalismus, wo die Errichtung eines «Staatssozialismus» befürchtet wurde. Eine erste Gesetzgebungsinitiative für die gesetzliche Unfallversicherung scheiterte im Frühjahr 1881. Darauf wird auch im Text angespielt, wenn dort auf einen «in der vorigen Session vorgelegte[n] Entwurf eines Gesetzes über die Versicherung der Arbeiter gegen Betriebsunfälle» hingewiesen wird (vgl. Z. 15–17). Erst 1883 gelang es, ein Krankenversicherungsgesetz zur Entstehung zu bringen, dem 1884 eine gesetzliche Regelung über die Unfallversicherung folgte, das die Arbeiter im Fall eines Betriebsunfalls unabhängig von einem Arbeitgeberverschulden gegen Krankheit und Invalidität absicherte und die Kosten hierfür den Unternehmern aufbürdete. 1889 entstand ein Gesetz über die Hilfe bei nichtunfallbedingter Invalidität und altersbedingter Minderung der Erwerbsfähigkeit. 1911 wurde ein Versicherungssystem auch für die Angestellten geschaffen. Diese Gesetzgebungsvorhaben standen in Zusammenhang mit dem auch im Text angesprochenen Steuerreformvorhaben *Bismarcks* (vgl. Z. 34–50): Denn die Umverteilung der Abgabenlast von den direkten auf die indirekten Steuern sollte u. a. auch dazu beitragen, die Arbeiter bei den einzelstaatlichen Personalsteuern zu entlasten.

2.3 Genossenschaftliche Organisation im Zeitalter der Industriellen Revolution

Seit der Mitte des 19. Jahrhunderts wurde die Forderung vorgetragen, die Situation von Arbeitern sowie kleinen Bauern und Gewerbetreibenden durch die Bildung von «Genossenschaften» zu verbessern. Solche vereinsförmig organisierten Zusammenschlüsse zielten darauf ab, die Vereinsmitglieder wirtschaftlich zu fördern. Durch die über den Zusammenschluss erzielte Marktmacht wurde es möglich, für die Genossenschaftsmitglieder bessere Konditionen zu erzielen. Zu den wichtigsten Vertretern der Genossenschaftsbewegung in Deutschland zählt *Hermann Schulze-Delitzsch* (1808–1893), auf dessen Betreiben im Norddeutschen Bund 1868 auch das Genossenschaftsgesetz erlassen wurde. Besondere Bedeutung erlangten dabei die von ihm gegründeten Kreditgenossenschaften, die vielen kleinen Handwerkern das wirtschaftliche Überleben sicherten. Entscheidenden Einfluss hatte *Friedrich Wilhelm Raiffeisen* (1818–1888), der ein (heute nach ihm benanntes) Bankennetz errichtete, um insbesondere die Landwirtschaft finanziell zu unterstützen und dadurch selbständiger zu machen. In der Folgezeit verbreiteten sich auch die Konsumvereine, die insbesondere von der Arbeiterbewegung getragen wurden und ihren Mitgliedern den verbilligten Erwerb von Gütern möglich machten.

Die genossenschaftliche Organisationsform hielt auch Einzug in die hoheitliche Verwaltung. Denn die 1884 geschaffene Unfallversicherung wurde in der Form von sogenannten Berufsgenossenschaften organisiert. Diese Institutionen bestanden aus Zwangszusammenschlüssen der unfallversicherungsbetroffenen Unternehmer. Sie verwalteten die Umlagen der Unternehmer und zahlten die Versicherungsleistungen an die Arbeitnehmer aus.

Konzeptionelle Grundlagen zur Entstehung dieser Organisationsform hat der germanistische Zweig der historischen Rechtsschule geleistet. Denn seit *Georg Beseler* (1809–1888) wurde die Germanistik von der Vorstellung geleitet, dass die Genossenschaft als verselbständigte Körperschaft mit eigener Rechtspersönlichkeit ein zentrales Merkmal der Rechtsbildung im deutschen Rechtskreis ausmache. Diese Lehre wurde im monumentalen Werk *Otto von Gierkes* (1841–1921) über «Das deutsche Genossenschaftsrecht» (1868–1913, vier Bände) zu einer umfassenden rechtshistorischen und rechtsdogmatischen Darstellung ausgebaut.

3. Historische Verortung

Der Text ist nach der Gründung des Reiches 1871 und vor dem Inkrafttreten des Unfallversicherungsgesetzes 1883 entstanden. Der Hinweis auf die Unfallgesetzvorlage in der «vorigen Session» des Reichstags (vgl. Z. 15f.) spricht dafür, dass es sich um einen Text aus dem Jahr 1881 handelt.

4. Quellenbestimmung

4.1 Textgattung

Der Text ist wie eine Rede gestaltet, doch könnte es sich auch um eine Botschaft im Zusammenhang mit einem Gesetzgebungsvorhaben handeln.

4.2 Autor

Der Autor selbst ist ein Kaiser, wie sich aus dem Ausdruck «Unsere Kaiserliche Pflicht» (Z. 5) ergibt. Da der Text aus der Zeit um 1881 stammt, handelt es sich folglich um *Wilhelm I.,* der 1858 als Prinzregent, 1861 als König über

Preussen herrschte, 1871 zum Deutschen Kaiser wurde und 1888 verstarb. In der historischen Rückschau ist *Wilhelm I.* allerdings stets hinter seinem langjährigen Weggefährten *Otto von Bismarck* zurück geblieben, den er 1862 zum preussischen Ministerpräsidenten und Aussenminister berief und der von 1871 bis 1890 als Reichskanzler amtierte.

4.3 Adressaten

Adressat ist offenbar der Reichstag, an den sich der Autor wendet (vgl. Z. 13f.).

4.4 Argumentation

Die Argumentation im Text ist rational geprägt. Nicht selten wird auf christliche Werte Bezug genommen.

5. Historischer Hintergrund

Die Dynamik der industriellen Revolution bewirkte eine tiefgreifende Umgestaltung des Wirtschaftsrechts. Bereits 1807 entstand mit dem «Code de Commerce» erstmals eine umfassende handelsrechtliche Regelung, die auch das Recht der Aktiengesellschaften erfasste. Die französische Regelung stellte allerdings die Zulassung von Aktiengesellschaften unter den Vorbehalt staatlicher Konzessionierung. Diesem Regelungsmodell folgen im Grundsatz das preussische «Gesetz über die Aktiengesellschaften» 1843 und das ADHGB 1861 für alle deutschen Einzelstaaten. Unter englischem Einfluss entstand 1870 das «Gesetz betreffend die Kommanditgesellschaften auf Aktien und Aktiengesellschaften für den Norddeutschen Bund», das seinerseits 1884 durch das «Gesetz betreffend die Kommanditgesellschaft auf Aktien und die Aktiengesellschaft für das Deutsche Reich» ersetzt wurde. Hier dominierte das Normativsystem, in dem die Aktiengesellschaft beim Vorliegen gesetzlich festgelegter Mindestvoraussetzungen durch den Registereintrag entstand und damit von staatlicher Zulassung unabhängig war.

Gerade in der zweiten Hälfte des 19. Jahrhunderts setzte auch eine neue Welle privatrechtlicher Kodifikationen ein. 1865 wurde das «Bürgerliche Gesetzbuch für das Königreich Sachsen» erlassen, 1881 wurde das «Schweizerische Obligationenrecht» mit Wirkung für 1883 in Kraft gesetzt, das 1911 mit Wirkung für 1912 mit dem «Schweizerischen Zivilgesetzbuch» verbunden wurde. 1896 schliesslich kam das deutsche «Bürgerliche Gesetzbuch» zustande, das seit 1900 in Kraft ist.

Diese Kodifikationen sind in Deutschland vor allem (wenn auch nicht ausschliesslich) durch die Pandektistik beeinflusst worden, die sich aus dem romanistischen Zweig der Historischen Rechtsschule entwickelte. In der dogmatischen Durchformung der römischrechtlichen Quellen erreichte die Pandektistik hohes Niveau, sah sich allerdings seit dem letzten Drittel des 19. Jahrhunderts zunehmend dem Vorwurf realitätsferner Abstraktion ausgesetzt. Besonders einflussreich für die Gesetzgebung wurde in Deutschland *Bernhard Windscheid* (1817–1892). Durch *Eugen Huber* (1849–1923) fanden dagegen in der Schweiz verstärkt auch Ansätze der germanistischen Dogmatik auf der Grundlage einer umfassenden historischen Analyse des kantonalen Quellenmaterials Eingang in die Kodifikation, die sich insbesondere in der Gliederung und der inhaltlichen Ausgestaltung des Personenrechts zeigen. Mit der am Zweck des Rechts orientierten Konzeption *Rudolf von Jherings* (1818–1892) entstanden zudem auch Neuansätze in der Rechtswissenschaft, für die das Spannungsverhältnis zwischen Pandektistik und Germanistik ohne Bedeutung war.

6. Gegenwartsbezug

Die Verantwortlichkeit des Staates für die soziale Situation nicht nur der Arbeiter, sondern aller Staatsbürger ist in der modernen Rechtsordnung tief verankert. Der im späten 19. Jahrhundert begründete deutsche Sozialstaat ist allerdings mittlerweile in eine tiefe Krise geraten und an die Grenzen seiner Finanzierbarkeit gestossen. So ist es wenig erstaunlich, dass die Debatte über die Neuordnung sozialstaatlicher Leistungen ähnlich leidenschaftlich geführt wird wie im späten 19. Jahrhundert. Trotzdem besteht hier wie auch in anderen westeuropäischen Staaten ein fundamentaler Unterschied zur Situation der Bismarckzeit: Der soziale und demokratische Konsens wird zwar bisweilen angezweifelt, ist aber nie ernsthaft gefährdet.

Dagegen findet ein anderer Ansatzpunkt des vorliegenden Textes auch in der Gegenwart seine Entsprechung: Die genossenschaftliche Selbstverwaltung ist in einzelnen Wirtschaftszweigen wie etwa der Landwirtschaft bis heute vorherrschend. Der im Text gewählte *Ausgangspunkt* genossenschaftlicher Selbstverwaltung, die Entlastung des Staates durch das Zusammenwirken mit Privaten, hat in der Debatte über den kooperativen Staat und die Steuerungsfähigkeit von Recht und Staat wieder an Bedeutung gewonnen.

III. Quelle und Literatur

Quelle
Kaiserliche Botschaft Wilhelms I. vom 17. 11. 1881, verlesen durch Otto von Bismarck im Reichstag des Deutschen Reiches. In: Stenographische Berichte des Deutschen Reichstages, 5. Legislaturperiode, 1. Session 1881, Verhandlungen, Bd. 1, 1 Sitzung vom 17. 11. 1881, S. 1–3. Wieder abgedruckt in: ERNST RUDOLF HUBER (Hg.): Dokumente zur deutschen Verfassungsgeschichte, Bd. 2: Deutsche Verfassungsdokumente 1851–1900. 3. A. Stuttgart/Berlin/Köln/Mainz 1986, Nr. 291, S. 474f.

Literatur
ANDREAS KLEY: Verfassungsgeschichte der Neuzeit, S. 149–163.
ALFRED KÖLZ: Neuere schweizerische Verfassungsgeschichte, S. 301–368.
MARCEL SENN: Rechtsgeschichte I, S. 327–346.
DIETMAR WILLOWEIT: Deutsche Verfassungsgeschichte, S. 253–254, 266–280, 291–297.

Vertiefend
TILMAN REPGEN: Die soziale Aufgabe des Privatrechts. Eine Grundfrage in Wissenschaft und Kodifikation am Ende des 19. Jahrhunderts. Tübingen 2000 (Jus Privatum 60).

AT

18. Text: Strafrecht und Sicherungsverwahrung

I. Quellentext

Wie man sie auch begrifflich konstruieren und psychologisch erklären will: die Strafe als generelle Verbrechensverhütung wird unter allen Umständen dadurch wirksam sein, dass sie ununterbrochen und eindrucksvoll die staatlichen Verbote des für die Gesellschaft unerträglichen Handelns zur Geltung bringt, in der
5 Vorstellung der Staatsangehörigen dauernd die Unterscheidungen des rechtmässigen und unrechten Handelns, des schwereren und leichteren Unrechts lebendig erhält. Unabhängig von jeder philosophischen Spekulation über die inneren Zusammenhänge des massenpsychologischen Vorgangs, der ihr zugrunde liegt, schöpft diese Wirkung der Gesetzesbewährung selbst den Be-
10 weis ihrer unversiegbaren Kraft aus der Universalgeschichte des Strafrechts als aus einem einheitlichen grossen Erlebnis; denn es kann ja keinem Zweifel unterliegen, dass durch die ganze Vergangenheit – Antike, Mittelalter und Beginn der neueren Zeit, zum Teil, wie in Deutschland, die moderne Zeit selbst – die europäische Strafgesetzgebung und Strafpraxis einzig und allein mit dieser
15 empirisch erprobten Funktion der Rechtsstrafe gegen das Verbrechen gearbeitet hat – bis zu dem relativ verschwindend kleinen Zeitraum, in dem, zunächst vereinzelt und bis heute noch nirgendwo voll durchgeführt, die Formen des Sicherungsstrafrechts aufkamen. [...]
    Das ist das Strafrechtssystem, mit dem Feuerbach die Epoche der zivili-
20 sierten, verfassungsmässigen Strafjustiz im Deutschland der Freiheitskriege heraufführte. Er gestaltete es schöpferisch aus den verschütteten Resten der gesamten älteren Strafgesetzgebung der europäischen Kulturwelt – wie man weiss im leidenschaftlichen Kampf gegen das Strafrechtssystem des 18. Jahrhunderts, das geglaubt hatte, durch Zersetzung des Gesetzes, durch eine regel-
25 freie, auf die Ermessensfreiheit der Justizbehörden gestellte Strafrechtspflege, durch abwechselnd masslos energische oder äusserst nachsichtige Strafen ohne Rücksicht auf die Tat nach der Persönlichkeit des Täters das Verbrechertum wirksamer bekämpfen zu können. Die Zeit hat für Feuerbach entschieden. Ohne dass die äusseren Formen der Strafen erheblich andere wurden, hat das Sy-
30 stem der Gesetzmässigkeit Deutschland auf seiner Bahn zum territorialen Verfassungsstaat und dann zum verfassungsmässigen Nationalstaat und diesen zur Blüte der Bismarckschen Ära begleitet. [...]
    Alle abschreckenden, bessernd-erzieherischen, unschädlichmachend-verwahrenden «Behandlungen» sind und bleiben entweder Versuche, deren

Aussichtslosigkeit für mehr als 80% längst erwiesen ist, oder sie schwellen da, wo sie unbedingte Wirksamkeit erzwingen wollen, zu brutalen Gewaltmassregeln an – die in der Masse des Volkes Misstrauen und Widerwillen gegen die Strafjustiz in ihrer Totalität hervorrufen müssen; ich erinnere statt vieler Beispiele nur an die abstossende Massnahme des Entwurfs, Bettler, Arbeitsscheue, Landstreicher usw. einer Sicherungsverwahrung im Arbeitshaus zu unterwerfen, die von drei zu drei Jahren usque ad infinitum[1] durch Entscheidung verlängert werden kann, ohne dass dem Täter eines «gemeinschädlichen Verhaltens» die Möglichkeit gegeben wird, sich im freien Leben neu zu erproben. […]

Gerade weil wir uns heute überzeugt haben, dass wir bei Ausnahmeerscheinungen, auf bestimmt abgrenzbaren Gebieten – gegenüber den Jugendlichen, den bisher unbescholtenen erstmaligen Tätern sowie andererseits gegenüber den vielfach rückfälligen Tätern aller Delikte und in ähnlichen Fällen – eine mildere oder strengere Behandlung bestimmter Persönlichkeiten mit freierer Bewegung der Behörde nicht entbehren und in engen Grenzen rechtfertigen können, gerade deshalb gilt es, gegenüber dem Hauptbestand der mit dem Gesetz in Konflikt geratenden Bürger die Herrschaft des Gesetzes und seiner alle möglichst gleich treffenden Normen aus allen Kräften auszubilden. Und nicht nur das! Auch da, wo wir der individualisierenden Spezialprävention Raum geben, muss doch alles daran gesetzt werden, diese zugunsten oder zuungunsten des Täters gesteigerte Macht des Gerichts oder der andern an der Strafrechtspflege beteiligten Organe so sehr als möglich an feste gesetzliche Voraussetzungen zu binden.

II. Interpretation

1. Zusammenfassung

Formal ist der Text in vier Abschnitte gegliedert, eine weitere Struktur ist nicht ersichtlich. Inhaltlich kreisen die Gedanken um ein Strafrecht und eine Sicherungsverwahrung, die sich an der Idee der Herrschaft des Gesetzes orientieren und dennoch der unterschiedlichen Täterpersönlichkeiten gerecht werden sollen. Wesentlich sei bei aller begrifflich korrekten und psychologisch richtigen Begründung des Strafrechts letztlich das Faktum der ununterbrochenen und eindrucksvollen Veranschaulichung der Differenz zwischen rechtem/unrechten

---

[1] Hier: endlos

Verhalten, was durch die Strafe zur Geltung gebracht werde. Der Autor hält das Massnahmerecht für abstossend (Z. 39), weitgehend aussichtslos (Z. 35) und brutal (Z. 36). In seinen Ausführungen nimmt er Bezug auf *Feuerbach* (Z. 19), die Ära *Bismarck* (Z. 32) sowie einen Entwurf zu einem Gesetz, das praktisch die lebenslängliche Verwahrung von Bettlern u.a. vorsieht (Z. 39ff.).

2. Sachliche Aussagen

Der Text legt folgende Schwerpunktthemen nahe: Der Zweck des Strafrechts und die Sicherungsverwahrung, Legalitätsprinzip und begriffliche Konstruktion sowie *Feuerbach* und *Bismarck*.

2.1 Der Zweck des Strafrechts und die Sicherungsverwahrung

Der Autor nimmt entschieden Position für die Herrschaft des Gesetzes (Z. 51), die weitestgehende Bindung ans Gesetz (Z. 56f.), die Macht der Gerichts (Z. 55) und die Rechtsstrafe (Z. 15) im verfassungsmässigen Nationalstaat (Z. 31). Gefestigt durch den Bezug auf *Feuerbach* (Z. 19–28) vertritt er folgerichtig die klassisch rechtsstaatlich-liberale Auffassung, dass es keine Strafe geben dürfe ohne Gesetz und die Strafe nur nach Massgabe des Gesetzes ausgefällt werden dürfe. Danach bestimmt sich auch der Zweck der Strafe.

Der Zweck der Strafe hat general- und spezialpräventiven Charakter. Strafe soll grundsätzlich die Unterscheidung des rechtmässigen Verhaltens vom unrechtmässigen Handeln bewusst machen (Z. 5f.). In dem Sinn müssen durch den Akt der Strafe die Untaten, die die Gesellschaft überhaupt nicht zu tragen gewillt ist, nachhaltig geächtet werden. Dadurch sei Strafe generelle Verbrechensverhütung (Z. 2). Es handle sich dabei – so der Autor – um einen massenpsychologischen Vorgang (Z. 8), der durch alle Zeiten in Europa empirisch belegt sei (Z. 11–15). Die Formulierung, dass es «ja keinen Zweifel» (Z. 11) geben könne, lässt mit Bezug auf seine eigene Kritik an den Massnahmen, die sich in mehr als 80% der Fälle als aussichtslos erwiesen hätten, auch als suggestiv-rhetorisches Argument zur Abwehr von Kritik an der Generalprävention interpretieren. Denn Verbrechen gibt es trotz Strafe immer wieder, auch und gerade jene, die als die «unerträglichsten» (Z. 4) empfunden werden. Daraus lässt sich schliessen, dass die allgemeine Verbrechensverhütung, der man mittels Strafe zudienen will, kaum eine Wirkung oder nur bei einer kleinen Gruppe zeitigt. Inwieweit die täterorientierte Spezialprävention, die der Autor zulässt (Z. 53), funktionieren soll, bleibt angesichts der Kritik an den Massnahmen ebenfalls offen.

Man kann nicht umhin, hier einen dogmatischen Streit zwischen Strafrechtsschulen zu vermuten, deren Koryphäen zwar nicht genannt, aber durch ihre Argumente im Text präsent sind. Es ist offensichtlich, dass der Autor mit seiner Kritik an den Massnahmen (Z. 33f.) die Liszt-Schule ablehnt. *Franz von Liszt* (1851–1919) war in der zweiten Hälfte des 19. Jahrhunderts der bedeutendste Strafrechtstheoretiker. Er wandte sich sowohl gegen die von *Immanuel Kant* begründete und von *Karl Binding* ins Dogmatische umgesetzte reine Vergeltungstheorie der Strafe, auf der die positivistische Strafrechtslehre Deutschlands im 19. Jahrhundert beruhte, als auch gegen die zeitgenössisch naturalistische Kriminalanthropologie der beiden Italiener *Lombroso* und *Ferri,* die den Menschen als genetisch bedingt und somit als «geborenen Verbrecher» betrachteten, denn soziale Rahmenbedingungen zogen sie nicht in Betracht. *Liszt* dagegen geht den sozialen Ursachen des Verbrechens nach. Er bezeichnet das Verbrechen nicht nur als gesellschaftlich schädlich, sondern auch den Täter als gesellschaftlich geprägt. Er berücksichtigt die tatsächlichen Umstände, die zum Verbrechen führen und folgert, die Strafe müsse (im Gegensatz zur Kantschen Auffassung) daher stets einen Zweck verfolgen. Sodann unterscheidet er drei Verbrechertypen, die auch der Autor, jedoch mit Bezug auf die Massnahmefähigen indirekt erwähnt: 1. denjenigen, der sich abschrecken lässt, 2. denjenigen, der gebessert und somit resozialisiert werden kann, und 3. denjenigen, der unbeeinflussbar bleibt und im Falle eines begangenen Gewaltverbrechens entweder unschädlich gemacht oder dauernd verwahrt werden muss (Z. 33f.).

Der Autor will sich offensichtlich weder der konservativ-liberalen Rechtsauffassung der Kantianer noch der sozialen und demokratischen Lehre der Lisztianer anschliessen, sondern er vertritt eine selbständige Position, die zwar die Prävention klar betont, aber sich von den Einwirkungsversuchen auf den Charakter des Täters distanziert. Insbesondere lehnt er ein Gesetz zur sogenannten Sicherungsverwahrung ab, das im Entwurf vorliegt (Z. 39f.). Dieses Gesetz scheint ihm gegen die Freiheit zu sein, weil die dreijährige Sicherungsverwahrung ad infinitum (endlos) verlängert werden kann. Denn Bettler, Arbeitsscheue, Landstreicher seien nun einmal «gemeinschädlich» und daher chancenlos. Sie würden dauernd verwahrt, ohne dass ihnen je die Freiheit und die Bewährungschance nochmals eingeräumt werde (Z. 41–43). Dieser Standpunkt erweist den Autor als liberalen Strafrechtstheoretiker, dem die Würde des Individuums zentral bleibt, weshalb er die individualisierende Prävention zulässt.

2.2 Legalitätsprinzip und begriffliche Konstruktion

Zu diesem Standpunkt gehört das klar geäusserte Legalitätsprinzip (Herrschaft des Gesetzes, Z. 51). Das Prinzip verlangt, dass Strafe nur gemäss Gesetz, das die Taten eindeutig umschreibt, bestraft werden kann und darf. Die Klarheit der gesetzlichen Bestimmung verlangt ihrerseits nach einer präzisen juristischen Dogmatik. Der Autor spricht von der begrifflichen Konstruktion (Z. 1).

Gesetz und Dogmatik müssen begrifflich sicherstellen, dass die Adressaten der Macht der Gerichte oder anderer an der Strafrechtspflege beteiligten Organe (Z. 55f.) nicht nach Willkür ausgeliefert sind, sondern ihr Handeln an den verbindlichen und mit Zwang bewehrten Bestimmungen verlässlich orientieren können. Wenn die öffentliche Hand straft, weil sie die Reaktionsgewalt monopolisiert und damit den Bürgern das Handlungsrecht zur Rache entzogen hat, dann hat sie dem Bürger die Rechtssicherheit zu geben, dass er weiss, wann die Verfolgung stattfindet und wann nicht. Sie hat die Rechtsfolgen transparent und kalkulierbar zu gestalten. Dieses Argument besticht auch deshalb, weil ja die Differenz zwischen zugelassenen und unzulässigen Taten den Bürgern durch die ununterbrochene und eindrucksvolle (Z. 3) Reaktion eingeschärft werden soll. Nur so kann die psychologische Motivation zum richtigen Handeln auch funktionieren.

Die Schärfe des Gesetzes verlangt daher nach begrifflicher Konstruktion, dogmatischer Klarheit und logischer Stringenz in Sachen Strafe zum Schutz der Bürger wie des Rechts.

2.3 Feuerbach und Bismarck

Der Autor bezieht sich auf den Juristen und Philosophen *Paul Johann Anselm von Feuerbach,* der im 18. Jahrhundert geboren wurde und 1833 starb, sowie den Juristen und Grafen (ab 1871 Fürsten) *Otto von Bismarck,* der seit 1862 zunächst Ministerpräsident in Preussen war und als erster Reichskanzler des 1871 gegründeten deutschen Kaiserreichs bis 1890 wirkte.

Der Autor zieht damit eine Gerade zwischen zwei anerkannten Grössen (Autoritäten), von *Feuerbach* als Rechtswissenschafter zu *Bismarck* als Politiker, die zu seiner Legitimation dient. Es stimmt, dass *Feuerbach* die bis heute geltenden Grundsätze des Strafrechts formuliert hat, wonach jede Zufügung einer Strafe ein Strafgesetz voraussetzt (*nulla poena sine lege*), ferner dass die Zufügung einer Strafe durch die Existenz der bedrohten Handlung bedingt ist (*nulla poena sine crimine*) und schliesslich dass das gesetzlich bedrohte Faktum durch die gesetzliche Strafe bedingt ist (*Nullum crimen sine poena legali*). *Feuerbach* implementierte die fundamentalen Grundsätze des Rechtsstaats ins bayerische Strafgesetzbuch von 1813, *Bismarck* übernahm sie ins Strafgesetzbuch fürs Reich von 1871 und auch *Liszt* stellte seine Strafrechtslehre von 1881 auf diese Grundlagen.

Hingegen ist die rechtshistorische Darstellung des Autors recht eigenwillig und dem Geschichtsbild des 19. Jahrhunderts verhaftet (Z. 19–33): Sie ist stark nationalistisch geprägt, orientiert sich an der Kategorie «grosser Männer» und das Strafrechtssystem des 18. Jahrhunderts wird – gemessen an unserem Forschungsstand – verzerrt wiedergegeben. Unter nationalistischer Perspektive wird Feuerbachs Leistung als spezifisch deutsche Zivilisationsleistung gewürdigt, die er «schöpferisch aus den verschütteten Resten [...] der europäischen Kulturwelt» gestaltet habe (Z. 21f.). In Westeuropa dachte man gerade im 18. Jahrhundert in diesem Sinne fast überall aufgeklärt und die Franzosen haben in Art. VII ihrer Menschenrechtserklärung von 1789 dieses Prinzip schon vorweg formuliert: «Kein Mensch kann anders als in den gesetzlich verfügten Fällen und den vorgeschriebenen Formen angeklagt, verhaftet und gefangen genommen werden. [...].» Auch Rückwirkungsverbot und Unschuldsvermutung sind in den beiden folgenden Bestimmungen formuliert. Falls *Feuerbach* die Menschenrechtserklärung kannte und dagegen spricht nichts, dann hatte er zumindest hier die Vorlage aus dem modernen Europa und nicht aus irgendeinem «Restposten». Auch war die Strafjustiz des 18. Jahrhunderts keineswegs willkürlich und gesetzlos, wie der Autor den Schein erweckt (Z. 24f.). Freilich war sie reformbedürftig und darum wurde auch rege diskutiert, doch die Fehler waren erkannt, die die Strafrechtspraxis seit dem 16. Jahrhundert belasteten. Das 18. Jahrhundert glaubte also gerade nicht, es müsste das Gesetz zersetzen (Z. 24), sondern arbeitete im Sinne der Aufklärung jene Prinzipien heraus, die hier propagiert werden. Daher gibt die Geschichte nicht *Feuerbach* sondern einem fundamentalen Grundsatz des Rechtstaatsdenkens Recht. Die Perspektivenbildung des Autors orientiert sich am nationalen (oder vielmehr nationalistischen) Geschichtsbild und damit auch am Gegensatz «deutsch-französisch», der durch den Krieg Deutschlands gegen Frankreich von 1870/1 unter *Bismarck* genährt wurde, sowie ferner am Geniegedanken und Personenkult, wonach einzelne Männer wie Heroen gewirkt haben sollen, und verkennt aus dieser Perspektivenbildung die Leistungen der Aufklärung für die Strafrechtswissenschaft.

3. Historische Verortung

Feuerbach, Bismarck und *Liszt* (letzterer implizit, Z. 33f.) sind gegenwärtig. Da der Autor offensichtlich auf eine Untersuchung zu den Lisztschen Reformpostulaten zurückgreift, wonach sich diese in mehr als 80% der Fälle als aussichtslos erwiesen hätten (Z. 35), muss seit der Veröffentlichung der Lisztschen Postulate in den achtziger Jahren des 19. Jahrhunderts einige Zeit verstrichen sein, so dass zwischenzeitlich eine neue Generation von Juristen, diese Vorschläge bereits rückblickend beurteilt. Zudem ist von einem (StGB-)Entwurf die Rede. Dabei könnte es sich um die Revision des Reichs-StGB von 1871 handeln, das zwischen 1902 bis 1930 verschiedentlich erneuert wurde. Eine Sicherungsverwahrung, wie sie hier angesprochen wird, wurde Mitte der 20er Jahre diskutiert (Entwurf 1927, auch in Bayern 1926). Der vorliegende Text wird sich also auf diese Diskussion beziehen.

4. Quellenbestimmung

4.1 Textgattung

Es wird sich um einen Diskussionsbeitrag zu einer Gesetzesnovelle handeln, somit um eine strafrechtspolitische und -wissenschaftliche Abhandlung.

4.2 Autor

Der Autor hat, wie bereits begründet (Ziff. 2.1.), einen bürgerlich, liberalen und rechtsstaatlichen Standpunkt. Es dürfte sich um einen strafrechtlich versierten Politiker oder Strafrechtswissenschafter handeln.

4.3 Argumentation

Die Argumentation ist mit Ausnahme der Ausführungen zur Rechtsgeschichte klar und differenziert. Der Sprachduktus ist etwas schwerfällig (Häufung von Hauptwörtern).

4.4 Adressaten

Angesprochen werden Wissenschafter und Politiker, die sich mit dem Strafrecht befassen.

5. Historischer Hintergrund

Der Erste Weltkrieg wird mit Unterzeichnung des Waffenstillstandes am 11. November 1918 beendet. In Deutschland dankt Kaiser *Wilhelm II.* ab und geht ins Exil. Deutschland wird eine Republik, die Sozialdemokraten übernehmen die Regierungsgeschäfte. Da im preussischen Berlin linksradikale Kräfte rebellieren und Soldaten- sowie Arbeiterräte ihre Machtansprüche im Staat geltend machen, paktieren die Sozialdemokraten mit dem Militär und sichern die innenpolitische Ordnung. Sie verlegen vorübergehend das Machtzentrum der parlamentarischen Demokratie nach Weimar, in die sächsische Stadt der Klassiker. In *Goethes* und *Schillers* Deutschem Theater findet am 6. Februar 1919 die erste Nationalversammlung statt.

Die Weimarer Republik dauert bis zur Machtübernahme der Nationalsozialisten im Jahre 1933. Die Weimarer Reichsverfassung vom 11. August 1919 belässt die bundesstaatliche Ordnung der Länder, wie sie seit dem Kaiserreich von 1871 Bestand hatte, strafft sie aber dermassen, dass die zweite parlamentarische Kammer (der Reichsrat der Länder) an Bedeutung verliert. Reichspräsident, Reichstag und Reichsregierung bilden die politischen Kompetenzzentren, wobei dem Reichspräsidenten gemäss Art. 48 der Verfassung die Verfügungsgewalt über den Ausnahmezustand zukommt. Im Sog der Weltwirtschaftskrise von 1929 und der parlamentarischen Zersplitterung im Reichstag führt dies dazu, dass der Reichspräsident Deutschland ab 1930 weitgehend durch Notrecht regiert. Mit dem sogenannten Ermächtigungsgesetz der Nationalsozialisten vom 24. März 1933 wird die bereits dominante Exekutivgewalt praktisch verabsolutiert. Auch wenn die Weimarer Republik formell nicht aufgelöst, sondern durch ihr eigenes Verfassungsrecht ausgehöhlt wird, entsteht mit dem nationalsozialistischen Regime faktisch ein neues verfassungsmässiges Gebilde Deutschlands. Die parlamentarische Demokratie wird durch die totalitäre Diktatur der Nationalsozialisten ersetzt.

6. Gegenwartsbezug

Die Schweiz hat am 8. Februar 2004 die Verwahrungsinitiative angenommen. Die Initiative verlangt, dass nicht therapierbare Gewalt- und Triebtäter lebenslänglich verwahrt werden müssen und die Verwahrung nur dann überprüft werden kann, wenn feststeht, dass der Täter keine Gefahr mehr für die Gesellschaft darstellt. Hafturlaub ist für diese Tätergruppe unmöglich. Die Initiative kam vor dem Hintergrund von mehreren tragischen Mordfällen zustande, die zu Beginn der neunziger Jahre vorfielen, als sich Triebtäter auf Hafturlaub befanden. Eine Mutter einer ermordeten jungen Frau hatte ein Komitee gegründet; die Initiative wurde vor allem von konservativen Kreisen unterstützt; es wurde eine hoch emotionalisierte Propaganda geführt. Die rigorose Regelung des Ausschlusses der Überprüfung der Verwahrung verstösst klar gegen die Europäische Menschenrechtserklärung. Nur durch eine sehr weite Auslegung ihres Wortlauts lässt sie sich mit der EMRK vereinbaren. Die Annahme der Initiative zwingt nun dazu, eine Sonderform der Verwahrung im Strafgesetzbuch aufzunehmen, die den Vorgaben des übergeordneten Völkerrechts Rechnung trägt. Diese Initiative ist somit problematischer wie der hier diskutierte Gesetzesentwurf der zwanziger Jahre. Sie stellt insgesamt einen massiven Einbruch in die traditionellen Freiheitsrechte dar.

III. Quelle und Literatur

Quelle
RICHARD SCHMIDT: Gesetzmässige und regelfreie Strafrechtspflege. In: Deutsche Juristenzeitung 1925, Sp. 1294–1297.

Literatur
GÜNTER JEROUSCHEK/HINRICH RÜPING: Grundriss der Strafrechtsgeschichte, Rdnrn. 150–253 und 254–302.
MARCEL SENN: Rechtsgeschichte I, S. 251–259, 323–325 und 363–365.
MARCEL SENN/LUKAS GSCHWEND: Rechtsgeschichte II, Kap. 5.
MARCEL SENN: «Gefährlichkeit» – strafrechtshistorisch begriffen. In: JÜRG-BEAT ACKERMANN/ANDREAS DONATSCH/JÖRG REHBERG (Hg.): Wirtschaft und Strafrecht. Festschrift für Niklaus Schmid zum 65. Geburtstag. Zürich 2001, S. 27–42.

MS

19. Text: Rassenlehre und Rechtswissenschaft

I. Quellentext

Die deutsche Rechtswissenschaft im Kampf gegen den jüdischen Geist [...]

I. [...] Durch alle Referate hindurch zog sich die Erkenntnis, wie stark das jüdische Gesetzesdenken auf sämtlichen Gebieten des Rechtslebens zur Herrschaft gelangte und wie wenig dieses Gesetzesdenken mit dem Rechts- und Gesetzesgefühl des deutschen Menschen auch nur vergleichsweise in Beziehung ge-
5 bracht werden kann. Das jüdische Gesetz erscheint, wie alle Vorträge gezeigt haben, als die Erlösung aus einem Chaos. Die merkwürdige Polarität von jüdischem Chaos und jüdischer Gesetzlichkeit, von anarchistischem Nihilismus und positivistischem Normativismus, von grob sensualistischem Materialismus und abstraktestem Moralismus steht jetzt so klar und plastisch vor unseren
10 Augen, daß wir diese Tatsache als eine wissenschaftliche, auch für die Rassenseelenkunde entscheidende Erkenntnis unserer Tagung der weiteren rechtswissenschaftlichen Arbeit zugrunde legen können. Damit haben wir als deutsche Rechtswahrer und Rechtslehrer zum erstenmal einen Beitrag zu den bedeutenden Forschungen geliefert, wie sie die Rassenkunde auf anderen Gebieten be-
15 reits geleistet hat. In der Gemeinschaftsarbeit dieser beiden Tage sind wir zu einem Anfangsergebnis gekommen, das unsere Ehre als Wissenschaft rettet gegenüber den anderen Leistungen, auf die Dr. Falk Ruttke mit Recht hinwies und die uns in vielem als Vorbild dienen können.

II. Außer diesen wissenschaftlichen Erkenntnissen ist eine Reihe von prak-
20 tischen Fragen aufgetaucht. Der Reichsrechtsführer, Reichsminister Dr. Frank, hat in seiner Ansprache in aller Klarheit Forderungen aufgestellt, die bis in konkrete Einzelheiten gehen und Aufgaben der Bibliographie, der Bibliothekstechnik und der Zitierung betreffen. [...]

III. Das Wichtigste aber, was sich in diesen Tagen für uns als Ergebnis
25 herausgestellt hat, ist doch wohl die klare und endgültige Erkenntnis, daß jüdische Meinungen in ihrem gedanklichen Inhalt nicht mit Meinungen deutscher oder sonstiger nichtjüdischer Autoren auf eine Ebene gestellt werden können. Mit größter Klarheit ist uns allen bewußt worden, daß es eine nur scheinbare Schwierigkeit bedeutet, wenn es auch Juden gibt, die staatsbetonte und patrioti-
30 sche Ansichten geäußert haben, wie der berühmte Stahl-Jolson. Immer wieder ist in unserer Tagung die Erkenntnis durchgedrungen, daß der Jude für die deutsche Art des Geistes unproduktiv und steril ist. Er hat uns nichts zu sagen, mag er noch so scharfsinnig kombinieren oder sich noch so eifrig assimilieren. Er kann wohl seine enorme Händler- und Vermittlerbegabung spielen lassen, in

der Sache schafft er nichts. Es ist ein Zeichen mangelnder Schulung in der Rassenkunde und infolgedessen auch im nationalsozialistischen Denken, das nicht zu sehen und zu glauben, es stecke ein tiefes Problem darin, daß manche Juden nationalistisch, andere internationalistisch reden und schreiben, daß sie bald konservative, bald liberale, bald subjektive, bald aber objektive Theorien vertreten. Auch die viel gerühmte kritische Begabung des Juden ergibt sich nur aus seinem Mißverhältnis zu allem, was wesentlich und arteigen ist. Das ist aber ein völlig anderer Begriff von Kritik, als wenn sich deutsche Rechtslehrer in echter Gemeinschaftsarbeit gegenseitig kritisieren und fördern. Auch ist es nicht richtig, den Juden als besonders logisch, besonders begrifflich, konstruktiv oder rationalistisch zu bezeichnen. Seine «unbekümmerte logische Schärfe» ist nicht so sehr das, was wir mit Logik meinen, sondern eine gegen uns gerichtete Waffe; sie kommt aus dem Mißverhältnis zur Sache und zum Gegenstand.

1. Die Beziehung des jüdischen Denkens zum deutschen Geist ist folgender Art: Der Jude hat zu unserer geistigen Arbeit eine parasitäre, eine taktische und eine händlerische Beziehung. Durch seine händlerische Begabung hat er oft einen scharfen Sinn für das Echte; mit großer Findigkeit und schneller Witterung weiß er das Echte zu treffen. Das ist sein Instinkt als Parasit und echter Händler. Aber so wenig die Begabung des Juden für Malerei dadurch bewiesen ist, daß jüdische Kunsthändler einen echten Rembrandt schneller entdecken als deutsche Kunsthistoriker, ebensowenig ist es auf rechtswissenschaftlichem Gebiet ein Beweis für die Begabung des Juden, daß er mit großer Geschwindigkeit gute Autoren und gute Theorien als solche erkannt hat. Die Juden merken schnell, wo deutsche Substanz ist, die sie anzieht. Diese Eigenschaft brauchen wir ihnen nicht als Verdienst anzurechnen, um für uns Hemmungen einzuschalten. Sie ist einfach in der Gesamtlage des Juden, in seiner parasitären, taktischen und händlerischen Beziehung zum deutschen Geistesgut begründet. Auch ein so grauenhafter, unheimlicher Maskenwechsel, wie er der Gesamtexistenz Stahl-Jolsons zugrunde liegt, kann einen dann nicht mehr beirren. Wenn immer wieder betont wird, dieser Mann sei «subjektiv ehrlich» gewesen, so mag das sein, doch muß ich hinzufügen, daß ich nicht in die Seele dieses Juden schauen kann und daß wir überhaupt zu dem innersten Wesen der Juden keinen Zugang haben. Wir kennen nur ihr Mißverhältnis zu unserer Art. Wer diese Wahrheit einmal begriffen hat, weiß auch, was Rasse ist. […][1]

---

[1] Die Hervorhebungen entsprechen dem Original.

II. Interpretation

1. Zusammenfassung

Der vorliegende Auszug aus einem längeren Text in mindestens drei Teilen fasst die Arbeitsergebnisse einer zweitägigen Tagung (vgl. Z. 15) zusammen. In Abschnitt I wird ein «jüdische[s] Gesetzesdenken» (Z. 1f.) als «Polarität von jüdischem Chaos und jüdischer Gesetzlichkeit» beschrieben (Z. 6f.). In Abschnitt II wird über Forderungen der Reichsrechtsführung zur Technik wissenschaftlichen Arbeitens und der Gestaltung von Bibliotheken berichtet. In Abschnitt III wird die prinzipielle Minderwertigkeit von rechtswissenschaftlichen «jüdische[n] Meinungen» gegenüber den «Meinungen deutscher oder sonstiger nichtjüdischer Autoren» (Z. 26–27) betont. Juden wird zwar eine «enorme Händler- und Vermittlerbegabung» (Z. 34) zugebilligt, ihr Verhältnis zu Erzeugnissen deutscher Denker aber ausschliesslich als Ausdruck einer «parasitären, taktischen und händlerischen Beziehung» zum «deutschen Geistesgut» (Z. 61f.) dargestellt. Das gelte auch für den «Maskenwechsel» eines jüdischen Denkers wie Stahl-Jolson, der für seine «staatsbetonte[n] und patriotische[n] Ansichten» berühmt geworden sei (Z. 64, 29f.). Dieser Gegensatz wird als Wahrheit bezeichnet, die den Inbegriff von Rasse ausmache.

2. Sachliche Aussagen

Titel und Kernaussagen des Textes verweisen auf den Themenkreis «Deutsche Rechtswissenschaft und Rassenlehre» (unten 2.1). Mit Bezeichnungen wie «deutsche Rechtswahrer und Rechtslehrer» (Z. 13), «Rechts- und Gesetzesgefühl des deutschen Menschen» (Z. 3f.), «Reichsrechtsführer» (Z. 20) und das «nationalsozialistische Denken» (Z. 37) ist die Frage nach der staatlichen «Rechts- und Herrschaftsordnung im Nationalsozialismus» (unten 2.2) angesprochen.

2.1 Deutsche Rechtswissenschaft und Rassenlehre

Rechtswissenschaftliche Erkenntnis wird im vorliegenden Text auf die «Rassenseelenkunde» oder auch «Rassenkunde» bezogen. Die rechtswissenschaftliche Analyse wird deshalb auch auf die Aufgabe verpflichtet, deutsches und jüdisches Rechtsdenken voneinander zu unterscheiden. Dabei verfährt die so verstandene deutsche Rechtswissenschaft aber nicht voraussetzungslos oder wertfrei: Die deutsche Rechtswissenschaft befindet sich im «Kampf gegen den jüdischen Geist», umgekehrt wird die logisch-analytische Schärfe jüdischer

Denker als «eine gegen uns gerichtete Waffe» (Z. 47) gedeutet. Auch die vom Autor vorgetragene These von der Unterlegenheit jüdischen Rechtsdenkens ist keine «klare und endgültige Erkenntnis» (Z. 25), sondern eine unbegründete Behauptung, die implizit durch den Verweis auf die «Rassenkunde» abgestützt wird.

In solchen Aussagen zeichnet sich das Bild einer Rechtswissenschaft ab, die von der nationalsozialistischen Ideologie her bestimmt war. Denn zum Kernbestand dieser Ideologie zählte der entschiedene Antisemitismus, dem Staat und Recht bedingungslos untergeordnet wurden. Das zeigt sich bereits im Parteiprogramm von 1920 in der Positionierung gegen den «jüdisch-materialistischen Geist» und vor allem in der Verknüpfung von Staatsangehörigkeitsrecht und Rasse: «Staatsbürger kann nur sein, wer Volksgenosse ist. Volksgenosse kann nur sein, wer deutschen Blutes ist, ohne Rücksicht auf Konfession. Kein Jude kann daher Volksgenosse sein.»[2]

Dieser Antisemitismus verband sich mit Rasselehren, die sich Mitte des 19. Jahrhunderts in Europa gebildet (*Gobineau, Volgraff* u.a.), und im Kontext des Sozialdarwinismus (*Darwin, Haeckel* u.a.) zu einem Naturalismus auch im Rechtsdenken geführt hatten. Antisemitismus und Rassenlehren wurden seit 1890 lautstärker propagiert: Dazu gehören *Houston Stewart Chamberlains* Bücher sowie etwa das monumentale Werk «Die Rasse in den Geisteswissenschaften» von *Ludwig Schemann*, der auch *Gobineaus* Rassentheorie ins Deutsche übersetzt hatte. Rezipiert wurden rassistische Vorstellungen aber auch in der Rechtslehre. *Ludwig Kuhlenbeck* verband 1904 Rasselehren und Sozialdarwinismus in seiner Schrift über «Natürliche Grundlagen des Rechts und der Politik». *Helmut Nicolai* schliesslich publizierte 1932 eine «Rassengesetzliche Rechtslehre», in der die Reinrassigkeit der Gesellschaft als Zielsetzung des Rechts beschrieben wurde. Doch der normative Gehalt des Rassebegriffs blieb in der Weimarer Zeit diffus. In der Zeit nach der Machtergreifung der Nationalsozialisten wurde das Kriterium «Rasse» sehr rasch als tatbestandlicher Anknüpfungspunkt benutzt. Das zeigen besonders deutlich das «Gesetz zur Wiederherstellung des Berufsbeamtentums»[3] und das «Gesetz über die Zulassung zur Rechtsanwaltschaft»,[4] wurden hiernach doch Beamte und Rechtsanwälte «nicht arischer Abstammung» aus ihren Berufen ausgeschlossen. Im «Gesetz zum Schutze des deutschen Blutes und der deutschen Ehre» von 1935 wandte sich die Rassengesetzgebung des nationalsozialistischen Regimes

---

[2] Programm der Nationalsozialistischen Deutschen Arbeiterpartei (München, 24. Februar 1920), Punkte 24, 5, abgedruckt u.a. in: MARTIN HIRSCH/DIETMUT MAJER/JÜRGEN MEINCK (Hg.): Recht, Verwaltung und Justiz im Nationalsozialismus. Ausgewählte Schriften, Gesetze und Gerichtsentscheidungen von 1933 bis 1945 mit ausführlichen Erläuterungen und Kommentierungen. 2. A. Baden-Baden 1997, S. 275–277.
[3] Vgl. Gesetz vom 7. April 1933, RGBl. I, S. 175.
[4] Vgl. Gesetz vom 7. April 1933, RGBl. I, S. 188.

schliesslich unmittelbar gegen die Juden, während umgekehrt das 1935 erlassene «Reichsbürgergesetz» die deutsche Staatsangehörigkeit auf Personen «deutschen oder artverwandten Blutes» beschränkte.[5]

Die deutsche Rechtswissenschaft ist in Teilen bereits kurz nach der Machtergreifung auf diese Linie eingeschwenkt. Besonders deutlich zeigt sich das am Ablauf des «Deutschen Juristentages 1933», der von immerhin über 20.000 Teilnehmern besucht wurde. Hier nämlich verfochten nicht allein *Adolf Hitler* und *Helmut Nicolai* die Vorstellung von einer rassistischen Rechtslehre, auch der Zivilrechtler *Heinrich Lange* bezog eine dezidiert antisemitische Position. «Rasse» als Rechtsbegriff hat – jenseits der nationalsozialistischen Gesetzgebung – in der Folgezeit aber auch die Völkerrechtswissenschaft beeinflusst, wo er sich seit etwa 1938 mit dem Begriff des «Reiches» verband.

Der vorliegende Text ist Ausdruck solch rechtswissenschaftlicher Hinwendung zur nationalsozialistischen Rassenideologie. Das zeigt sich nicht zuletzt auch in der Diffamierung von *Friedrich Julius Stahl* (1802–1862). *Stahl*, Rechts- und Staatsphilosoph und in den fünfziger Jahren des 19. Jahrhunderts das geistige Haupt des preussischen Konservativismus, stammte aus der jüdischen Kaufmannsfamilie *Jolson*.[6] 1819 zum Christentum (lutherischer Protestantismus) konvertiert, formulierte er eine Staatslehre, die auf göttliche Offenbarung gründete, die Legitimität monarchischer Herrschaft verteidigte, zugleich aber auch die Bindung aller Staatlichkeit an das Recht postulierte, die Bedeutung des Individuums auf christlicher Grundlage betonte und damit das Modell des Rechtsstaates auch in der konservativen Staatsphilosophie einführte. Doch gerade diese Festlegung auf den Rechtsstaat und seine jüdische Herkunft trugen ihm heftige Kritik von der nationalsozialistischen Staatslehre ein, die *Stahl* vorwarf, seine Konzeption sei dem Ideal formeller Legalität verhaftet geblieben. Wenn der Autor des Textes unter Anspielung auf *Stahls* Konversion von dessen «Maskenwechsel» spricht, so wird damit nicht nur diese Kritik zum Vorwurf der Täuschung gesteigert, sondern zugleich mit dem typischen Vokabular des frühen Antisemitismus vermengt, der sich gegen das sogenannte Taufjudentum richtet, wonach mit dem Wechsel der religiösen Maske die biologisch-rassistische Identität verbleibe (Jude bleibt Jude, Z. 69).[7] Die vom Autor verlangte Verbindung von wissenschaftlichem Diskurs und rassistischer

---

[5] Vgl. Reichsbürgergesetz vom 15. September 1935, § 2 Abs. 1, RGBl. I, S. 1146.

[6] Zur Biographie *Stahls*: BERNHARD PAHLMANN: Friedrich Julius Stahl. In: GERD KLEINHEYER/JAN SCHRÖDER (Hg.): Deutsche und Europäische Juristen aus neun Jahrhunderten. 4. A. Heidelberg 1996, S. 382–386; vertiefend: CHRISTOPH LINK: Friedrich Julius Stahl (1802–1861). Christlicher Staat und Partei der Legitimität. In: HELMUT HEINRICHS/HARALD FRANZKI/KLAUS SCHMALZ/MICHAEL STOLLEIS (Hg.): Deutsche Juristen jüdischer Herkunft. München 1993, S. 59–83.

[7] MARCEL SENN: Rassistische und antisemitische Elemente im Rechtsdenken von Johann Caspar Bluntschli. In: ZRG GA 110 (1993), S. 372–405, insb. 396–400 m.w.N.

Abgrenzung findet ihre Konkretisierung, indem er konsequent von *Stahl-Jolson* spricht.

2.2 Die Rechts- und Herrschaftsordnung im Nationalsozialismus

Ein tragendes Element der nationalsozialistischen Haltung zum Recht kommt in der im Text benutzten Bezeichnung «Reichsrechtsführer» (Z. 20) zum Ausdruck: Die nationalsozialistische Weltanschauung war gegründet im «Führerprinzip». Dem «Führer», also *Adolf Hitler,* schuldeten alle Herrschaftsunterworfenen Treue und absoluten Gehorsam. In der Rechtssprache verankert wurde der Titel «Führer» bereits 1934, als durch «Gesetz über das Staatsoberhaupt des Deutschen Reichs» der «Führer und Reichskanzler Adolf Hitler» auch das Amt des Reichspräsidenten übernahm.[8] Dem entsprach es, dass die Beamten und Soldaten künftig «dem Führer des Deutschen Reiches» Treue und Gehorsam zu schwören hatten.[9] Doch auch wenn das Führerprinzip mit solchen Normen scheinbar an die Institutionen des Weimarer Rechtsstaates anknüpfte, stand es doch gleichwohl in direktem Gegensatz zur Konzeption rechtlich begrenzter Staatlichkeit. Massgeblich war im nationalsozialistischen Staat allein der Wille des Führers, der nicht an das Recht gebunden, sondern vielmehr die Quelle allen Rechts war. Der Führer war Recht und Verfassung vorgeordnet. So beschrieb *Johannes Heckel,* ein führender Staats- und Kirchenrechtslehrer seiner Zeit, im Jahr 1937 die Position des Führers mit den Worten: «Die Amtsgewalt des Führers ist über aller Kompetenz. [...] Die Amtsgewalt des Führers ist total.»[10] Dem entsprach die Manifestation des Führerwillens in Form des sogenannten «Führerbefehls», der, gemessen an der klassischen Formenlehre staatlichen Handelns, Gesetz, Urteil oder Verwaltungsakt sein konnte. Das Führerprinzip wurde aber auch in andere Bereiche übertragen, wie der vorliegende Text erkennen lässt. Es fand Eingang ausserdem auf der Ebene der Arbeits- und Wirtschaftsverfassung, indem «der Unternehmer als Führer des Betriebes» installiert wurde.[11] Auf diese Weise rückten auch hier die normativen Grenzen in der Beziehung zwischen Unternehmer und Arbeitnehmern in den Hintergrund.

Gleichwohl bediente sich das nationalsozialistische Regime parallel dazu auch der überkommenen Strukturen staatlicher Herrschaft. Das zeigt bereits der

---

[8] Gesetz vom 1. August 1934, RGBl. I, S. 747 (§ 1 S. 2).
[9] Gesetz über die Vereidigung der Beamten und der Soldaten der Wehrmacht, vom 20. August 1934, RGBl. I, S. 785.
[10] JOHANNES HECKEL: Die Führerrede und das sogenannte Ermächtigungsgesetz vom 30. Januar 1937. Eine verfassungsrechtliche Studie. In: Deutsche Verwaltungsblätter 85 (1937), S. 61. Wieder abgedruckt in: MARTIN HIRSCH/DIETMUT MAJER/JÜRGEN MEINCK (wie Anm. 1), S. 144–146, 145. Zur Biographie *Heckels* vgl. HERMANN KRAUSE: Johannes Heckel. In: Neue Deutsche Biographie VIII (1953), S. 180.
[11] Gesetz zur Ordnung der nationalen Arbeit vom 20. Januar 1934, RGBl. I, S. 45 (§ 1).

vorliegende Text im Nebeneinander der Bezeichnungen «Reichsrechtsführer, Reichsminister». So blieben Reichstag, Reichskabinett und auch das Reichsgericht bis zum Ende der nationalsozialistischen Herrschaft bestehen. Doch entstanden parallel dazu neue Strukturen wie der Verwaltungsapparat der SS, der 1936 errichtete Volksgerichtshof oder auch die Parteigliederungen der NSDAP, die 1934 mit dem Staat verflochten worden war. Das führte zu einem dauerhaften Konflikt zwischen Institutionen mit parallelen Zuständigkeiten. Solche Auseinandersetzungen konnten allein durch Hitler entschieden werden, dessen Position auf diese Weise nochmals gestärkt wurde: Das vom Führer geschaffene institutionelle Chaos machte den Führer als oberste Instanz unersetzlich.

Mehrfach benutzt der Autor den Ausdruck «Gemeinschaftsarbeit» (Z. 15f., 43). Ansatzweise wird hierin ein weiteres Element der nationalsozialistischen Weltanschauung sichtbar, das Prinzip der «Volksgemeinschaft»: Die – nach rassischen Kriterien bestimmten – «Volksgenossen» waren Teil einer «völkischen Gemeinschaft». In dieser Gemeinschaft war kein Raum für vorgemeinschaftliche individuelle Rechte. Rechte hatte die Einzelperson allein deswegen als Teil der Gemeinschaft, aber nicht aufgrund ihrer selbst willen. Ihre konkrete Ausformung fand diese Ideologie nicht nur in der Begrenzung persönlicher Rechte wie der Meinungs- und Glaubensfreiheit, sondern auch in der 1935 eingeführten Verpflichtung zum Arbeitsdienst und dem 1936 eingeführten Zwang zur Mitgliedschaft in der Hitlerjugend. Hinzu trat eine Fülle von nationalsozialistischen Berufsverbänden, denen anzugehören allerdings normativ freigestellt war. Diese totalitäre Vergemeinschaftung des Individuums wurde bereits in Punkt 19 des NSDAP-Parteiprogramms gefordert, wo es hiess: «Wir fordern Ersatz für das der materialistischen Weltordnung dienende römische Recht durch ein Deutsches Gemeinrecht».[12] In dieser Aussage wird zugleich deutlich, dass die Nationalsozialisten den Gegensatz zwischen Germanisten und Romanisten, also zwischen «sozialem Recht» und «Indivdiualwillkür» in – freilich extrem verkürzter Form – aufgriffen; darauf kann hier allerdings nicht näher eingegangen werden. Hier ist vielmehr festzuhalten, dass die nationalsozialistische Privatrechtswissenschaft sich bald gegen das BGB wandte und eine Neukodifizierung verlangte.[13] Die 1939 einsetzenden Arbeiten der 1933 gegründeten «Akademie für Deutsches Recht» an einem «Volksgesetzbuch» wurden allerdings 1944 eingestellt.

Auch das Strafrecht wurde ganz in den Dienst von Volksgemeinschaft und Führerprinzip gestellt. Bereits 1933 wurde erstmals die rückwirkende Verhängung der Todesstrafe gesetzlich angeordnet,[14] 1935 wurde das strafrechtliche

---

[12] Programm der Nationalsozialistischen Deutschen Arbeiterpartei (München, 24. Februar 1920) wie Anm. 1.
[13] Vgl. dazu auch Text 20.
[14] Gesetz über die Verhängung und den Vollzug der Todesstrafe vom 29. März 1933, RGBl. I, S. 151.

Analogieverbot aufgehoben. Strafbar sollte nunmehr jede Handlung sein, «die nach dem Grundgedanken eines Strafgesetzes oder nach gesundem Volksempfinden Bestrafung verdient».[15]

Nicht zuletzt in dieser Regelung deutete sich auch eine neue Rolle der Richterschaft an: Die Gerichte wurden ebenfalls ganz in den Dienst der nationalsozialistischen Herrschaft gestellt. Instrumente der Einflussnahme bildeten dabei insbesondere die sogenannten «Richterbriefe», in denen das Reichsjustizministerium den Richtern gezielte Vorgaben zur Rechtsanwendung auf der Grundlage der nationalsozialistischen Ideologie vorlegte. Freilich konkurrierte die Justiz im Lauf der Zeit immer mehr mit SS und Gestapo, so dass schliesslich ganze Personengruppen gezielt aus dem Anwendungsbereich der Gerichtsbarkeit herausgenommen wurden. Die für das nationalsozialistische Regime typischen institutionellen Dauerspannungen prägten damit je länger desto mehr auch den Justizbereich.

3. Historische Verortung

Der Text ist in der Zeit nach der nationalsozialistischen Machtergreifung entstanden. Er enthält keine Hinweise auf den 1939 beginnenden Krieg, ist also wohl der Zeit davor zuzuordnen. Als Entstehungszeitraum kommt damit die Phase zwischen 1933 und 1939 in Betracht.

4. Quellenbestimmung

4.1 Textgattung

Es handelt sich um einen wissenschaftlichen Tagungsbericht mit Elementen einer antisemitischen Kampfschrift.

4.2 Argumentation

Die Argumentation beruht weitgehend auf unbegründeten und eher weltanschaulich abgeleiteten Wertungen. Das zeigen insbesondere die Behauptungen über die angeblichen Merkmale des jüdischen Rechtsdenkens.

4.3 Adressatenkreis

Der Text richtet sich teilweise an die Teilnehmer der Tagung, offensichtlich auch an Rechtswissenschaftler. Darüber hinaus sind vor allem juristisch vorge-

---

[15] Gesetz zur Änderung des Strafgesetzbuchs vom 28. Juni 1935, RGBl. I, S. 839 (Art. 1, § 2 S. 1).

bildete Leser angesprochen, die sich ihrerseits aber auf dem Boden der nationalsozialistischen Ideologie bewegen.

5. Historischer Hintergrund

Der Aufstieg der nationalsozialistischen Herrschaft, der am 30. Januar 1933 mit der Ernennung *Adolf Hitlers* zum Reichskanzler seinen formellen Beginn nahm, beruhte auf dem Zusammenwirken mehrerer Faktoren: Die 1919 geschaffene Verfassung bot zwar die normative Grundlage für eine funktionierende Demokratie, wie auch die Zeit zwischen 1924 und 1929 zeigt, in der sich der neue Staat zu festigen schien. Eine, wie seit 1930 offenbar werden sollte, entscheidende institutionelle Schwäche war allerdings die Ausgestaltung des Reichspräsidentenamts. Als «plebiszitäre Vollendung der Demokratie» konzipiert, wandelte es sich seit 1930 zu einer «autoritären Alternative zum Parlament»:[16] Als in der Weltwirtschaftskrise 1929 die Reichstagsmehrheit die bis dahin bestehende grosse Koalition scheitern liess und damit auch die Übernahme von Regierungsverantwortung verweigerte, übernahm unter *Heinrich Brüning* eine Minderheitsregierung die Regierungsgeschäfte. *Brüning* und sein Kabinett regierten gegen die Mehrheit des Reichstages, konnten sich dabei aber auf das Notverordnungsrecht des Reichspräsidenten stützen, der allen Versuchen des Reichstages zur Aufhebung seiner Notverordnungen mit der Parlamentsauflösung begegnete. In der Konsequenz etablierte sich damit eine neue, in der Verfassung nicht vorgesehene, Form von Präsidialregierung, für die die Mehrheitsverhältnisse im Reichstag letztlich ohne Bedeutung waren. *Hitlers* Ernennung wäre ohne diese institutionellen Entwicklungen nicht möglich gewesen, denn auch ihm fehlte eine Reichstagsmehrheit. In diesen Entwicklungen spiegelte sich letztlich eine verhängnisvolle Schwäche der parlamentarischen Demokratie in Deutschland wider, der auch die Schöpfer der Weimarer Reichsverfassung – in diesem Punkt ganz auf der Linie der Staatsrechtslehre des Kaiserreiches – sehr skeptisch gegenüber gestanden hatten.

Wesentliche Voraussetzung für den Aufstieg des Nationalsozialismus war aber auch eine tiefgreifende Verunsicherung der deutschen Gesellschaft. Bereits die erdrückenden Bedingungen des Versailler Vertrages – die Kriegsschuldanerkennung und die hohen Reparationszahlungen – wurden in der deutschen Öffentlichkeit dem neuen Staatswesen angelastet. Inflation, Massenarbeitslosigkeit und 1929 die Weltwirtschaftskrise machten grosse Kreise anfällig für links- und rechtsextreme Parolen, wie die Wahlerfolge von KPD und NSDAP nur zu deutlich belegten. Hinzu trat eine seit Entstehung der Weimarer Republik gerade im Bildungs- und Wirtschaftsbürgertum verbreitete latent

---

[16] DIETMAR WILLOWEIT: Deutsche Verfassungsgeschichte, S. 335.

antidemokratische Haltung, die insbesondere auch bei Teilen der Weimarer Staatsrechtslehre greifbar ist. Die schon im Kaiserreich zu beobachtende Wirksamkeit rassistischer und speziell antisemitischer Gruppierungen schliesslich trug ebenfalls zur Verbreitung des Nationalsozialismus bei. Zwar war gerade der antisemitisch gefärbte Rassismus ein Phänomen, das seit dem ausgehenden 19. Jahrhundert in vielen europäischen Staaten auftauchte. Auch die Etablierung autoritärer, nationalistischer Herrschaften war, wie der Aufstieg des Faschismus in Italien und Spanien zeigt, kein spezifisch deutsches Phänomen. Trotzdem bleibt festzuhalten, dass allein in Deutschland eine antisemitische totalitäre Herrschaftsordnung entstand. Ohne Vorbild in anderen Staaten war die bereits 1933 einsetzende und seit 1938 gezielte staatliche Ausgrenzung und Verfolgung von Juden, die seit 1939 in eine grossräumige Vernichtungspolitik mündete und insgesamt knapp 6 Millionen europäischer Juden das Leben kostete.

6. Gegenwartsbezug

Im Verfassungsstaat der Gegenwart ist mit der Garantie der Menschenwürde (vgl. etwa Art. 7 BV, Art. 1 Abs. 1 GG) und des Gleichheitssatzes (vgl. etwa Art. 8 BV, Art. 3 GG) der Verwendung von rassebezogenen Unterscheidungen zwischen den Menschen normativ die Grundlage entzogen. Doch solche Garantien lassen sich nur verwirklichen, wenn sie gesellschaftlich dauerhaft akzeptiert sind. Mit den Mitteln des Rechts allein ist ein derartiger sozialer Konsens nicht herbeizuführen. Entscheidend ist vielmehr die Vermittlung der Wertvorstellungen, auf denen solche Regelungen beruhen. Im Zeichen immer wieder neuer wirtschaftlicher und gesellschaftlicher Krisen und nicht zuletzt auch der terroristischen Bedrohungen hat diese Aufgabe in der Gegenwart besondere Bedeutung.

III. Quelle und Literatur

Quelle
CARL SCHMITT: Die deutsche Rechtswissenschaft im Kampf gegen den jüdischen Geist. Schlußwort auf der Tagung der Reichsgruppe Hochschullehrer des NSRB vom 3. und 4. Oktober 1936. In: Deutsche Juristenzeitung 41 (1936), Sp. 1193–1197.

Zum Autor
Carl Schmitt (1888–1985) zählt zu den bis heute umstrittensten deutschen Rechtswissenschaftlern des 20. Jahrhunderts. In der Zeit zwischen 1921 und 1945 als Professor für Verfassungs- und Verwaltungsrecht, Völkerrecht und Staatstheorie in Greifswald,

Bonn, Berlin, Köln und schliesslich wieder Berlin tätig, wurde er 1945 von den amerikanischen Truppen verhaftet, 1947 aber wieder entlassen und lebte seitdem zurückgezogen in seiner westfälischen Heimat Plettenberg. Den Schwerpunkt seines umfangreichen Werkes bildete seit 1921 die Frage nach der staatlichen Organisation politischer Herrschaft und der Durchsetzung staatlicher Macht. Seit Mai 1933 Mitglied der NSDAP, wirkte er wesentlich an der Formulierung des Reichsstatthaltergesetzes mit, wurde zum Preussischen Staatsrat ernannt und amtierte als Leiter der Gruppe «Universitätslehrer» im NS-Juristenbund sowie als Fachgruppenleiter im NS-Rechtswahrerbund. 1936 bekannte er sich zum Antisemitismus (vgl. den vorliegenden Text), geriet aber in der Folgezeit in Konflikt mit der NSDAP und verlor deswegen alle Parteiämter. Trotz dieser Biographie haben *Schmitts* häufig antithetisch geformte Kategorienbildungen wie «Legalität und Legitimität», «Verfassung und Verfassungsgesetz», «Freund und Feind» oder Begrifflichkeiten wie «Politische Romantik» oder «Ausnahmezustand» die Staatslehre nachhaltig beeinflusst. Schmitts Konzeptionen sind zum Teil von der politischen Linken wie von der politischen Rechten rezipiert worden.

Zur Biographie: MICHAEL STOLLEIS: Schmitt, Carl. In: HRG 4, Sp. 1457–1460.

Literatur

HINRICH RÜPING/GÜNTER JEROUSCHEK: Grundriss der Strafrechtsgeschichte, Rdnrn. 273–302.
HANS SCHLOSSER: Privatrechtsgeschichte, 194–199.
MARCEL SENN: Rechtsgeschichte I, Kap. 13.
MARCEL SENN/LUKAS GSCHWEND: Rechtsgeschichte II, Kap. 3.
DIETMAR WILLOWEIT: Deutsche Verfassungsgeschichte, S. 333–360.

Handbuchartikel

MICHAEL STOLLEIS: Nationalsozialistisches Recht. In: HRG 3, Sp. 873–891.

Vertiefend

MARTIN HIRSCH/DIETMUT MAJER/JÜRGEN MEINCK (Hg.): Recht, Verwaltung und Justiz im Nationalsozialismus. Ausgewählte Schriften, Gesetze und Gerichtsentscheidungen von 1933 bis 1945 mit ausführlichen Erläuterungen und Kommentierungen, 2. A. Baden-Baden 1997.
JULIA SZEMERÉDY: Ludwig Kuhlenbeck – ein Vertreter sozialdarwinistischen und rassistischen Rechtsdenkens um 1900 (Zürcher Studien zur Rechtsgeschichte 49). Zürich 2003.

AT

20. Text: Völkisches Privatrecht und subjektives Recht

I. Quellentext

Die Rechtsanschauungen älterer Zeiten, auch der germanischen Zeit, sind dem ganz andersartigen Recht unserer Zeit nur mit Vorsicht zugrunde zu legen. Auch die Berufung auf das Volksempfinden hat in diesem Zusammenhang wenig Gewicht; denn die technischen Begriffe und Formen, deren das neuzeitliche, rationale Recht nun einmal bedarf, werden dem Nicht-Juristen sehr oft nicht zugänglich sein. Aber darauf kommt es nicht an. Nur die Ergebnisse, zu denen ihre Anwendung führt, müssen einleuchtend und die ihnen zugrunde liegende Rechtsanschauung muss volkstümlich sein, und das ist hier sicher der Fall; denn die Volksanschauung betrachtet den Einzelnen, den Eigentümer, den Gläubiger, den Inhaber eines Patents, den Hausvater als Träger eigener Rechte. Wer einen Kaufvertrag schliesst, wird nicht daran zweifeln, dass sein Partner verpflichtet sei, ihn zu erfüllen, und dass er nunmehr auch berechtigt sei, die Leistung vom anderen Teil zu verlangen.

Daher wird man am Begriff des subjektiven Rechts auch in Zukunft festhalten müssen. Er bringt die Bedeutung, die Würde, die Eigenständigkeit des Einzelnen, der Persönlichkeit, auch im Rahmen der Gemeinschaftsordnung, zum Ausdruck. Der Mensch ohne Rechte würde in der Masse versinken. Ihm sind die Rechte um des Volkes willen verliehen, das der Persönlichkeiten bedarf. So kann es nicht die Aufgabe sein, den Gedanken des subjektiven Rechts zu vernichten, sondern nur, ihn richtig zu deuten und von individualistischen Übermalungen und Verfälschungen zu befreien.

Das für das subjektive Recht im allgemeinen Gesagte trifft auch im einzelnen zu. Es gilt namentlich auch für das Eigentum, in dessen Anerkennung jede echte – und das heisst persönliche und im richtig verstandenen Sinne aristokratische – Kultur ihre Grundlage hat. Es ist die Voraussetzung persönlicher Lebensgestaltung und damit allen schöpferischen Daseins überhaupt. Es stellt seiner Idee nach mehr als ein blosses Haben, eine blosse Sachherrschaft dar. Eigentum bedeutet einmal ein Wirken, eine Funktion im völkischen Leben, ein Gesichtspunkt, auf den wir noch zurückkommen werden. Echtes Eigen bedeutet aber auch Verantwortung für die Sache und zugleich ein seelisches und inneres Aneignen, die Verwandlung von Gegenständen in eine persönliche Welt, ein Stück Persönlichkeit, das Schutz und Achtung verdient. [...]

So verwächst der Bauer mit seinem Hof, der Kaufmann mit seiner Firma, der Gelehrte mit seinen Büchern oder Sammlungen. Gewiss ist der Einzelne der Gemeinschaft verpflichtet, ja sie ist es, die dem Einzelnen sein Gut zu sachgemässem Gebrauch, zu pflicht- und sinngemässer Verfügung gewährt. Aber es wäre nicht richtig, daraus auf eine Art Obereigentum des Staates zu schliessen, im Eigentum und im subjektiven Recht überhaupt nur eine Art treuhänderischer Verwaltungsbefugnis zu sehen. [...]

Die Beziehung des subjektiven Rechts auf die völkische Ordnung, des Rechts, das dem Einzelnen zusteht, auf das Recht der Gemeinschaft ist theoretisch und praktisch bedeutsam. Damit tritt das Recht in enge Beziehung zur Pflicht, werden Rechte und Pflichten zur Einheit verbunden: ein alter germanisch-deutscher Gedanke. Jedes Recht ist sozial und sittlich gebunden. Stets entspricht dem Dürfen ein Sollen. Das Mass dieser Pflichtbindung freilich ist nicht immer dasselbe. Die Pflichtbindung etwa des Grundeigentums oder des Eigentums an einem unersetzlichen Kunstgegenstand ist eine andere als die des Eigentums an Rohstoffen und Produktionsmitteln und diese wieder anders als die des Eigentums an Gegenständen des hauswirtschaftlichen Gebrauchs oder Bedarfs. [...]

II. Interpretation

1. Zusammenfassung

Es liegt ein unvollständiger durch Auslassungszeichen gekennzeichneter Text in fünf Abschnitten vor, der nicht weiter gegliedert erscheint. Inhaltlich weist die Thematik drei Aspekte auf: das subjektive Recht, insbesondere in der Form des Eigentums, das Ausdruck von Würde und Persönlichkeit des Individuums ist, das subjektive Recht im Verhältnis zum deutsch-germanischen Volksempfinden und zur völkischen Rechtsordnung.

2. Sachliche Aussagen

Schwerpunktmässig wird im folgenden das Thema des Textes «Subjektives Recht» als Ausdruck von Würde und Verantwortung des Einzelnen sowie mit Bezug auf die germanische Entwicklung und völkische Rechtsordnung behandelt.

2.1 Subjektives Recht als Ausdruck von Würde und Verantwortung des Einzelnen

Das subjektive Recht ist Ausdruck des bürgerlichen Zeitalters. Die französische Revolution von 1789 brachte eine grundlegende Änderung der Verfassungsstruktur. Die ständische Gesellschaftsordnung des Ancien Régimes wurde aufgelöst und durch den Grundsatz der Freiheit und Gleichheit aller Bürger ersetzt. Die Neuausrichtung der staatlichen Verfassung beruhte auf der naturrechtlichen Idee der Menschenrechte, wie sie das Zeitalter der Aufklärung geltend gemacht hatte. Die Menschenrechtserklärung von 1789 anerkannte in Art. 1, dass alle Menschen von Geburt an frei und gleich an Rechten seien und soziale Unterschiede zwischen ihnen nur durch den Allgemeinnutzen gerechtfertigt werden könnten. Einer der bedeutendsten Philosophen jener Zeit, *Immanuel Kant* (1724–1804), setzte die Autonomie der Person, also die Freiheit und Eigenverantwortung des Menschen, als Grundstein der Rechtsphilosophie und prägte das Rechtsdenken damit bis ins 20. Jahrhundert.

Da seit dem 18. Jahrhundert ein Recht des Staates gegenüber seinen Bürgern von einem Recht der Bürger unter sich selbst unterschieden wurde, musste der Grundsatz von Freiheit und Gleichheit auf diese beiden Teilsysteme der Rechtsordnung übertragen werden. Daher galt der Grundsatz im öffentlichen Recht auf der Ebene der Staatserfassung im Sinne von Grundrechten, im Privatrecht hingegen, der Rechtsordnung zwischen den Bürgern, sprach die Rechtswissenschaft vom subjektiven Recht des Einzelnen, das sich in den Begriffen des Privatrechts, insbesondere im Eigentum, ausdrücke und seit der Menschenrechtserklärung von 1789 auch als ein unverletzliches und heiliges Grundrecht des Bürgers geschützt war (Art. 17).

Dies mit gutem Grund: Eigentum und Vertrag sind Ausdruck und Mittel, die Handlungsfreiheit der selbständigen Bürger konkret verwirklichen zu können. Sie ermöglichen es dem Individuum, über seine Güter autonom zu disponieren. Das Subjekt verfügt somit über Objekte, Sachen also, weshalb Eigentum und Vertragsrecht zusammengehören. Auf der anderen Seite aber bleiben diejenigen konkret rechtlos, d.h. sie besitzen nur abstrakte Rechte, die über keine Güter verfügen, mit denen sie im Sinn der Rechtsordnung frei umgehen können. Die bürgerliche Rechtsordnung beruht auf der Idee der allgemeinen Freiheit; sie ist Ausdruck des politischen Liberalismus.

Die Rechtswissenschaft des 19. Jahrhunderts befasste sich vorwiegend mit dem Privatrecht. Das Privatrecht beruht auf einer jahrhundertealten Dogmatik, die seit dem späten Mittelalter an den Universitäten als römisches Recht gelehrt wurde. Vor allem setzte man sich mit den «Digesten» des römischen Rechts, einem Teil aus dem «Corpus Juris Civilis», auseinander. Die «Digesten» waren Entscheidungen, wie konkrete Streitigkeiten, die die Bürger des römischen Reichs unter sich hatten, vor Gericht gelöst wurden. Eigentum und Vertrag waren die zentralen Begriffe des römischen Rechts bzw. der Pandekten («Digesten»), weshalb das Privatrecht oft auch als Pandektenwissenschaft (Pandektistik) bezeichnet wurde. Den zentralen Begriff in der Privatrechtsdogmatik bildete das subjektive Recht, das Ausdruck von Freiheit und Gleichheit im Privatrecht darstellt. Durch die Kodifikation des Rechts in Deutschland mit dem BGB von 1896/1900 und in der Schweiz mit dem ZGB von 1907/12 – Österreich besass mit dem ABGB von 1811 bereits eine Privatrechtskodifikation – wird das bürgerliche Recht im Sinne des rechtsstaatlichen Gesetzesprinzips festgeschrieben. Damit wird die Rechtssicherheit und Transparenz der bürgerlichen Rechtsordnung unterstrichen.

Auf diese beiden Traditionselemente von Pandektistik und Liberalismus des 19. Jahrhunderts bezieht sich der vorliegende Text, der von der Würde, der Persönlichkeit und der Verantwortlichkeit des Einzelnen als Ausdruck einer aristokratischen Kultur spricht. Dadurch soll der «Mensch» vor einem Kollektivismus bewahrt werden, weil er ohne seine individuellen Rechte in der Masse versänke. Damit ist zugleich die andere zentrale Aussage des Quellentexts ins Blickfeld genommen.

2.2 Völkische Rechtsordnung und germanisches Rechtsdenken

Im Gegensatz zum Postulat der französischen Revolution hat die bürgerliche Rechtsordnung des 19. Jahrhunderts keine Gleichheit und Freiheit für alle gebracht, sondern zu einer Gesellschaftsordnung der wenigen Reichen geführt. Diese dem Eigentumsrecht und der Wirtschaftsordnung immanente Dialektik ist zu erkennen: Auf der einen Seite wurde dadurch die Freiheit einzelner Individuen in der Praxis ermöglicht, aber zugleich konnte das Eigentum auch zur faktischen Unterdrückung der Masse der Arbeitenden führen, die von den Eigentümern der Fabriken und Industrieanlagen abhingen. Die Verelendung der Massen von Fabrikarbeitern seit dem frühen 19. Jahrhundert zeigt dies. Meist mussten sich alle Familienmitglieder in den industriellen Arbeitsbetrieb einbringen, um gemeinsam überleben zu können. Daher arbeiteten Frauen und Kinder mit. Die Familien ernährten sich in dem Sinn auch von ihren Nachkommen, den proles, wie das lateinische Wort dafür lautet. Die in den Fabriken Arbeitenden bildeten daher das Proletariat.

Dadurch entstand ein Gegensatz, der die Gesellschaften Europas im 19. Jahrhundert charakterisiert: Auf der einen Seite die Bürgerlichen oder die Bourgeoisie, auf der anderen Seite die Arbeiter oder das Proletariat. Die Bürgerlichen behaupteten zwar die Grundwerte der französischen Revolution, wogegen die Arbeiter die besitzlose Masse ausmachten, die sich durch die Postulate der französischen Revolution getäuscht sah, fehlte es doch an der Solidarität bzw. fraternité, die als drittes Prinzip der Revolution zusammen mit der liberté und egalité oft genannt wird.

20. Text: Völkisches Privatrecht und subjektives Recht

Aus Sicht der Arbeiter wurde als besonders störend empfunden, dass im Zuge des Nationalismus von einem «einigen» Volk gesprochen wurde, dessen Ursprung im Mittelalter liege. Dieses Volk gab es zwar als Begriff der Geschichte, wie die akademisch gebildete Generation im Geiste des Historismus sprach.

Gerade die Römischrechtler (die Pandektisten) trugen zur Festigung der Begriffe von Eigentum und Besitz bei und unterstützen mit ihrer Dogmatik die Welt des gebildeten Bürgertums, das sich seine Freiheit mit dem erwirtschafteten Kapital unter Verweisung auf den Eigentumsbegriff konkret ausgestaltete. Dieser Wohlstand wurde durch den Eigentumsbegriff geschützt. Von dieser Welt des Eigentums profitierte die Arbeiterschaft nicht. Also lehnte sie die Vorherrschaft der römischrechtlichen Kategorien der bürgerlichen Rechtswelt ab und setzte dagegen ihr Bild von eher kollektiven Rechtsinstituten, wie sie das bäuerliche Volk in den Dörfern gekannt hatte. Dieser Volksgeist entsprach nun mehr dem Genossenschaftsprinzip, wie es die Germanisten in den Quellen entdeckten.

Damit entsteht allerdings ein schematisch doppelter Gegensatz einerseits von Bürgerlichen, die liberal und römisch-rechtlich, und von Arbeitern, die solidarisch bzw. sozialistisch in den Kategorien deutscher oder germanischer Rechtsinstitutionen der Korporation denken, wie er im vorliegenden Text zum Ausdruck kommt. Doch ebenso offensichtlich treffen hier noch zwei andere Welten auf einander, nämlich eine Welt der Dogmatik im Namen der Menschenwürde und Persönlichkeit sowie der Welt der Masse, der Weltanschauung und der völkischen Ordnung. Charakteristisch für die völkische Rechtsordnung ist der Bezug zum Konkreten, wie er hier im Verwachsen des Bauern mit seinem Hof zum Ausdruck kommt.

Die völkische Rechtsordnung ist ein Begriff des Rassismus des ausgehenden 19. Jahrhunderts, der sich mit dem Nationalismus verbunden hat. Die völkische Rechtsordnung ist Ausdruck des Kollektivismus, wie er im Kommunismus oder Faschismus, später auch im Nationalsozialismus vorzufinden ist. Dieser Kollektivismus wird im vorliegenden Text mit staatlichem Obereigentum umschrieben, wie er im Führerstaat (unter *Mussolini*, *Hitler* oder *Stalin*) praktiziert wird. Das heisst, der Staat bzw. der Führer ist der oberste Eigentümer aller Güter, von dem sich das konkrete Eigentum der Bürger ableitet.

Der Text nimmt die Auseinandersetzung zwischen den fundamentalen Voraussetzungen der klassischen liberalen Privatrechtsordnung und dem völkischen Kollektivismus auf, der die Grundwertordnung der bürgerlichen Revolution und der Menschenrechtserklärung gerade unterläuft. Dagegen äussert sich der Autor (zumindest im vorliegenden Textausschnitt) und argumentiert zu Gunsten des rationalen Rechts (wie es das subjektive Rechtssystem darstellt; siehe Abschnitt 1), zum anderen bezieht er Stellung für den Beibehalt eines selbstverantwortlichen und der Gemeinschaft gegenüber aus der Freiheit heraus verpflichteten Privatrechts (Abschnitt 4).

3. Historische Verortung

Wie ausgeführt, steht ein Eckpfeiler der klassischen Privatrechtsordnung des 19. Jahrhunderts, nämlich das subjektive Recht, zur Debatte. Fünfmal ist in diesem kurzen Text von «Volk»/«völkisch» als Gegensatz zum subjektiven Recht die Rede. Offensichtlich stellt die «völkische Ordnung» das «subjektive Recht» radikal in Frage. Es gibt im 19. Jahrhundert nur einen vergleichbar massiven Angriff auf die Privatrechtsordnung, nämlich aus sozialistischen Kreisen. Hier geht es jedoch um den Gegensatz von Individualismus und Kollektivismus aus völkischer Perspektive. Dieser Text kann daher nicht vor dem ersten Weltkrieg entstanden sein. Da es sich um einen Originaltext handelt und die völkische Rechtsordnung in Deutschland nach 1933 eingeführt wird, muss dieser Text in der nationalsozialistischen Ära verfasst worden sein, selbst wenn im Text keine offenkundige Verbindung aufscheint. Die ersten Gesetze eines nationalsozialistischen Privatrechts sind Mitte der 1930er Jahre in Kraft getreten. Die Neugestaltung einer Privatrechtskodifikation wurde zu Beginn der 1940er Jahre diskutiert. In diesem Kontext dürfte auch dieser Text stehen.

4. Quellenbestimmung

4.1 Textgattung

Es handelt sich wahrscheinlich um eine Verteidigungsschrift eines Fachwissenschafters zu Gunsten des klassischen Privatrechts.

4.2 Autor

Offensichtlich ist der Autor ein Vertreter des traditionellen Privatrechts, der die aristokratische Kultur gegen die völkisch-kollektivistische vertritt. (Vgl. jedoch die Anmerkung am Ende dieser Interpretation.)

4.3 Argumentation

Die Argumentation ist abwägend, differenzierend, wie sie einer seriösen wissenschaftlichen Abhandlung entspricht; sie zeigt atypischerweise keine propagandistischen Untertöne. Der Text bezieht dennoch eine klare Position.

4.4 Adressaten

Obwohl der Text allgemein verständlich geschrieben ist und es sich um eine für diese Zeit ziemlich freimütige Äusserung handelt, dürfte der Kreis der Angesprochenen doch eher eng zu fassen sein, gerade weil die Freimütigkeit für den Autor nachteilig sein könnte. Zu denken ist etwa an eine Gesetzgebungskommission.

5. Historischer Hintergrund

Mit dem Untergang der ständischen Gesellschaft und des Heiligen Römischen Reichs Deutscher Nation zu Beginn des 19. Jahrhunderts entsteht ein heterogenes Gebilde deutscher Kleinstaaten, das durch eine Gruppe von intellektuellen Politikern, Wissenschaftlern und Künstlern ideell sowie durch eine Gruppe von Handels- und Kaufleuten konkret durch die Organisation von Zollvereinen (noch) zusammengehalten wird. Restaurationsversuche im Zeichen einer erzkonservativen Politik nach 1815 sind nur von kurzer Dauer und scheitern ebenso wie der Versuch zur Realisierung eines modernen deutschen Bundesstaates im Jahre 1848. Die deutsche Einheit wird erst unter *Bismarck* 1871 gefunden.

Insbesondere die Historische Schule findet sinnstiftende Ideen für die Zeitgenossen: Sie drückt den nationalen Volksgeist durch Kategorien einer mittelalterlichen Vorstellungswelt aus. Der Volksbegriff der Historischen Schule ist kulturell durch die eigene Geschichte, Sprache, Religion und das eigene Recht bestimmt. Mit Aufkommen der Rassenlehren und des Sozialdarwinismus nach 1860 wird der kulturelle zunehmend durch einen naturalistischen Volksbegriff ersetzt.[1] Nunmehr ist es die dem deutschen Wesen zugrunde liegende arische Rasse, die alles bestimmt. Ebenfalls wird der Nationalismus, dessen Rechtfertigung in der Eroberung von weiterem Lebensraum für eine biologisch höherwertige Rasse liegt, zunehmend aggressiver.

Auch im Privatrecht zeichnen sich solche Tendenzen zeitgemäss ab. Der dogmatische Rechtspositivismus, den *Rudolf von Jhering* sarkastisch als Begriffsjurisprudenz bezeichnete, wird in die Zwecktheorie des Rechts transformiert. Die Teleologie der Interessen, der um ihre privaten Rechtsvorteile Streitenden tritt dadurch in den Vordergrund. *Jhering* propagiert 1872 daher den «Kampf ums Recht». Im Zeichen zunehmender sozialdarwinistischer Ansichten in der Gesellschaft wird diese rechtstheoretische Schrift zu der am weitesten verbreiteten und am häufigsten übersetzten Abhandlung eines deutschen Juristen des 19. und 20. Jahrhunderts.

---

[1] Vgl. Text 16, Ziff. 2.2.

Im Zusammenhang mit der Niederlage im ersten Weltkrieg und der Verpflichtung zu hohen Schadenersatzzahlungen entstehen erhebliche moralische und finanzielle Lasten für Deutschland. Es gelingt der sozialdemokratischen Regierung der Weimarer Republik (1919–1933) nach dem ersten Weltkrieg nicht, die beiden Problembereiche der moralischen und finanziellen Schuld erfolgreich zu bewältigen. Im Gegenteil, mit der Weltwirtschaftskrise von 1929 schlittert Deutschland zunehmend dahin. Unter diesen Vorzeichen macht sich ein immer aggressiver werdender Nationalismus breit.

6. Gegenwartsbezug

Das Privatrecht ist immer wieder Gegenstand zum Teil heftiger und ideologischer Kontroversen gewesen. Dies ist mit Blick auf die sozialpolitischen Interessengegensätze im Zusammenhang mit der Eigentumsfrage begreiflich. Wurde in der scholastischen Literatur des Hochmittelalters (vgl. dazu Textinterpretation 4) der übermässige Besitz durch die naturrechtliche Argumentation sozial eingebunden, so wird das sozialpolitische Problem seit dem 19. Jahrhundert vor allem durch die Erhebung von Steuern gelöst.

Bei aller Kritik am Privatrecht ist seine Bedeutung für eine offene Gesellschaft von zentraler Bedeutung, wie sie auch der Autor herausarbeitet. Das Beispiel der Volksrepublik China im Jahre 2004 zeigt, dass die Bedeutung des Privatrechts selbst in einem kommunistischen System, das in die globale Wirtschaft eintritt, unerlässlich ist und sich durchsetzen wird.

III. Quelle und Literatur

Quelle
GEORG DAHM: Deutsches Recht. Hamburg 1944, S. 353f.

Anmerkung
Autor ist *Georg Dahm* (1904–1963). 1925 SPD, ab 1933 NSDAP, im November 1933 Eintritt in die SA. Der Text stammt aus: Deutsches Recht. Hamburg, 1944. S. 353f., das 1951 in zweiter Auflage überarbeitet erschien.

Dahm habilitierte sich 1930 an der Universität Heidelberg. Im Oktober 1933 wurde er ordentlicher Professor für Strafrecht, Strafprozessrecht und Kriminalistik ernannt. Er galt als Vertreter eines autoritären Strafrechts. Aufgrund seiner nationalsozialistischen und antisemitischen Haltung wurde er 1935 durch das Wissenschaftsministerium zum Rektor der Universität Kiel ernannt. *Dahm* war Mitverfasser der «Leitsätze über Stellung und Aufgaben des Richters» gemäss nationalsozialistischer Rechtsauffassung

20. Text: Völkisches Privatrecht und subjektives Recht

von 1936. 1939 nahm er einen Ruf an die Universität Leipzig an, 1941 wechselte er nach Strassburg und dann an die Universität Berlin, wo er 1945 entlassen wurde. Seit Anfang der 1950er Jahre lehrte *Dahm* in Dacca (Pakistan) Strafrecht, Strafprozessrecht und Rechtsgeschichte. 1954 erschien seine Übersetzung des indischen Strafgesetzbuches. 1955 wurde er an die Universität Kiel auf eine Professur für Völkerrecht und Internationales Recht berufen. Mit seinen Schriften zum Völkerrecht prägte *Dahm,* der hohes Ansehen genoss, die Rechtsentwicklung der Bundesrepublik nachhaltig.

Vgl. KÜRSCHNER; BA R 4901/13261; MATTHIAS WIEBEN: Studenten der Christian-Albrechts-Universität im Dritten Reich. Frankfurt a.M. 1994, S. 80.

Literatur
ULRICH EISENHARDT: Deutsche Rechtsgeschichte, S. 441–476.
BERND RÜTHERS: Die unbegrenzte Auslegung. Zum Wandel der Privatrechtsordnung im Nationalsozialismus. 5. A. Heidelberg 1997.
HANS SCHLOSSER: Privatrechtsgeschichte, S. 194–199.
MARCEL SENN: Rechtsgeschichte I, Kap. 13.

MS